AF607566

El sonido dentro del sonido

Ampliar la escucha del siglo xx

El sonido dentro del sonido

Ampliar la escucha del siglo xx

Kate Molleson

Traducción de Javier Roma

catedral

Primera edición: mayo del 2023

Título original: *Sound within Sound*, Faber & Faber

Diseño de la colección: Enric Jardí
Ilustración de la portada: Jesús Aguado
Maquetación: Freire SL Diseño editorial

Dirección editorial: Ester Pujol

Catedral es un sello de Grup Enciclopèdia
Josep Pla, 95
08019 Barcelona

Impreso en Liberdúplex
ISBN: 978-84-18800-53-5
Depósito Legal: B. 1.573-2023

Impreso en la UE

Para Nell

Para no interferir con la lectura del texto, se han anotado las referencias bibliográficas al final del libro destacando el texto al que remiten.

La mayoría de las obras que se mencionan en el libro han sido reunidas en una lista de reproducción llamada *El sonido dentro del sonido*. Esta lista está disponible en la plataforma Spotify y puede consultarla siguiendo el vínculo de este QR.

ÍNDICE

Introducción 13

Julián Carrillo (1875-1965) 25
Las guerras microtonales en México y la revolución del sonido 13

Ruth Crawford (1901-1953) 61
El despertar, el cambio radical: una nueva disonancia estadounidense

Walter Smetak (1913-1984) 97
De Brasil a la caosonancia: una introducción a Tak-Tak, padrino del tropicalismo

José Maceda (1917-2004) 131
La época del pedal filipino: orquestación de la ciudad y del siglo

Galina Ustvólskaya (1919-2006) 169
Poeta sonora de San Petersburgo: realismo sonoro, terror sagrado

Emahoy Tsegué-Mariam Guèbru (1923) 199
Un vals para Adís Abeba: la nobleza de Etiopía al piano

Else Marie Pade (1924-2016) 225
Pionera de la música electrónica en Dinamarca: verdad, trauma y cuentos de hadas

Muhal Richard Abrams (1930-2017) 261
Una tradición tan vasta como la naturaleza: el despertar en el South Side de Chicago

Éliane Radigue (1932) 299
Occam Ocean: en busca del sonido dentro del sonido

Annea Lockwood (1939) 329
Sobre cómo atravesar ríos en Nueva Zelanda: aferrada a la serenidad

Cronología 367

Agradecimientos 373

Bibliografía y otras fuentes 375

Bibliografía complementaria 391

Créditos de las imágenes 393

Índice 395

«[...] nuestra visión habitual de las cosas no es necesariamente la correcta: es solo una entre infinitas más, y vislumbrar cualquiera que no conocemos, aunque sea por un instante, nos descoloca, aunque también vuelve a afianzarnos».

Nan Shepherd, *La montaña viva*

«[...] durante un tiempo, los historiadores del experimentalismo en música se han encontrado en una encrucijada, se han enfrentado a una dura elección: madurar y reconocer una base multicultural y multiétnica en el experimentalismo musical, con varias perspectivas, historias, tradiciones y técnicas, o seguir siendo cronistas de una tradición que ha sido étnica y definitivamente delimitada, que se apropia de manera libre pero furtiva de otras tradiciones étnicas, y que no es capaz de reconocer más historias propias que las basadas en la blancura [...]. Pasar por alto la escucha de estos nuevos sonidos no solo es una forma de carencia sensorial, sino también una adicción a la exclusión como identidad que, como sucede a menudo con las adicciones, termina por provocar un empobrecimiento del campo, o incluso su eventual muerte».

George E. Lewis, *A Power Stronger than Itself*

Introducción

Fue por la mañana temprano, durante el desayuno en un hotel de Hesse, cuando tuve la conversación con George E. Lewis que marcaría un antes y un después. Aquel verano abrasador de 2018 los dos estábamos impartiendo clases en los cursos de verano de Darmstadt, un evento bienal en una ciudad de provincias al suroeste de Alemania que comenzó tras la Segunda Guerra Mundial y que se ha convertido en una meca inverosímil de la nueva música. Lewis —compositor afroamericano, trombonista e intelectual preeminente— fue ese año una compañía generosa y jovial en el campus, con su resplandeciente sonrisa y sus estimulantes conferencias sobre la descolonización del canon. (Por lo demás, yo intentaba enseñarle a un grupo de estudiantes, que tenían unas mentes feroces, a escribir sobre nueva música. Su conclusión: agarra bien el tema con las dos manos, utiliza las palabras con ingenio y entrega. Eran maravillosos).

La última mañana de los seminarios, mientras tomábamos *bagels* y café, por fin me armé de valor para pedirle a Lewis consejo sobre una idea a la que llevaba un tiempo dándole vueltas.

—George —me animé a decir—, estoy pensando en escribir una especie de nueva historia de los compositores del siglo xx. No sobre los sospechosos habituales, sino sobre los compositores excluidos. ¿Qué te parece?

Cualquiera que haya estado en presencia de Lewis reconocería lo que vino a continuación. Asintió con desenfado, un tipo de gesto que significa: no le veo ningún problema, ¿a qué estás esperando?

—Alguien tiene que escribir ese libro. Ya va siendo hora. Yo que tú me pondría a ello.

¡Pero! Me rebatí a mí misma. ¿No es una propuesta demasiado vaga? ¿Demasiado amplia? ¿Demasiado reduccionista? Demasiado...

—Elige algunos compositores interesantes que no aparezcan en los principales libros de historia. Cuenta sus historias. Demuestra que estaban todos haciendo cosas espectaculares. Demuestra que existieron. Haz que tus lectores quieran escuchar su música. ¿Qué hay de reduccionista en eso? Es que ya va siendo hora.

Apuró el café y ahí me dejó.

«CUENTA SUS HISTORIAS».

• • •

Crecí en una casa de campo en la lluviosa Escocia rural y desde niña me obsesioné con la música clásica. Quién lo hubiera dicho, puesto que cinco de mis seis hermanos son músicos de folk, pero así fue: la música clásica me sedujo. Tuve una fijación con los sonidos que salían de la radio de la cocina (que siempre tenía sintonizada la Radio 3 de la BBC) y de la colección de cintas de la familia, en la que se encontraban, junto a Bob Dylan y Planxty, las últimas sinfonías de Mozart, los *Conciertos de Brandemburgo* de Bach y la apasionante recopilación titulada *The Greatest Hits of the 17th Century* («Los grandes éxitos del siglo XVII»). Como a menudo me quedaba dormida aferrada a mi grabadora de cintas de Fisher-Price con los madrigales de Monteverdi reproduciéndose en bucle, mis padres me compraron audiolibros para niños sobre la vida de los «grandes compositores». Escuché aquellos cuentos de Beethoven con su trompetilla auditiva en Viena, del pelirrojo Vivaldi y sus paseos en góndola por Venecia, de Chaikovski viajando en trenes de vapor para «descubrir América». Estas historias se convirtieron en las leyendas que enmarcaban la música que me encantaba. La música que aún me encanta.

Eso fue en la década de 1980. Cuando pasaron los años, me dediqué a la innovación radical de la música clásica en el repertorio del siglo XX; pero hubo algo que empezó a importunarme cuando llegué a los márgenes del repertorio dominante y descubrí los conmovedores sonidos que se producían allí usando de todo, desde sirenas hasta silencio. ¿Por qué faltaban tantas figuras innovadoras en mis libros de historia? Sucedía una y otra vez. Durante los estudios musicales de grado y posgrado en Canadá y Reino Unido, como crítica musical en periódicos desde que estaba en la veintena, y ahora como locutora de la BBC: ¿por qué la narrativa oficial, los programas de los conciertos, los carteles de los festivales siempre giran en torno al mismo grupo de compositores «principales» que aprendí en aquellas historias de cuando era niña? ¿Por qué eran únicamente hombres blancos, europeos y estadounidenses? ¿Dónde estaban todos los demás? Porque había muchos más. Los hay.

En cierto modo, las cosas han cambiado en la última década. Incluso desde aquel desayuno con George Lewis en 2018, las conversaciones sobre raza, género, inclusión y arte han cambiado; hasta cierto punto. En el verano de 2020, el asesinato de George Floyd y la subsiguiente expansión del movimiento Black Lives Matter arrastró el tema a los titulares de prensa. Se plantearon preguntas, de forma abierta y contundente, sobre cómo y quién cuenta nuestras historias. Se derribaron estatuas, se pusieron nombres alternativos a las calles. Hubo una fuerte reacción popular. El término «guerras culturales» mostró su rostro mugriento en la prensa amarillista y en las bocas de los ministros, que intentaban sacar tajada de la división. La Universidad de Oxford fue acusada de un «ataque de los progres» tras anunciar su propósito de ampliar su currículo musical para incluir más tradiciones no occidentales. Que quede claro: en Oxford no pretendían apartar ningún reportorio principal de su plan de estudios, sino simplemente ampliar un poco su alcance de miras. Y, por lo que sé, así lo han hecho, sin haber puesto en peligro ni el bienestar de los estudiantes ni el futuro de la música clásica.

Este es un mito con el que me topo constantemente: el miedo extraño y espurio de que las Grandes Obras —las pasiones de Bach, las sinfonías de Beethoven y de Brahms, los trascendentales ballets de Stravinski— se vean amenazadas de algún modo si la música clásica se hace más inclusiva. Nadie está proponiendo que nos deshagamos de Mozart ni de Mahler. Nadie está sugiriendo que sus músicas no hablen para nuestro tiempo y para todos los tiempos. Yo sería la primera en contraatacar si alguien dijera algo así. Así que me pregunto qué alimenta esta inseguridad perniciosa de que los compositores que ya forman parte del redil se verán devaluados si se suavizan los controles fronterizos en torno al género. No es muy difícil establecer analogías sociales. Es una mentalidad de construir muros, de proteger las puertas de entrada, de cerrarlas una vez dentro.

Lo irónico es que sucede precisamente al contrario. El estancamiento provocará la muerte de cualquier forma de arte viva. La que ahoga es la actitud defensiva. La longevidad de todo el ecosistema de la música clásica depende tanto de recibir con los brazos abiertos los sonidos más atrevidos y amplios como de insuflar nueva vida a los apreciados sonidos viejos. La partitura de una sinfonía de Beethoven es un proyecto revolucionario, pero, si se interpreta en el vacío, su mensaje queda en silencio. Una cultura musical sana depende de quién toca, quién escucha, a quién está llegando realmente el impacto. El visionario director Graham Vick dijo que si la ópera tiene un lugar en el mundo, es precisamente al mundo a quien debe pertenecer. Se negó a contemplar cómo la música que tanto amaba se convertía en «el privilegio custodiado por una porción cada vez más pequeña de la sociedad británica», así que sacó a la ópera de sus espacios sagrados e hizo que la ciudadanía de Birmingham cantara a Verdi. No fue un acto puramente simbólico. Al desmentir la falsa dicotomía entre inclusión y excelencia en repetidas ocasiones, Vick demostró que la ópera puede enriquecer todas las vidas y que, de hecho, la fuerza del género depende de ello.

Compensar la falta de diversidad en la música clásica del pasado es un auténtico reto. No podemos reparar tan fácilmente las oportunidades negadas a casi todo el mundo —excepto a los hombres blancos de los siglos anteriores—, aunque podemos asegurarnos de gritar sin tapujos por las valientes compositoras y compositores que consiguieron escribir música a pesar de las adversidades. Sin embargo, no hay excusas para ignorar la explosión de voces creativas favorecidas por los cambios sociales que se produjeron en el mundo tras 1900. El compositor Charles Seeger, marido de Ruth Crawford, admitió no tener «en muy alta consideración» a las mujeres compositoras «sobre todo porque no se las menciona en los manuales de historia de la música». Seeger no era el único que sostenía esta vaga suposición de que, si no se suele leer sobre una persona, o no se escucha su música en conciertos, seguramente se deba a que no sea lo bastante buena como para que se la incluya. Es un mito en torno a la ausencia que impregna buena parte del sector. Pero no nos engañemos: nos hemos perdido muchísimos sonidos que enriquecerían sobremanera nuestro oído.

Escribo este libro por amor y por rabia. El amor: porque quiero gritar a los cuatro vientos que la música clásica es fascinante, esencial y capaz de cambiar lo personal y lo político. La rabia: porque no puedo gritar con orgullo sobre una cultura que está dispuesta a cerrar sus puertas cuando percibe la presencia de extranjeros. Y lo hace. El musicólogo brasileño Paulo Costa Lima, que ha sido de gran ayuda para la investigación sobre Walter Smetak y los compositores de Salvador de Bahía en los sesenta, me escribió: «¿Es "el rechazo" un mero lapsus en nuestra máquina musicológica o es la propia esencia y sustancia [de cómo opera el sector de la música clásica]?». Costa Lima señaló que el hecho de que sigamos celebrando los «centros» establecidos frente a la exclusión de las «periferias» es una reafirmación de que el resto del mundo «no es capaz de generar propuestas válidas». Dicho de otro modo, percibe la musicología occidentalista como «una empresa colonialista que se ha renovado en los siglos XX y XXI».

Si la música clásica quiere un cambio de verdad, tendrá que recuperar su sentido innato y vital de la aventura. Me refiero tanto a la escucha atrevida como a la creación atrevida. El tipo de escucha que nos hace vulnerables, que nos resucita, que «nos descoloca, aunque también vuelve a afianzarnos», en palabras de la escritora modernista Nan Sheperd, que vagó durante toda su vida por los montes Cairngorms en busca de la sorpresa. Si queremos abarcar un abanico genuino de experiencias vitales, tendremos que dejar de imponer y empezar a adoptar un abanico genuino de sonidos. Varias orquestas e instituciones se han esforzado en los últimos años para reparar el desequilibrio demográfico de sus repertorios, encajando en ellos sin mucha delicadeza las obras de un puñado de compositores «diversos»; es decir, sin considerar su contexto, ni las técnicas interpretativas más adecuadas ni si queda justificada la representación de tales obras en particular. Esto es lo más grave de programar con el piloto automático, y acaba siendo perjudicial cuando la música que se exhibe lo único que hace es confirmar los estereotipos preexistentes. El objetivo no debería ser nunca el de encontrar compositores «diversos» que escriban música a partir del modelo que ya conocemos y que se considera que merece la pena. La respuesta pasa por tener altura de miras y abrir bien los oídos.

Muchos de los músicos y musicólogos por todo el mundo que me han ayudado en la elaboración de este libro me han hablado con vehemencia sobre la necesidad de que haya nuevas narrativas. Desde Brasil, desde México, desde Filipinas, he escuchado el mismo alegato: empieza a escuchar compositores que estén fuera de nuestros propios ámbitos de referencia. Y, mientras se escucha, hay que dejar de considerar las diferencias como elementos exóticos. Simplemente haciendo eso, el compositor Muhal Richard Abrams demostró la pura y algo controvertida verdad de que, como afroamericano, podía escribir la música que le diera la gana. De qué manera su música estuviera comprometida o no con la experiencia afroamericana era por completo asunto suyo. En sus propias palabras: «Sabemos que hay diferentes tipos de vidas negras y, por tanto, sabemos que hay diferentes tipos de música negra. Porque la música negra proviene de la vida negra».

El compositor filipino José Maceda declaró que «ahora es el momento de explorar nuevas lógicas y posibilidades musicales», y actuó conforme a su palabra. También preguntó cuál era la relación entre la música clásica y los cocos y el arroz. La cuestión plantea una preocupación fundamental sobre cómo la cultura occidental se ha extendido desde Europa para articular la experiencia vital alrededor del mundo. Hay muchas respuestas distintas. Cada compositor o compositora ofrece su propia respuesta; hay tantas como voces humanas. Algunas de ellas podrían aparecer en las historias de jazz, de la improvisación, la electrónica o la música folclórica, lo que tal vez explique por qué se las ignora desde varios ángulos. Pero las superposiciones son la materia fértil y desordenada de la vida real. Se filtran, se mezclan y se cultivan.

En los albores del siglo XX, el naturalista escocés John Muir escribió que «cuando intentamos seleccionar una sola cosa, la encontramos ligada al resto de cosas del universo». Incluso para aquellos artistas que parecían trabajar en soledad, la afirmación de Muir suena a verdad. Los relatos de la compositora soviética Galina Ustvólskaya, por ejemplo, tienden a sugerir que perteneció por entero a su propio universo creativo, que rotó sobre su propio eje de innovación, que recorrió su órbita sin directrices de ningún hombre, mujer o estado. Pero Ustvólskaya tuvo influencias, como todo el mundo. El tejido fibroso de sus melodías es una característica del canto medieval ruso. La espiritualidad profunda y la polifonía rigurosa las aprendió de su héroe, Johann Sebastian Bach. Con el compositor ruso Modest Músorgski compartió la habilidad para el ritmo monolítico y el drama oscuro. Al igual que Igor Stravinski, ambos se adentraron en extraños rituales y repeticiones obsesivas. En cuanto al sarcasmo, desde luego que tomó como ejemplo a su maestro Dmitri Shostakóvich. El protominimalista francés Erik Satie anticipó su capacidad para mantener el mundo quieto, y la música de Claude Debussy también nos hace sentir —sentir físicamente— las imágenes que conjuró con el sonido. Lo que quiero decir es lo siguiente: reconocer que Ustvólskaya formaba parte de una constelación artística no menoscaba su originalidad. Tal vez hace que sea menos fácil descartarla por considerarla «otra».

He aquí otro mito con el que también me topo mucho. Tiene que ver con la retórica trivial, ampulosa e incondicional en torno a la «grandeza» y la «genialidad». Yo misma me declaro culpable de ello. Estas palabras son los ganchos con los que se cuentan las historias culturales y con los que se venden entradas a los conciertos. Son palabras que casi siempre se refieren a hombres que disfrutan del privilegio institucional a lo largo de sus vidas, y que están consagrados por un sector de editores y discográficas con intereses comerciales directos en mantenerlos así. Es un mito que si se alimenta sale muy rentable, pero es peligroso. La genialidad es la que establece una brecha entre nosotros (gente corriente) y ellos (artistas superhumanos). Es lo que sostiene una cultura tolerante con los ídolos y los privilegios, y rechaza el papel del esfuerzo colectivo en favor de la romantizada figura del lobo solitario. Cuanto antes dejemos de cargar la responsabilidad sobre los hombros de individuos que son estrellas escogidas, tanto más pluralista, realista e interesante será el relato. Después de todo, quizá el *ethos* de la música folclórica sí que se filtró en mis cimientos.

Hay diez historias en este libro. Diez compositores desconcertantes, valientes, extravagantes, originales y carismáticos. Ojalá que cada uno ofrezca una puerta de entrada hacia la exploración de más música de su tiempo y lugar. Ojalá que juntos demuestren las maravillas que existen en los márgenes y las superposiciones. No me interesa crear nuevos héroes, ni hagiografías ni cánones. Acepto de buena gana a los personajes antagónicos e incómodos —aquí están Julián Carrillo, Walter Smetak, Galina Ustvólskaya *et al.*— cuya creatividad estrafalaria complica el agradable panorama. En estas páginas no encontrarás ninguna trayectoria única ni ninguna gran cronología. En eso se basa precisamente la exclusividad y la omisión, en un inevitable decidir quién está dentro y quién fuera. Estos compositores no son alternativas a ningunos otros, porque la palabra «alternativo» sugiere la existencia de un núcleo indiscutible. No pretenden reemplazar a nadie, pero merecen ser escuchados. Y este es solo el principio. Hay cientos más de los que podría haber escrito. En cuanto hayas terminado de leer, ve a buscarlos.

En el siglo XX, unas mentes intrépidas de todo el planeta aprovecharon los sonidos de la vida moderna. Crearon sus obras con ruido, estrépito, cambio social, nuevas tecnologías, guerra, paz, protesta, espiritualidad, ciencia, sus propios cuerpos y unos osados movimientos culturales y contraculturales. Todos los compositores sobre los que he escrito han aportado —y en algunos casos siguen aportando— declaraciones audaces y creativas cuyo telón de fondo son cambios sociales y geopolíticos radicales. De diversas maneras dejaron pasar la mugre y lo absurdo, el estruendo, la esperanza, el aislamiento y el amor. Abordaron tabúes en torno a la autodeterminación de género y raza, el empoderamiento colectivo y la profunda soledad. Canalizaron sus propias creencias y sus traumas insondables. Se enfrentaron a ese viejo tira y afloja entre el trabajo y la maternidad; un tira y afloja que resultó estar especialmente presente en las últimas etapas de la escritura. Alzaron la voz por el medioambiente y nos pusieron en contacto con las más delicadas de nuestras propias vulnerabilidades.

¿La banda sonora resultante? Un catálogo de resistencia humana, profundidad y atrevimiento. Sube el volumen.

Julián Carrillo (1875-1965)

Las guerras microtonales en México y la revolución del sonido 13

1924. En los periódicos de México se desató una guerra por el microtonalidad. La anterior década de revolución armada había remitido para dar paso a un nuevo e intenso periodo de construcción nacional. Aún estaba por ver de qué manera sonaría el nuevo México.

El furor inmediato que llenaba las columnas de *El Universal* hablaba de las peculiaridades de la escala cromática occidental. Imagina la distancia entre las teclas del piano. Si esa distancia, normalmente de semitono, se divide entre dos, y luego entre dos otra vez, y entre dos otra vez, los resultados son cuatros, octavos y dieciseisavos de tonos. Una octava podría dividirse de otras tropecientas maneras, resultando en subdivisiones de tercios, quintos, séptimos de tono; y así sucesivamente. Musical, filosófica y espiritualmente, la búsqueda de intervalos más pequeños en los inicios del siglo XX planteó cuestiones fundamentales a compositores de todo el mundo. ¿Cuáles eran las implicaciones culturales, psicológicas, expresivas e incluso morales de deformar lo que habían sido los cimientos de la música clásica occidental durante los dos últimos siglos? Para algunos, el interés principal radicaba en quién había llegado ahí primero.

Hubo teóricos rebeldes de varios continentes que decidieron abrirse camino entre los semitonos. El estadounidense Thaddeus Cahill empezó a investigar el poder microtonal de un órgano electrónico ya en la década de 1890, cuando dividió la octava en treinta y seis partes empleando un protosintetizador que denominaría el telarmonio. En Italia, Ferrucio Busoni concluyó en su influyente *Entwurf einer neuen Ästhetik der Tonkunst* («Esbozo de una nueva estética de la música») (1907) que la afinación estándar había llegado a un callejón sin salida. Alois Hába hizo algo similar en la (por entonces) Checoslovaquia, mientras que Ivan Wyschnegradsky, un emigrante ruso en París, escribió su composición en cuartos de tono en el año 1918. Un estudiante soviético llamado Georgy Rimski-Korsakov amplió el alcance tecnicolor que presentó su padre, el famoso compositor Nikolai, al fundar el Círculo del Cuarto de Tono de Leningrado. Arseny Avraamov, un tipo apasionado dispuesto a trepar los postes del telégrafo para dirigir sinfonías con bocinas de barco, decidió que la única solución era quemar todos los pianos y volver a empezar.

Y más aún. En Estados Unidos, Charles Ives persiguió los cuartos de tono con una intuición precoz que abrió puertas a gente como Harry Partch, Lou Harrison, Ben Johnston, James Tenney; y, por extensión, a nuestra Éliane Radigue. En los Países Bajos, el físico Adriaan Fokker, que fue compañero de Albert Einstein, inventó un órgano de treinta y un tonos. En California, Mildred Couper escribió un ballet llamado *Xanadu* para un par de pianos, uno de ellos afinado un cuarto de tono más alto. El húngaro György Ligeti repetiría este truco en los sesenta con *Ramifications*, su diáfana composición para cuerda. Pocos de los inconformistas microtonales que se acaban de mencionar buscaban solamente la disonancia bruta. Para muchos, el objetivo era romper por completo con la dicotomía entre consonancia y disonancia, para encontrar una gradación más variada de «sonancias», como escribió Arnold Schönberg en su *Tratado de armonía* de 1911. Avraamov encargó un armonio de cuarenta y ocho tonos para poder tocar melodías populares rusas en dos partes y hacer que la música sonara «como si genuinamente la hubiera cantado gente real».

Volvamos a aquella riña de Ciudad de México en 1924. A un lado estaba el Grupo de los Nueve, un colectivo de intelectuales autoproclamados que lanzaron sus argumentos en prensa haciendo uso de una retórica cada vez más escandalosa. Al otro estaba el teórico disruptivo que primero desató el debate. Un violinista, compositor, inventor de instrumentos e insumiso polemista llamado Julián Carrillo. El año anterior, 1923, Carrillo había publicado un artículo incendiario que tituló *Teoría del sonido 13*. Declaró que su teoría provocaría un desplazamiento y una revolución sísmica en todo el mundo musical. A Carrillo no le faltaba ambición, ni talento ni cara dura. Pero ¿en qué consistía su teoría?

El «sonido 13» no era ninguna nota específica, ningún intervalo identificable, ningún tono determinado. En esencia, la revolución del sonido 13 de Carrillo anticipaba un futuro musical construido con intervalos más pequeños que el semitono. Estaba convencido de que la escala de doce tonos —la octava dividida en doce semitonos afinados por igual— había alcanzado su límite. Se unió así al grupo de los vanguardistas de Viena, San Petersburgo, Praga y Nueva York, que afirmaban que la dirección inevitable del viaje musical en el siglo XX era superar el cromatismo y asumir las notas que hay entre las notas. Según estos vanguardistas microtonales, los nuevos sistemas interválicos liberarían las respuestas emocionales del oído, la mente y el corazón ante la armonía convencional. Así, los oyentes podrían acceder a respuestas nuevas, viscerales, sin filtrar y futuristas.

Durante las muchas décadas de su larga vida, la teorización de Carrillo adquirió una extensión mucho más grande que la separación logística de las octavas. El sonido 13 era un concepto genérico, una provocación retórica, una conjetura física y una fantasía metafísica. Para algunos oyentes, se convirtió en un portal hacia lo divino o hacia algún rincón alejado del cosmos. Uno de sus encantos fue su amplitud conceptual —los detractores lo llamarían vaguedad—, que al mismo tiempo fue lo que enfureció al Grupo de los Nueve y lo que permitió a la idea de Carrillo adoptar muchos significados para muchos intérpretes, incluido el propio Carrillo. Escribió numerosos textos sobre sus obras, siempre con un tono desafiante y con una seguridad extravagante, pero hasta 1957 no establecería su sistema en un tratado al que dio el seductor y místico título de *El infinito en las escalas y los acordes*.

El propio hombre era un extraño precursor de tal comunión cuasi espiritual. Recio y corpulento, de ojos brillantes y abundante mata de pelo, Carrillo era una mezcla confusa de absolutista, tradicionalista, visionario y revisionista desvergonzado. Era un trabajador obsesivo que se levantaba todos los días a las cinco de la mañana y producía libro tras panfleto en los que ensalzaba sus últimos descubrimientos. Escribió y reescribió su propia mitología para adaptar sus últimas polémicas y para simplemente inventarse hechos en caso de que pudieran añadir seriedad a su argumentario. Firme en su idea de ser el primero de todos los microtonalistas del siglo XX, retrasó la fecha original de la historia de su sonido 13 a 1895, que él mismo aseguró (sin pruebas) que era el año en que subdividió por primera vez las cuerdas de un violín con una navaja. Quizá fue así, pero no se preocupó de mencionárselo a nadie hasta casi treinta años después.

Carrillo, que nunca se dejó intimidar por ningún escándalo intelectual, tenía la costumbre de hacer declaraciones implacables que luego contradecía diametralmente. La verificación era un aspecto secundario, primero iba el arrojo. He aquí un pasaje de su tratado *Sinfonía y ópera* (1909) en el que se aprecia el clásico y abundante uso que hacía de las mayúsculas:

> Pero suponiendo —y no es poco suponer— que los compositores de sinfonías y los de ópera sean igualmente músicos, LA MÚSICA DE ÓPERA SERÁ SIEMPRE INFERIOR A LA DE LA SINFONÍA, porque debe SOMETERSE a las exigencias del argumento y en la sinfonía es ENTERAMENTE LIBRE.

(Carrillo también declaró que «NO HAY ningún sinfonista que haya intentado escribir una ópera y no lo haya conseguido», mientras que hay muchos compositores de óperas que han fracasado al escribir sinfonías. En esto último, tenía razón. En cuanto a lo primero, se me ocurren unos cuantos ejemplos).

Entonces. ¿Por qué estoy hablando de Carrillo? ¿Por qué dedicar un espacio tan valioso en este grupo de pioneros del siglo XX a un chiflado beligerante, a un falseador de datos crónico? Por dos razones principales. Primero, porque a pesar de su excéntrica actitud y sus exabruptos de cascarrabias, Carrillo compuso una obra musical impresionante para los oídos, hipnóticamente visionaria, cuya audacia merece ser escuchada. *I Think of You*, de 1928: una de sus incipientes obras microtonales, ambientada en un texto de Tennyson, para voz y varios instrumentos. Lanza un hechizo cristalino y reluciente. El *Sexto cuarteto para cuerdas*, de 1937: una pieza robusta, caprichosa e intrépida. *Horizontes*, de 1947, está escrito para violín afinado en cuartos de tono, violonchelo en octavos de tono, arpa en dieciseisavos de tono y una orquesta sinfónica con afinación estándar. Es como un espejismo, un mejunje con una pizca de elegía romántica y un poco de poema sinfónico intensificado, con cadencias microtonales virtuosas que desvían lo conocido hacia una asombrosa fantasía. Estos y otros trabajos son extraordinarios y contundentes. Embriagadores. No se parecen a ninguna otra cosa.

La segunda razón por la que escribo sobre Carrillo es que vivió una vida extraordinaria contra los vientos políticos dominantes, que siempre parecían soplar en el sentido contrario. Se lo marginó de las versiones oficiales de la historia de la música mexicana porque nunca llegó a encajar demasiado. Se negó a seguir todo nacionalismo esencialista del folclore en un momento en el que esta era realmente la única opción si eras un artista que quería salir adelante. Se negó a utilizar sus propias raíces indígenas para hacer una versión exótica y comerciable del «compositor mexicano» que conseguiría vender en Europa, en Estados Unidos y en su país. Por el contrario, siguió su propia línea de extrañas proporciones científicas con un fervor tan ilimitado que los resultados exceden incluso su propia retórica estridente para habitar un territorio remoto, casi místico. Carrillo era un innovador incómodo, un vanguardista problemático, un renegado testarudo. Aunque lo más fácil es siempre ignorar a inadaptados de este tipo, su caso nos recuerda por qué merece la pena mirar más allá de las historias sancionadas por los Estados para encontrar a los auténticos originales olvidados.

• • •

Julián Antonio Carrillo Trujillo nació el 28 de enero de 1875, y fue el más pequeño de una familia indígena mexicana de diecinueve hijos. Su padre se llamaba Nabor Carrillo, su madre Antonia Trujillo. Se crio en un pueblo llamado Ahualulco y, como ejemplo de la pasión con la que alguna gente se subió convencida al carro del culto al sonido 13, su pueblo natal cambió su nombre oficial a Ahualulco del Sonido 13 durante unos años, de 1932 a 1944, periodo tras el cual volvió al anterior nombre de Ahualulco. (Parece que, en la actualidad, se usan ambos topónimos, lo que es quizá una muestra de la apropiación contradictoria y oportunista del legado de Carrillo).

Cuando era niño, Carrillo cantaba y tocaba el órgano en la iglesia local. Sus padres no tenían dinero suficiente para que su hijo terminara la educación primaria, por lo que, cuando con diez años empezó a recibir clases de música en la ciudad más cercana, San Luis Potosí, a unos treinta y seis kilómetros, a menudo iba con su profesor para ahorrarse los gastos del viaje. Estudió violín, flauta y timbales, y escribió danzas para que la orquesta de su profesor las interpretara en las celebraciones locales. La música era ya un camino en la buena dirección para el joven Julián. Una escapatoria, una puerta de entrada.

Carrillo de Ahualulco estaba decidido a que lo tomaran en serio. Se mudó a Ciudad de México para estudiar en el Conservatorio Nacional, donde su deslumbrante interpretación al violín atrajo la atención de los oficiales gubernamentales, que le ofrecieron una beca estatal para estudiar en el extranjero. En vísperas del nuevo siglo, zarpó hacia Europa. Su lugar de destino fue Francia, pero nada más llegar le dijeron que era demasiado viejo (¡un anciano de veinticuatro años!) para inscribirse en el famoso Conservatorio de París, así que fue redirigido a Leipzig. En los años siguientes estudió composición y ocasionalmente tocaba el piano con la conocida Orquesta Gewandhaus de Leipzig. Él mismo se jactaba de haber sido un miembro habitual de tan ilustre ensemble; en algunas versiones era incluso el director de la orquesta, lo cual da para una historia aún mejor.

Carrillo escribió una sinfonía mientras estaba en Leipzig. Luego reivindicaría que era la primera sinfonía jamás escrita por ningún compositor de las Américas, lo que no era cierto, pero su *Sinfonía n.º 1* fue no obstante una sorprendente declaración de un compositor que todavía estaba buscando su propia voz. Comienza con un amplio re mayor: una obertura, un amanecer, una bocanada de aire. A partir de aquí, Carrillo se adentra en el día, apartando matorrales enteros de arcanos musicales, quitándose el sombrero ante los héroes que aparecen en el camino. Entre ellos está Brahms, con su anhelante intensidad de cuerdas y su descomunal alarde de métrica; Liszt, con sus afanosos vientos; Mendelssohn, con sus incesantes voces intermedias; Wagner, con sus desmesuradas cadencias, y Richard Strauss, con su heroísmo poético-tonal del violín y la trompa solistas. Esta fue la obra de graduación de Carrillo, que se estrenó en un concierto de estudiantes en 1902 y fue como si quisiera rendir un elocuente homenaje a sus maestros, vivos y muertos.

Pero este era el mismo Carrillo que estaba profundamente comprometido con lo que él consideraba que era la marcha inevitable de la evolución musical. La sinfonía termina con las cuerdas batiéndose en una agitada maraña. Hay un estruendo de platillos, unos intensos vientos metal se arremolinan entre acordes disminuidos y la obra alcanza su catarsis temática para llegar de nuevo a un bloque en un rotundo re mayor. Carrillo estaba tanteando el terreno, construyendo un itinerario detallado con todos los ingredientes del lenguaje musical austroalemán. Y ya era demasiado pasional como para dejar que algo sonara simplemente procedimental.

Alejandro L. Madrid, investigador especializado en Carrillo, sostiene una hipótesis cuyo sentido se reiterará a lo largo de este libro. Según él, los compositores de la periferia gozan de una cierta libertad con respecto a las políticas de las facciones musicales arraigadas. Esto se aplica, por ejemplo, a la pionera en la música electrónica Else Marie Pade, que fue capaz de eludir dos escuelas contrapuestas: la música concreta de Pierre Schaeffer, en Francia, y la música electrónica de Karlheinz Stockhausen, en Alemania; porque, en tanto que danesa y mujer, fue doblemente marginada y (podría decirse) libre por partida doble. Los compositores de la periferia podían, escribe Madrid, «aprovechar ambos campos» e incorporar referencias culturales propias. En cuanto a la *Sinfonía n.º 1* de Carrillo, Madrid sugiere que «no es una imitación de Brahms o de Mendelssohn, sino más bien una muestra de cómo [Carrillo] escuchó, interpretó y procesó el sonido de Leipzig».

Me pregunto qué habría sucedido si el Conservatorio de París hubiera obviado su límite de edad. ¿Carrillo habría construido su bricolaje sonoro con influencias francesas? Más tarde fue a Bélgica con la intención de estudiar violín con el conocido virtuoso Eugène Ysaÿe (en su lugar, acabó con uno de los estudiantes de Ysaÿe, Albert Zimmer), pero sospecho que su pasión por promover el legado musical alemán, su convicción de que era un heredero de Brahms y de Wagner fue más innata que circunstancial. Carrillo defendió el racionalismo a capa y espada. Tenía un temperamento salvaje, pero su cabeza iba siempre en busca de los patrones. Lo que lo llevó al sonido 13 fue la deducción, la lógica, un sentido de progreso ineludible.

Carrillo regresó de Europa a casa en 1904 con una sinfonía, una ópera (*Ossián*), un cuarteto de cuerda y un puñado de obras de cámara a sus espaldas. Ahora tenía algo de influencia ante los ojos del *establishment* mexicano gracias a su reconocido trabajo en el extranjero, pero también estaba contaminado por él. Se pasaría el resto de su vida luchando por sacudirse la acusación de ser un clon musical de los compositores europeos. Lo irónico aquí es que muchos de los compositores mexicanos coetáneos estaban también enormemente influenciados por Europa, solo que, mientras ellos se inclinaban hacia Francia, Carrillo se decantaba por Alemania. Melesio Morales, su antiguo profesor, se burló en el periódico *El Tiempo* de su primera sinfonía con una crítica cargada de nacionalismo reduccionista: «Al componer en el estilo alemán, sin pretenderlo, el maestro mexicano descubre que la pronunciación y el acento de esa lengua le resultan tan poco familiares como a sus compañeros mexicanos. Es música que no pueden ni saborear ni disfrutar».

Esta crítica se publicó en 1905, cinco años antes del comienzo de la revolución. El tiro de advertencia estaba ya claro. La auténtica música mexicana debe romper con los significantes de los antiguos regímenes. Tiene que saber a tierra, cualquiera que sea el sabor de esta. Ruth Crawford se toparía con las mismas prerrogativas terrenales en la época de la Gran Depresión estadounidense. No por última vez, Carrillo se posicionó en el lado equivocado de la moda política.

Aun así, disfrutó unos años de ser una figura importante en la música clásica mexicana. Ya antes de cumplir los treinta fue profesor del Conservatorio Nacional y fundador de sus propias Orquesta y Cuarteto Beethoven. Mientras aumentaban las pasiones nacionalistas, escribió su *Canto a la bandera*, que se sigue cantando aún en la actualidad, y una mastodóntica ópera, *Matilde*, sobre el amor prohibido entre un revolucionario mexicano y la hija de un capitán español. Estaba previsto que la ópera se estrenara en 1910, cien años después del comienzo de la guerra de independencia mexicana, un estreno que habría convertido a Carrillo en una celebridad cultural. Pero este nunca tuvo lugar. El ambiente político en México estaba entrando en ebullición, se canceló el estreno y pasaría un siglo entero hasta que se escuchase la ópera; la partitura se rescató de los archivos y se puso a punto para su primera representación en 2010.

La Revolución mexicana estalló en 1910. El conflicto armado se desató en el norte del país, agravado por una lucha de poder entre las élites y la precariedad en las condiciones básicas de vida de los agricultores pobres. Porfirio Díaz, que se mantuvo en el poder durante un largo periodo marcado por la corrupción, fue destituido y se celebraron elecciones en 1911. Dos años más tarde, un golpe de Estado con el apoyo de Estados Unidos destituyó a los nuevos líderes revolucionarios e instauró al impopular Victoriano Huerta. Dada su ingenuidad política, Carrillo aceptó la dirección del Conservatorio Nacional durante el breve régimen de Huerta. Un año después, cuando Huerta fue expulsado y asumió el poder una nueva coalición estable, el compositor huyó del país.

Durante la posterior guerra civil y sus secuelas, Carrillo se fue a Nueva York en la que sería la primera de varias escapadas al norte de la frontera. En función de la década, estos periodos de autoexilio estuvieron motivados por varias razones. Unas veces se iba para huir de sus propios líos inoportunos; otras, guiado por su ambición musical, convencido de que en Nueva

York había un público lo suficientemente sofisticado como para apreciar en su plenitud la genialidad de su trabajo. Se ganó la atención de Leopold Stokowski, un director con un enorme poder para hacer encargos, pero los años de Carrillo en Nueva York nunca alcanzaron el éxito internacional que, según él siempre creyó, estaba a la vuelta de la esquina.

A comienzos de la década de 1920, cuando volvió a su país por falta de fondos, Carrillo se encontró con un México muy diferente al que había dejado. El país acababa de conquistar la paz, tenía una constitución recién redactada y una serie de generales revolucionarios que permanecerían en el poder durante las siguientes décadas. Además de en la influencia estadounidense, el régimen tenía la mirada puesta en la URSS. Empezaron a aparecer murales de Trotski y Lenin en los muros de los edificios municipales, y se llamó a un pintor llamado Diego Rivera para que hiciera unos grandiosos y coloridos frescos en honor a los héroes de la revolución nacional. El Ministerio de Educación declaró que los artistas debían desempeñar su papel en la «unión espiritual» y en el «resurgimiento nacional» de México.

Al menos, Carrillo reconoció el ambiente de ávida retórica radical. Proclamó su gran teoría en unos términos que pensó armonizarían con el momento: la *Revolución del Sonido 13*. En torno a esta revolución musical, creó su propia revista propagandística (*El Sonido 13*), sus propios discípulos evangelistas que hacían giras promocionales por el México rural, incluso sus propios planes en infraestructuras de masas. Soñaba con construir una fábrica de sonido 13 en Ahualulco y una presa para proveerla de energía. Ideó una escuela de sonido 13 en Ciudad de México. Su propia insurgencia sonora estaba en camino. Él estaba seguro de ello.

• • •

Sobre el sonido 13, Carrillo declaró con modestia:

> ESTAMOS A PUNTO DE PRESENCIAR EL ACONTECIMIENTO MÁS TRASCENDENTAL QUE SE HA PRODUCIDO EN LA TÉCNICA MUSICAL NO SOLO DESDE EL RENACIMIENTO O LA EDAD MEDIA, SINO TAMBIÉN DESDE ANTES DE CRISTO.

El Grupo de los Nueve discrepó. Se enfurecieron ante la grandilocuencia de Carrillo. Con todo el cariño que también le tenían a las mayúsculas, se rebajaron a los insultos personales. Cada una de las partes acusó a la otra de ser demasiado estúpida u obstinada para entender los términos básicos de la discusión. El pianista Luis A. Delgadillo, un miembro del Grupo, declaró que Carrillo era «IMPOTENTE PARA CONTINUAR LA POLÉMICA DENTRO DE LOS CONFINES DEL ESTRICTO RIGOR CIENTÍFICO». Carrillo decidió simplemente que sus detractores no estaban preparados para reconocer la magnitud de sus ideas. Uno de sus estudiantes (que no optó por las mayúsculas, sino por los más sutiles signos de exclamación) condenó la actitud «bizantina» de los «¡diletantes que al cuestionar lo que no entienden ven al menos sus nombres impresos en publicaciones!». Las páginas de *El Universal* se llenaron de insultos en el verano y el comienzo del otoño de 1924.

Finalmente, el Grupo pidió que se pusieran todas las cartas sobre la mesa y exigió a Carrillo que «DEMOSTRARA» sus teorías «con hechos y razonamientos decentes, por el bien de su reputación y de la dignidad de los músicos mexicanos».

Carrillo dio una conferencia el 13 de septiembre. (¡Por supuesto! El trece era su número favorito y acostumbraba a programar citas públicas para el día trece del mes, e incluso se mudó a una casa cuyo número era el trece; por casualidad, era el número trece de la calle Berlín, lo que era doblemente apropiado dada su pasión por la cultura germana). El Grupo consideró el contenido de la conferencia que dio Carrillo el 13 de septiembre demasiado vago y poco concluyente, por lo que plantearon una lista de trece preguntas a las que Carrillo no respondió; no directamente, no de inmediato. El Grupo celebró triunfalmente una conferencia pública en la que, con sarcasmo, abordaron las preguntas ellos mismos. Carrillo se burló de que habían tergiversado sus palabras, y cosas por el estilo.

Lo que hizo Carrillo en respuesta al reto del Grupo fue escribir su primera pieza microtonal. *Preludio a Colón* fue su debut microtonal, un manifiesto sonoro, un catálogo de posibilidades pasmoso y extraordinario. Escrito para soprano, flauta, dos violines, viola, violonchelo, un arpa afinada en dieciseisavos de tonos y una guitarra en cuartos de tono, la obra empieza con aumentos ascendentes de las cuerdas más bajas. El sonido es húmedo, profundo, como si fuera una especie de conjuro frío y desagradable. Un largo y fino violín se desliza hacia abajo hasta que se reúne con los instrumentos en el medio. Un arpa —una de las construcciones de dieciséis tonos iguales que Carrillo mandó hacer a medida, más parecida a una cítara muy grande que a un arpa de pedales— se une a una flauta para tocar lo que suena como una melodía de Gabriel Fauré distorsionada por el abotargamiento del calor. Luego entra la soprano cantando una vocalización sin palabras, una floritura de humo envuelta en un único tono. El suave tejido de voces e instrumentos se interrumpe con un rotundo lamento; ahora las líneas dan saltos entre las octavas, y cada salto muestra los microtonos en un relieve nítido y nuevo. La música sigue volviendo a un tono central, un faro en la niebla. En el clímax de la pieza, la soprano se eleva por encima del conjunto, su voz delinea una octava mientras los instrumentos se contonean como serpientes en la bruma microtonal. Carrillo no pudo evitar acercarse al contorno de los acordes tonales, así que hay una asombrosa sensación de que se escuchan objetos conocidos entre algunas partes del soporífero miasma. Los intervalos cercanos parecen fríos y húmedos, pero también producen el efecto de que las octavas brillen con luminosidad.

Se representó el 13 de noviembre (como es natural) en un concierto organizado por *El Universal*. El *Preludio a Colón* fue escrito como una muestra teórica, el último y desesperado intento de Carrillo por ganar la disputa contra el Grupo de los Nueve, que se les había ido de las manos y que nunca quedaría resuelta. Pero su impacto va mucho más allá de cualquier polémica por ver quién tiene la mejor baza. Mirándolo en retrospectiva, a un siglo de distancia, la cantante contemporánea Carmina Escobar, que ha cantado la pieza en varias ocasiones con Liminar, el ensemble mexicano de nueva música, me dijo que, para ella, el preludio es una canción pop. Escobar ha aprendido a encarnar esos microtonos vaporosos, que cambian lentamente. En sus palabras, «es muy melódico, muy natural y seductor por el simple hecho de habitar una escala diferente. Una vez que le coges el tranquillo se empieza a convertir en una cosa increíble, de otro mundo».

Otro aspecto, quizá más incómodo, sobre el preludio: está dedicado a Cristóbal Colón. ¿Por qué un compositor indígena que intenta hacerse un hueco en el México posrevolucionario escribe esta invocación en honor a Cristóbal Colón? La respuesta apunta al corazón de las lealtades culturales desfasadas que causaron problemas a Carrillo durante la mayor parte de su vida. Sus propias opiniones sobre la postura de los latinoamericanos indígenas eran incómodamente despectivas; consideraba que la cultura de estos había mejorado enormemente gracias al colonialismo. Aunque sus propias raíces étnicas eran indígenas, afirmaba que su linaje creativo pertenecía a Europa, y esa fue una de las muchas razones por las que algunos de sus colegas se negaron a reconocer su trabajo como lo suficientemente «mexicano», en una época en que «lo mexicano» requería de una agenda abiertamente nacionalista y pseudoindígena. Aunque podría decirse que el acervo de Carrillo era el más «auténtico», sus detractores se apropiaron con descaro de los sonidos indígenas para promover su identidad, tanto nacional como en el extranjero. La autenticidad es una mercancía resbaladiza y susceptible.

Alejandro Madrid está de acuerdo en que desmontar esto es «un asunto peliagudo». Carrillo admiraba de verdad a Colón. Se veía a sí mismo como una persona indígena que pudo ascender en la escala social igual que el primer presidente indígena de México, Benito Juárez, que gobernó a mediados del siglo XIX. «En realidad, Juárez no luchó en absoluto por los derechos de los indígenas», me explica Madrid. Y continúa:

> Fue un integracionista total. Igual que Carrillo. Quería ser un símbolo de cómo una persona indígena podía superar sus raíces e integrarse. A su parecer, la llegada de Colón significaba que los pueblos indígenas formasen por fin parte de la gran cultura civilizada. Hizo un paralelismo: Colón integró a la gente indígena en el proyecto de la modernidad europea y él, Carrillo,

una persona propiamente indígena, potenciaría el futuro de la música europea moderna.

Quizá al principio Carrillo tuvo la sensación, siendo o no consciente de ello, de que debía apelar al canon occidental para que lo tomaran en serio en la escena internacional. Quizá aquello fue resultado directo del tipo de imperialismo cultural que lo motivó a escribir su libro. Lo que resulta sorprendente es cómo su distanciamiento final de ese pensamiento es una representación del extenso viaje auditivo que todos podemos iniciar si abrimos los oídos más allá del canon. Para mí, el preludio no es un canto a la subyugación de la tierra y los pueblos. Lo escucho como un lamento líquido, una elegía inquieta y desasosegante cuyo armazón armónico europeo se filtra a través de una disidencia brillante. Podría incluso llegar a interpretar el *Preludio a Colón* como un treno por las culturas perdidas, por todas las víctimas de la barbarie, aunque Carrillo no tuviera tal intención. Quizá, y sorteando el problema, basta simplemente con escucharlo como una seductora confluencia de sonidos.

A medida que el sonido 13 se iba desarrollando, la teoría se fue deshaciendo de su ascendencia europea. Finalmente, Carrillo llegó a un sistema que rechazaba los tonos y los semitonos por igual; el sonido 13 crearía un mundo propio, sellado herméticamente, completo. A este respecto, Carrillo hizo una contribución peculiar pero única a la historia musical mexicana. Es cierto que en sus declaraciones nacionalistas era oscuro, pero tenía un profundo sentimiento patriótico. Declaró que «la humanidad está en deuda con México por haber descubierto de los tonos 13 al 96 en el siglo XIX, y del tono 97 hasta el infinito en el siglo XX».

• • •

Mientras tanto, había otro vanguardista provocador en la nueva música de México que no encajaba demasiado. Otro renegado compositor y violinista que desataría unos mordaces y paródicos desmantelamientos del *statu quo* conservador. Se llamaba Silvestre Revueltas (1899-1940) y su historia proporciona una interesante pieza de triangulación al contexto cultural de Carrillo.

Esto es lo que le responde Revueltas en sus años formativos al director Nicolas Slonismki: «Le envío algo de información sobre mí que puede adaptar a su gusto. Puede inventarse lo que considere necesario».

> Nací en un lugar del estado de Durango (México). No creo que fuera un niño prodigio (lo que es una verdadera lástima), pero entiendo que mostré algún tipo de predisposición por la música a una temprana edad y, como consecuencia, me hice más adelante músico profesional. Contribuyeron a ello algunos profesores de quienes por suerte no aprendí demasiado. Supongo que debido al mal hábito de la independencia.
>
> Toco el violín y he dado conciertos por todo el país y en Ciudad de México, pero no me interesa hacerme pasar por «virtuoso», así que me he dedicado a la composición y a la dirección orquestal. (Tal vez una mejor pose (?)).
>
> Me gustan todos los tipos de música. Hasta puedo soportar algunos de los clásicos y algunas de mis obras, pero prefiero la música de la gente de los ranchos y los pueblos de mi país. Es esa gente la que me enseña.

Revueltas omitió unos cuantos detalles clave. Nació el último día del siglo XIX en el seno de una familia humilde en la parte sur de la frontera entre México y Estados Unidos. Eso lo hace veinticinco años más joven que Carrillo, aunque murió veinticinco años antes que este. Su familia era pobre, pero no le faltaba ni instinto político ni ambición creativa. Su hermano José se hizo escritor, su hermana Rosaura, actriz y bailarina, su hermano Fermín y su hermana Consuelo se dedicaron a la pintura. (Fermín fue particularmente activo en un importante movimiento artístico de izquierdas conocido como estridentismo). Lo que movía al joven Silvestre era la música, y viajó al sur para estudiar en el Conservatorio Nacional de la Ciudad de México y luego al norte, a Austin y Chicago, en Estados Unidos.

En 1924, el año de la polémica en torno al sonido 13 en *El Universal*, Revueltas estaba en Chicago, ganándose la vida como violinista y director de orquestas de cine mudo. También estaba desarrollando el gusto por el alcohol en la ciudad de los bares clandestinos durante la época de la ley seca. Se casó con una mujer llamada Jule y tuvieron una hija, Carmen. Leyó a los turbulentos poetas franceses Frédéric Mistral y Paul Verlaine. A mediados de los años veinte, viajó a México cargado con la nueva música que estaba descubriendo en Estados Unidos; en 1925 hizo equipo con Carlos Chávez, un joven pianista y compositor, para tocar obras francesas recientes de Erik Satie, Ígor Stravinski y Francis Poulenc. Chávez, que se estaba convirtiendo rápidamente en arquitecto del nuevo movimiento cultural mexicano, convenció después a Revueltas para que se quedara en México y dirigiera la orquesta del Conservatorio Nacional. Chávez reconoció que no era el momento de que la nación perdiera a uno de sus talentos musicales más brillantes a manos del gigante cultural que era su vecino del norte.

Silvestre Revueltas

Revueltas se politizó durante sus años en Chicago. Dado que trabajó en los cines durante la aparición de las tecnologías analógicas del sonido —el Vitaphone, el Movietone—, presenció la desesperación de los músicos que trabajaban en las orquestas de cine mudo cuando estas terminaron por sumirse, efectivamente, en el silencio. En 1927, solo en Chicago habían perdido sus empleos en los teatros 1500 músicos. De regreso en México, y habiendo dejado a Jule y Carmen en Chicago, consolidó su ideología. El impacto de la Gran Depresión estadounidense se estaba expandiendo hacia el sur y la agenda política mexicana estaba dando un giro a la izquierda. A comienzos de la década de 1930, el Partido Nacional Revolucionario que estaba en el poder emitió un funesto decreto en el que «la música extranjera, cuyo morboso carácter le deprime el espíritu a nuestra gente, debe ser absolutamente eliminada». Chávez se subió al carro pregonando «el fruto de la verdadera tradición mexicana».

La música que escribió Chávez era de colores brillantes, descarada y robusta. Una parte de ella es influyente, sobre todo los trabajos de antes de que bebiera del elixir nacionalista. Después empezó a apropiarse de referencias indígenas para satisfacer la política partidaria de que el México moderno era un Estado igualitario cuyas numerosas culturas coexistían en una alegre mezcla mestiza. Chávez era amigo del estadounidense Aaron Copland. Los dos compositores se escribieron sobre su misión común de crear músicas nacionales que no estuvieran contaminadas por la influencia externa. «He terminado con Europa, Carlos», le escribió Copland, soñando con un sonido íntegro americano. «Opino lo mismo que usted, que nuestra salvación debe provenir de nosotros mismos». La *Segunda sinfonía* (1936) de Chávez lleva como subtítulo *Sinfonía india*. Late al ritmo de claves, grijutians, güiros y maracas, y cita melodías de los pueblos yaqui, seri y huichol. Es un panfleto sonoro a favor de la asimilación.

El compositor contemporáneo mexicano Juan Sebastián Lach Lau me explicó las ideas políticas del sonido Chávez de la siguiente manera:

> Lo que hizo con su *Sinfonía india* fue apropiarse de una cultura india imaginaria, aceptar con entusiasmo la ideología del mestizaje del Gobierno mexicano y de la escuela de pintura de Diego Rivera. Mientras que, de hecho, lo que hizo el proyecto de asimilación fue eliminar las culturas indígenas, obligándolas a abandonar sus idiomas y sus costumbres. Se trataba de presentar una versión idealizada del pasado indígena, que encubriera la opresión real del presente.

Y eso, subraya Lach, continúa hasta el día de hoy.

La diferencia entre Revueltas y Chávez era sutil pero profunda. A simple vista, la áspera energía y las canciones callejeras que Revueltas integró en su música encajaban efectivamente en el fervor por el «verdadero» sonido mexicano. Embaucó a gente como Copland, que lo describió como «muy especiado, igual que la propia comida mexicana», como «si fuera un pintor moderno que embadurna un lienzo lanzándole unos maravillosos colores que prácticamente te arrebatan los ojos, pero que no tienen sentido». De hecho, se trata precisamente de esos elementos que «no tienen sentido». Revueltas se deleitaba con la cacofonía no asimilada. Escribió obras satíricas yuxtaponiendo pastiches del primitivismo clásico de Chávez con las derivaciones musicales del insulto mexicano más reconocible mundialmente: chinga tu madre. En la música de Revueltas, el académico Roberto Kolb Neuhaus identificó más de veinte variaciones de la frase.

En los años treinta, Revueltas se empeñó en representar la pobreza en su música. Gente de la calle, pescadores, obreros de las fábricas, vendedores. Los marginados, los desamparados. Se negó a mirar al pasado, cada vez se interesaba más por un presente sin retocar que contara las vidas de la gente real palabra por palabra. Según Kolb, su música es «un *collage* audaz que deconstruye tanto el nacionalismo folclorista como las reglas del modernismo teleológico, proponiendo una poética vanguardista de apertura». Véase la pieza *Esquinas*, escrita en 1931. Abrupta, violenta, es la música de los gritos, de las maldiciones, de la cacofonía, del sufrimiento de los mendigos, del bombardeo de los vendedores ambulantes. Revueltas dijo que representaba «el *tráfico interno* de las almas» que vio en los portales y las alcantarillas. No se trata de una glosa pintoresca. No hay canciones folclóricas bonitas. La música es áspera, dura y ruidosa. Oímos los gritos, el dolor y las obscenidades. Revueltas fue apodado «el Bartók mexicano»; y sí, como el compositor húngaro Béla Bartók, integró los elementos vernáculos sin pulir las esquinas, sin establecer ninguna jerarquía entre la calle y la sala de conciertos. Es lo que haría José Maceda en sus obras de participación masiva. Es tal vez lo que habría hecho también Ruth Crawford si hubiera vivido lo suficiente para intentarlo.

En 1937, Revueltas viajó a Europa para luchar en el frente republicano de la guerra civil española. Cuando volvió a México, escribió su obra más famosa, una pieza feroz llamada *Sensemayá* por el poema del escritor cubano Nicolás Guillén. Se conocieron primero en la Liga de Escritores y Artistas Revolucionarios (LEAR) y se volvieron a encontrar luego en España, en el Segundo Congreso Internacional de Escritores para la Defensa de la Cultura. El poema de Guillén describe una culebra y un cazador en la selva: el oprimido y el opresor, el esclavizado y el esclavizador. Revueltas retoma esa violencia alegórica en su música. Un animal sisea, retorciéndose por su vida. Es el ritual de una matanza y escuchamos el calor y la brutalidad, la furiosa batalla por la supervivencia. Es una ceremonia de seducción oscura, tensa. La música posee una energía peligrosa, con sus imponentes vientos metal y su impasible percusión. Hay una fanfarronería fascinante en la manera en que sobresalen los tresillos entre el inquebrantable ritmo de marcha. Las trompetas son estridentes, los graves rugen como en una rígida danza macabra. Nadie ha hecho que una orquesta suene tan psicodélicamente abigarrada.

Sensemayá es la partitura más conocida que escribió Revueltas y de alguna manera evoca la trágica volatilidad de su corta vida. Sucumbió ante sus lúgubres demonios y murió a causa de una neumonía provocada por el alcohol el 5 de octubre de 1940, el mismo día que se estrenó su ballet *El renacuajo paseador* en Ciudad de México. Estaba a dos meses escasos de cumplir los cuarenta y uno. El poeta chileno Pablo Neruda, desconsolado ante la noticia, escribió que el compositor había introducido «su música más plena en su silencio sonoro». Es una paradoja potente, pero la memoria de Revueltas no debe mantenerse acallada. Sus manifiestos descarnados, abrasivos, rebeldes continúan arrasando.

• • •

Me resulta interesante pensar que Revueltas y Carrillo, este par de forajidos simultáneos, bordearan cada uno a su manera las políticas culturales mexicanas prescritas en la década de 1930. Ambos desafiaron la narrativa central de su nación por su propia cuenta y riesgo, ambos resistieron al dogma sobre cómo debe sonar la música para ser considerada lo suficientemente «auténtica». De los dos, Revueltas sorteó el juego más hábilmente, puesto que, a pesar de su habilidad para la ironía mordaz, su música podía al menos confundirse con una contribución al proyecto nacional. Carrillo, por su parte, se negó obstinadamente a jugar.

Carrillo no era un hombre flexible, aunque cuando le convenía se retractaba sin reparos de sus propios dictados. No había manera de disuadirlo de su cometido microtonal y siguió puliendo sus teorías, argumentando que la historia de la música es una progresión lógica desde la monofonía (música con una sola línea melódica) hasta la tonalidad, la atonalidad y más allá. Para él, el siguiente paso era dividir los semitonos en intervalos cada vez más pequeños; estaba convencido de que el oído humano era capaz de reconocerlos. Al principio de su revolución del sonido 13, Carrillo se aferró al temperamento igual, el sistema de afinación desarrollado a comienzos del siglo XVIII que dividía la octava en doce partes iguales. El atractivo del temperamento igual para gente como Johann Sebastian Bach era la estabilidad, la flexibilidad, la universalidad: como la distancia entre cada semitono del teclado era ahora regular, cualquier melodía podía transportarse a cualquier grado de la escala. (Pensemos en los cuarenta y ocho preludios y fugas de *El clave bien temperado* de Bach, empezando por cada tecla blanca y negra, un inventario diseñado para mostrar el nuevo sistema de afinación).

En un primer momento, Carrillo consideró que el temperamento igual era uno de los mayores logros de la humanidad, del que su sistema de subdivisión era simplemente una progresión lógica. Más tarde, adoptó la convicción diametralmente opuesta: decidió que el temperamento igual era una abominación que encorsetaba las leyes naturales de la armonía. Finalmente, utilizando un lenguaje con unas desconcertantes insinuaciones eugenésicas, dijo que quería limpiar, repurificar y superar emocionalmente el temperamento igual. Su sistema acabó consistiendo en no reinventar nada, sino en *restaurar* nuestro concepto fundamental de consonancia natural. El título final que le puso a su libro, una edición ampliada de seiscientas páginas publicada de forma póstuma en 1967, fue *Errores universales en música y física musical*.

• • •

Entre las contribuciones más concretas de Carrillo están los instrumentos. Inventó oboes, trompas y arpas microtonales, y un extraño contrabajo llamado octavino. Construyó un conjunto de quince pianos microtonales, que se encuentran hoy en el archivo Carrillo de San Luis Potosí. Hay otros modelos de pianos, elaborados por el fabricante de pianos alemán Carl Sauter utilizando los diseños originales de Carrillo, que están repartidos por el mundo y que se encuentran en distintos estados de deterioro.

En 1958, Carrillo presentó su grupo de teclados con afinaciones próximas como si fuera el premio de una actuación circense:

> *Les Pianos Carrillo. Pianos 'metamorphosés'. Unique au monde. Rendant divers tons chacun. Des sons jamais entendu!*
> («Los Pianos Carrillo. Pianos "metamorfoseadores". Únicos en el mundo. Cada uno produce un tono distinto. ¡Unos sonidos nunca oídos!»).

Lo invitaron a participar en la Exposición Universal de Bruselas de 1958. Su anfitrión fue Jean-Étienne Marie, un compositor francés que era también un entusiasta de las afinaciones inestables. Los pianos metamorfoseadores parecían, a simple vista, pianos corrientes: solo cuando se tocaban se evidenciaba la diferencia. El espacio entre las teclas no era de medio tono, como de costumbre, sino que oscilaba entre un tercio y un dieciseisavo de tono; el más extremo de todos ellos tenía noventa y siete teclas, que abarcaban una gran distancia para una sola escala. Cuando llegaron a Bruselas, el embajador mexicano intervino para asegurarse de que su enorme exposición tuviera la disposición adecuada.

Más tarde ese mismo año, Carrillo viajó a Europa para dirigir su reciente concertino para piano en tercios de tono y orquesta. Jean-Étienne Marie reunió a otros vanguardistas microtonales para la ocasión. Ivan Wyschnegradsky, Alois Hába, Adriaan Fokker: allí estaban todos, reunidos en una sala, el momento inmortalizado en una fotografía en la que se encontraban también Dolores, la hija de Carrillo, y Margaretha, la esposa de Fokker. Al parecer, el ambiente era tan denso que se podía cortar con un cuchillo. Wyschnegradsky y Hába se odiaban. Cuando posaron para la cámara, ninguno se movió ni un ápice para no acercarse más. Es desconcertante pensar en el egotismo que lleva a un hombre a necesitar ser el lobo solitario. Consideremos las posibilidades microtonales combinadas en caso de que los personajes de esa única foto hubieran reconocido su mutua labor, e incluso si hubieran contemplado colaborar.

Tras la exposición, los pianos originales de Carrillo se enviaron a México, mientras que las réplicas se donaron a instituciones de toda Europa. Una de las réplicas estuvo un tiempo en la famosa Schola Cantorum de París, luego fue trasladada al Conservatorio de Pantin, donde una joven estudiante de clarinete llamada Pascale Criton le estaba cogiendo el gusto a escribir música y se inscribió en las clases de Jean-Étienne Marie. Ahora, la propia Criton es compositora de una deslumbrante música microtonal y parecía encantada el día que le envié un correo electrónico para decirle que me interesaban las obras que escribió para los pianos Carrillo a partir de la década de 1980. Al día siguiente hablamos por teléfono. Me dijo que el instrumento supuso para ella un antes y un después. «Toda la gente del conservatorio intentaba tocar algo conocido en el piano», recuerda. Un vals de Chopin, una bagatela de Beethoven; los estudiantes se entretenían transformando obras conocidas en peripecias microtonales descompuestas. Pero para Criton, la fascinación por el piano de Carrillo fue más profunda. Dice que quiso investigar el sonido «en sí mismo. Por la proximidad. Por su otro mundo de posibilidades».

El piano que había en Pantin estaba afinado en dieciseisavos de tonos: el que tenía noventa y siete teclas para abarcar la extensión de una octava. Criton señala un detalle del instrumento en el que yo no había reparado: Carrillo eligió ponerle la tesitura de la voz femenina. «Es un sonido suave. Me recuerda al habla y por eso las primeras obras que escribí para él están muy vinculadas a la entonación hablada. A una especie de nivel íntimo, de suave voz hablada». Me canta por teléfono en un medio susurro, mostrando las microinflexiones que serían imposibles de evocar utilizando un teclado con afinación estándar. Describe los intervalos como «dilatados», siempre en expansión o contracción. Me hace pensar en Annea Lockwood y su búsqueda de la intimidad sonora. Me hace pensar en José Maceda y Emahoy Tsegué-Mariam Guèbru, ambos poniendo el tiempo en movimiento; en Éliane Radigue y su búsqueda de un sonido también «dilatado», de un sonido dentro del sonido.

Esa noche, Criton me envió por Dropbox una carpeta con grabaciones privadas de varias obras que escribió para aquel piano de Carrillo. Algunas de ellas nunca se han publicado porque las sigue considerando unas obras de ensayo tempranas. Pero me enamoré de inmediato. En una pieza titulada *La forme incontournée* («La forma no moldeada»), Criton plantea un dueto entre un piano normal y un piano en dieciseisavos. El diálogo entre los instrumentos es lento y cortés, como si fueran dos personas conversando con cautela entre idiomas. Tiene un aire de indagación, de amoldarse a los sonidos vocálicos del otro. Su pieza *Mémoires* («Recuerdos») hace exactamente lo que el título sugiere: crea una nebulosa de recuerdos, algunas imágenes ultraclaras, otras emborronadas como si se vislumbraran a través de una ventana que se empaña. Las cuerdas suenan como si las estuvieran estirando mientras las escuchamos.

La pianista Sylvaine Billier le dijo una vez a Criton que se quedó tan absorta en una interpretación de *Mémoires*, tan completamente perdida en el sonido que al final se le olvidó salir al escenario para aceptar el aplauso del público. Me da la impresión de que esa historia es un resumen de toda la contradicción de Carrillo. A pesar de toda la rabiosa polémica, su música contiene una delicadeza inmersiva. Gritó mucho, pero es su faceta más tranquila la que toca nuestros pensamientos más íntimos.

• • •

Alejandro Madrid me cuenta una anécdota divertida que demuestra el poder de Carrillo para bordear lo sobrenatural y suscitar controversia incluso desde el más allá. Sucedió lo siguiente.

En 1982, diecisiete años después de la muerte de Carrillo, el popular programa mexicano de televisión *Hoy mismo* invitó a un grupo de músicos para una interpretación en directo de la música del sonido 13 para arpa de dieciseisavos de tono, guitarra de cuartos de tono y flauta. Tras la actuación, el presentador, Guillermo Ochoa, anunció que la cadena había recibido numerosas llamadas telefónicas de los telespectadores de todo el país, todos ellos dando cuenta de un extraño fenómeno. Al parecer, los animales de todo país se habían vuelto locos en respuesta a la música microtonal que salía de sus televisores. Los perros de Ciudad de México aullaron y bailaron. Los peces de Cuernavaca intentaron suicidarse a golpes contra el cristal de sus acuarios. En Puebla, los canarios se chocaron contra los barrotes de sus jaulas y luego murieron extasiados. Los músicos se encontraron con la inusual circunstancia de tener que asegurar de inmediato a los telespectadores que la música que habían tocado no presentaba efectos secundarios letales.

¿Qué tiene el sonido 13 que tanto molesta? No estoy insinuando que la actuación de *Hoy mismo* indujera realmente a todos esos animales al éxtasis suicida, pero está claro que los productores del programa se inspiraron para suscitar una espeluznante tormenta por un puñado de microtonos. Se remonta a la rabia visceral del Grupo de los Nueve, seis décadas antes. Desde luego, hay un aire de paranormalidad desconcertante cuando lo familiar se distorsiona. Es eso lo que proporciona al valle inquietante, ese lugar en los márgenes de la apariencia humana, un poder tan perturbador. Quizá por ello muchos de los compositores que aparecen en este libro no han obtenido el debido reconocimiento: la gente se siente provocada, molesta, incluso indignada por los intentos de pisar fuera de lo conocido. El sonido 13 funciona como una puerta, una pantalla de cine envolvente, un portal hacia un lugar donde los sentidos se vuelven menos presuntivos y más receptivos. Nan Sheperd se fue a las colinas precisamente en busca de ese descolocarse.

El método de Carrillo era supuestamente científico, incluso moralmente absoluto. Al menos en teoría, era un apasionado del equilibrio, el orden y la estructura racional. Y sin embargo su música se recibió como caprichosa, una aspiración a lo más alto, incluso de una espiritualidad pseudooculta. Los oyentes han escuchado céfiros celestiales y mitología New Age, ovnis y catolicismo místico. Al fin y al cabo, Carrillo cerró el círculo de su propia fe. Volvió a las liturgias eclesiásticas que había cantado en la década de 1880 en su pueblo natal de Ahualulco. Su resurgimiento religioso fue, como era costumbre en él, un movimiento mal visto: el México posrevolucionario no era el lugar adecuado para ondear la bandera de la Iglesia católica. Pero en las décadas de 1950 y 1960, Carrillo no pudo sino reconocer que su búsqueda del meticuloso racionalismo le había dado acceso a una especie de espiritualidad más amplia. A la edad de ochenta y seis años, el compositor, ya enfermo, escribió una misa en latín en cuartos de tono que dedicó al Papa Juan XXIII. Es una obra intensamente concentrada de escritura devota para voces masculinas a capela que entonan el kirie en armonías sigilosas y densamente engranadas. Las tríadas tonales se deslizan dentro y fuera del centro. Es como si toda la historia de la música estuviera enredada en ese plexo verde, extraterrenal y tan arraigado como los árboles.

• • •

He de admitir que estoy fascinada con la alocada audacia de la visión de Carrillo, por muy detestable que sea él mismo. Este hombre se jactó de haber creado un piano especial «que incrementaría violentamente la extensión que abarca la música actual». A lo que matizó: «Porque en lugar de ocho supuestas escalas, creo que es posible aumentar su extensión hasta doce. Es decir, en lugar de alcanzar el do a 8192 vibraciones por segundo, lo alcanza a 131 000». Para que quede claro: lo que está sugiriendo va mucho más allá de lo que puede percibir el oído humano. Es una visión ridículamente utópica, básicamente redundante por razones de inverosimilitud auditiva lógica. ¿De verdad espera Carrillo que el oído humano le siga el ritmo? No me extrañaría.

Otra increíblemente ambiciosa propuesta de Carrillo.

Concibió 1892 transposiciones microtonales en 96 divisiones de la octava, más 392 transposiciones basadas en tonos y fracciones.

Esto equivale a 2284 transposiciones posibles.

Si lo multiplicamos por quince (el número de pianos que hizo) se obtienen 34 000 transposiciones posibles.

Por tanto.

Nueve sinfonías de Beethoven por 34 000 transposiciones equivalen a 308 430 versiones de las sinfonías de Beethoven. ¡308 430 versiones de las sinfonías de Beethoven!

El mismo hombre que fue criticado por sus compatriotas por servir a la cultura europea quería superar a Beethoven creando 308 430 versiones de sus sinfonías, de las cuales solo nueve sonarían parecidas a las originales. ¡Qué agallas! ¡Qué intrépida pasión!

Carrillo nunca cruzó claramente la línea del nacionalismo, pero la insinuación de que su música no habla de una verdadera experiencia mexicana es tan preceptivamente estrecha como veremos que ocurre con Walter Smetak en el Brasil de los sesenta, momento en el que los tropicalistas fueron perseguidos por contaminar la «auténtica» música folclórica con la cultura pop mundial. ¿Quién diría que la amalgama que crearon no sonaba fiel a sus vidas cotidianas? ¿Por qué se permitió a Carlos Chávez marcar la agenda sonora de México durante tantas décadas?

Juan Sebastián Lach Lau me cuenta que incluso cuando él era estudiante, ya en los noventa, en Ciudad de México había solo dos opciones para un compositor: inscribirse en la escuela de Mario Lavista o la de Julio Estrada, los dos pesos pesados de la composición mexicana de la época. Ambos habían estudiado con Chávez; Lavista era el chico de oro, y Estrada el rebelde que se identificaba retrospectivamente con Carrillo como en un acto de disidencia. Lach dijo que, por suerte, la generación actual de los compositores mexicanos «no sigue esta actitud polarizante». Le pregunto por qué han cambiado las cosas y sonríe.

—Porque ya no nos importan tanto los dogmas —responde—. Y porque el siglo XXI nos ha enseñado que hay muchas versiones de la historia.

Afortunadamente, ya existe un interés creciente por la música de Revueltas, aunque todavía hay que escucharlo más en Europa. Ahora le toca a Carrillo. A pesar de todos sus extremos, escribió obras de una belleza singular y sorprendente. La mayoría de ellas siguen siendo demasiado difíciles de localizar. Carmina Escobar considera «I Think of You» («Pienso en ti») una canción esencial en el reportorio de las sopranos, pero apenas se canta. En el momento de escribir estas líneas, Alejandro Madrid está haciendo presión para que se publiquen los revolucionarios cuartetos de cuerda de Carrillo y se graben por primera vez. Resulta exasperante que no se puedan aún escuchar: son unos trabajos asombrosos.

La historia de Carrillo demuestra lo que perdemos cuando una narrativa mayoritaria domina hasta excluir la creatividad que no encaja entre las líneas marcadas. Las líneas de Carrillo no eran simplemente vacilantes. Sino que sacudieron las bases.

• • •

En Estados Unidos, otra figura de la composición estaba poniendo a prueba la disonancia vacilante como *modus operandi* moderno, pero se vio truncada a causa de las nociones prescritas de construcción nacional y de autenticidad. Y, en su caso, de feminidad.

Ruth Crawford (1901-1953)

El despertar, el cambio radical: una nueva disonancia estadounidense

—¿Les hablamos alguna vez a nuestros hijos sobre lo que éramos? —me dice Peggy Seeger, negando con el dedo—. Pues no. Claro que no. Mi madre nunca nos contó cómo había sido ella antes. Pero te podías imaginar... —continúa, se detiene y toma aire—. Te podías imaginar que mi padre nos podría haber dicho: «Tu madre era una compositora clásica maravillosa».

Oxford, principios de febrero de 2020. Es un domingo terriblemente frío, ese tipo de mediodía de invierno en el que la luz solar deja de molestar poco después del almuerzo. He ido en bicicleta a las afueras de la ciudad, por el camino que discurre junto al río, pasando entre universitarios valientes que practican remo y subiendo por unas tortuosas callejuelas de chozas con techumbre de paja. Voy al encuentro de Peggy Seeger. Un amplio jardín rodea su casa, pero en cuanto empiezo a buscar un sitio donde atar mi bici, la veterana cantante de folk estadounidense sale a su puerta y me saluda con impaciencia. Me dice que la deje dentro. Nada de ceremonia.

Cuando nos conocemos, Seeger tiene ochenta y cuatro años. Es alta, ágil, mandona, elegante y tremendamente divertida. Entre las dos, en las siguientes horas acabamos con varias teteras y una caja entera de galletas de chocolate que compré en una tienda pija de la ciudad. Me instala en su salón, que está lleno de instrumentos. Cítaras, banjos, guitarras, piano.

En los retratos de familia hay tres generaciones de músicos de folk con unas enormes sonrisas. Están los hijos de Peggy: Neill, Calum y Kitty. Están sus legendarios hermanos Mike, Barbara, Penny, su medio hermano mayor Pete y los demás. Está su padre, Charles, que aparece en el retrato con una mirada adusta y austera. Y su madre, Ruth, recia como la tierra, los ojos puestos en el horizonte, el pelo recogido en unas trenzas que le rodean la cabeza como si fuese una corona de laurel.

Ruth, íntegra y meticulosa, que nunca decía palabrotas, que hacía ganchillo en el porche y leía las novelas policíacas de Perry Mason. Ruth, que cantaba por la casa mientras cosía y limpiaba, mientras revisaba la ropa de sus hijos en busca de polillas y sus cabezas en busca de piojos. Seeger recuerda que su madre «construía cuevas debajo del piano» y «se metía como por arte de magia» en el mundo imaginario de sus hijos. Los sentaba en el piano e inventaba unos fantásticos cuentos de hadas musicales con «saltos y arpegios para los conejos, chirridos para los ratones, truenos para las madrastras malvadas y los leones». Pero la imagen que dibuja Seeger solo a partir de sus recuerdos es incompleta.

—La conocí como madre de la música de folk y profesora de piano —dice, negando con la cabeza—. No sabía nada del resto. No tenía ni idea.

Ruth Crawford (el Seeger vino después; me quedaré con su apellido de soltera) era una talentosa y espectacular compositora que se enamoró de un profesor, se casó, tuvo hijos y prácticamente dejó de escribir música. Se vio arrastrada por una doble oleada de lo que ella llamó «la composición de bebés» y el emergente movimiento del folk estadounidense que surgió de la Gran Depresión, durante el cual se convirtió en transcriptora de canciones folclóricas y escritora de libros.

«Plegué las alas y respiré bien el amable polvo», es lo que dijo la propia Crawford, con lo que quiso decir que plegaba sus audaces alas compositivas. Y dijo «polvo» en el sentido más positivo, porque el polvo era lo que pisaba la gente real. No el presuntuoso —¿el qué, mármol, éter?— de la vanguardia.

No es que Crawford dejara de trabajar. Podría decirse que trabajó demasiado durante toda su vida, incluso en las dos décadas de casi silencio compositivo después de que se casara. Publicó varios libros, enseñó piano, crio a cuatro niños y gestionó un hogar con muchas tareas domésticas hasta que murió de cáncer a los cincuenta y dos años. A esas alturas de su vida, era una estrella del movimiento de educación en el folclore, la respetaban en todo el país por sus cancioneros, que adornaban los pianos de los salones desde Phoenix a Philadelphia. Era una Seeger, y los Seeger enseñaron a Estados Unidos a cantar sus propias canciones.

Y antes de que plegara las alas, ¿qué? Y lo que es más importante: ¿por qué las plegó?

Peggy Seeger señala que si su madre llamó alguna vez a algo «agradable», no lo decía como un cumplido. Ruth Crawford fue una pionera del modernismo estadounidense contundente, inequívocamente desagradable. En su veintena compuso pequeñas piezas cáusticas, canciones sorprendentemente intensas, una serie de duetos exploratorios que hacían pivotar los instrumentos uno alrededor del otro como si fuera una pelea de artes marciales. La suya era una música sin complejos, que abrió el camino a un nuevo paradigma nacional; o que, de haberlo continuado, podría haberlo cambiado. Se aventuró sola en Berlín a comienzos de la década de 1930 y creó un sonido coral que resuena con un extraño misticismo, que incluye clústeres y lenguajes inventados. Y está su obra maestra, la completamente original *String Quartet 1931*, la fecha incluida en el título sigue siendo un mero recordatorio de lo avanzada a su tiempo que era su música. Un crítico admitió con admiración que Ruth Crawford podría «arrojar disonancias tan malas como cualquiera de ellos». Ellos: los hombres.

Esa obra pequeña, pero formidablemente original; ahí está el «antes» del que Charles Seeger nunca les había hablado a sus hijos.

—¿Mi padre? —dice Peggy Seeger, y su tono de voz se vuelve más directo, con ese tipo de franqueza que solo los miembros de la familia pueden utilizar para hablar unos de otros—. Mi padre también componía, pero no era tan bueno como ella. Creo que ahí ocurría algo.

Me percato de que esa frase contiene toda una vida de observación y experiencia: ahí ocurría algo.

• • •

Peggy Seeger lleva el pelo corto. Igual que yo, de pura casualidad. «¿Cuándo?», me señaló el pelo, pidiéndome que le contara el porqué, así que de repente acabé contándole cómo me lo corté motivada por la intranquilidad y la determinación ante el doloroso final de una relación. Tomamos la larga tangente de la política de los peinados. Ruth Crawford se dejó el pelo corto a principios de los años veinte, cuando se mudó de Florida a Chicago. La vida de Crawford fue una constelación: actos de férrea convicción ligados a tramos de trabajo y aquiescencia. Mudarse a Chicago fue uno de esos actos de convicción, y el de cortarse el pelo fue otro.

Crawford nació en 1901 en la ciudad industrial de East Liverpool, en Ohio, y se crio en varias congregaciones metodistas de Indiana, Missouri y Florida. Su padre fue Clark Crawford, un pastor que murió de tuberculosis cuando Ruth tenía doce años, momento en el que la familia fue expulsada sin miramientos de la casa pastoral, y su madre crio tanto a Ruth como a su hermano; Clara, la madre, era una mujer con recursos y una buena pianista. Antes de conocer a Clark, Clara había rechazado un par de propuestas de matrimonio y tenía la intención de hacer fortuna como mujer independiente. Una vez casada, posó con un vestido escotado para un retrato que Clark no vio hasta que el cuadro estuvo finalizado, momento en el que pidió al artista que, por decoro, rellenara el escote. Tras la muerte de Clark, Clara empezó a hacer todo tipo de cosas. Montó una pensión aunque no sabía nada sobre el sector de la hostelería. Se dedicó a la pintura. Finalmente, siguió a su hija a Chicago. Peggy Segger cree en los rasgos familiares heredados y dice que la tenacidad atraviesa la línea de las mujeres Crawford.

—Yo misma he estado dispuesta a asumir riesgos, o dispuesta a ser estúpida. Creo que mi madre también, así como la madre de mi madre. Y ambas eran del tipo de madres que sus hijas querían tener cerca.

De niña, Ruth Crawford era fantasiosa, diligente, con un flequillo cortado en casa, un entrecejo poblado y una cara ancha y amable que se mantuvo así hasta el final. Y era decidida. Con siete años decidió hacerse poeta; a los dieciséis había escrito doscientos poemas y elevó sus ambiciones para ser autora. Como pianista era excepcional y se ganó la reputación de ser una de las mejores intérpretes y profesoras de Jacksonville. Cuando tenía diecinueve años, su madre aceptó que fuera al American Conservatory of Music de Chicago, con la condición de que volviera a Florida al cabo de un año para montar una escuela. Clara albergaba la esperanza de que Ruth se convirtiera en una «mujer música real, con buenos modales, desenvoltura, confianza en sí misma y ropa bonita».

Resulta difícil averiguar cuántas de esas aspiraciones alcanzó Ruth Crawford. En cuanto a la vestimenta, se desvió del camino. Peggy Seeger se acuerda de una noche de 1952 en la que su madre recibió un premio de la Asociación Nacional de Compositores y Directores Estadounidenses. Antes de la ceremonia, llevó a Crawford para que se comprara una blusa roja nueva y le cosió una falda negra de tafetán a conjunto, pero no pensó en el calzado. «Ahora la veo claramente», escribe Seeger en su libro de memorias *First Time Ever*. «Querida, querida madre extraña, con sus zapatos de hombre con cordones que usaba todos los días, sin abrillantar y completamente pasados de moda, sin ninguna joya, solo su encantador pelo negro, las mejillas muy coloradas y la cara alegre; moviéndose por el escenario para recoger su premio como una niña cohibida». En cuanto al desparpajo y la seguridad en sí misma que Clara Crawford deseaba para su hija, fueron cualidades que surgieron en Ruth, aunque de forma gradual.

Ruth Crawford llegó a Chicago en 1921 y se alojó en la Asociación Cristiana de Mujeres Jóvenes (YWCA) de la avenida South Michigan, un albergue de ladrillo de siete pisos en el que se hospedaban mujeres trabajadoras desde el finales del siglo XIX. Tenía veinte años y no mucho mundo, era diligente, decidida. Casi cada semana iba a los conciertos de la Orquesta Sinfónica de Chicago, que en esa época estaba dirigida por el bigotudo violinista alemán Frederick Stock, que había tocado en Colonia con Brahms, Chaikovski y Richard Strauss. Chicago en los años veinte fue un importante destino en las giras de los músicos rusos que buscaban un público en el nuevo mundo, mientras el viejo estaba en plena conmoción. Los pianistas Arthur Rubinstein y Leopold Godowsky, los compositores Rajmáninov y Prokófiev, todos pasaron por la ciudad ya durante el primer año en que estuvo allí Crawford. En Chicago fue donde, en 1921, Prokófiev estrenó *El amor de las tres naranjas*, su ópera sobre la melancolía y la alegría, y un príncipe que es incapaz de reírse. Los críticos querían saber de quién se burlaba Prokófiev: ¿de ellos? ¿Del público? ¿Del arte en sí mismo? «Lo único que he intentado ha sido escribir una ópera divertida», afirmó más tarde el compositor. Chicago es también donde, nueve años después de que Crawford se presentara en la YWCA, nació un tal Muhal Richard Abrams a unas pocas calles de distancia, en el South Side.

Crawford se zambulló en los estudios. Practicó tanto piano que su brazo izquierdo «se puso en huelga» con una enfermedad llamada neuritis, lo que no le impidió ganar un premio de fin de curso por su aguda interpretación de la *Polonaise-Fantasie*, *op. 61* de Chopin. Mientras tanto, presenció cómo ella misma se iba abriendo paso. «Siento mi propia expansión», escribió en su diario. «Mi oído (el oído interno, cuyo buen juicio y formación es de un infinito valor para los compositores) escucha ahora mejor que hace un año». Los siguientes doce meses en Chicago se convirtieron en otro año, y luego otro, y por fin Clara Crawford se resignó ante la tenacidad de su hija, vendió la casa de Florida y se dirigió a Illinois, donde Ruth proclamó que quería ser compositora. Además, quería escribir música «que fuera diferente». El primer trabajo suyo que se conserva es de 1922. Lo llamó *Little Waltz* («Pequeño

Vals»). Es un número pequeño y vivaz de tres partes con una media sonrisa y un paso saltarín al estilo *boogie woogie*.

• • •

Primavera de 1927. Ruth Crawford observó cómo los incesantes vientos del lago Michigan zarandeaban un sobre. En su diario, escribió acerca de ese sobre bailarín, sobre cómo «hacía cabriolas cuando el viento encontraba su hueco, primero corriendo por la acera, luego caminando de forma furtiva, atractiva, lenta, como si coqueteara un poco silenciosamente, y luego de repente volviendo los terrenos más descuidados en una parcela de hierba, donde se quedaba descontento hasta que podía arrastrarse con disimulo de nuevo a la acera para hacer más acrobacias». El contoneo de ese trocito de papel tenía tanta música —«un perfecto scherzo de variedad rítmica y sutileza»— que Ruth Crawford se reía a carcajadas.

En los cinco años que transcurrieron desde que escribiera aquel vacilante y osado *Little Waltz*, Crawford había experimentado unas importantes transformaciones personales. Sus parámetros creativos se habían ampliado hasta que empezaron a disolverse por completo las líneas entre el sonido, la espiritualidad y la música convencional. Sus oídos estaban ahora saturados con el espectro de colores multisensoriales del compositor místico ruso Alexander Scriabin, y como respuesta estaba escribiendo sus propias e impetuosas obras para piano: preludios intensamente numinosos, cánones impasiblemente matemáticos, el llamativo título *Kaleidoscopic Changes on an Original Theme* («Cambios caleidoscópicos sobre un tema original»). «¡¡¡Qué os parece el nombre!!!», garabateó en un programa de mano, con esos tres signos de exclamación que revelan cuánto había conseguido sorprenderse a sí misma. Su vivaz *Adventures of Tom Thumb* («Aventuras de Pulgarcito») para piano y narrador es una respuesta al estilo Cinturón del Óxido de *Pedro y el lobo*, el cuento musical de Prokófiev. Su *Music for Small Orchestra* («Música para orquesta pequeña») es una sofocante música de verano con flautas lánguidas, ostinatos juguetones y húmedos clústeres de cuerdas. Un violín da vueltas alrededor de un estribillo atonal de armonías espeluznantes, como si alguien tarareara un fragmento de un sueño olvidado. En el segundo movimiento está indicado «con humor canallesco», y se mueve con un ingenio tan seco que podría entrar en combustión.

En ese momento, la joven Ruth Crawford atraía todas las miradas. Gracias al impresionante carisma de sus primeras obras, se la reconocía como parte de una especie de movimiento artístico, un pequeño grupo de compositores en el que estaban Charles Ives, su amigo Henry Cowell y Carl Ruggles, que una vez se sentó al piano para teclear el mismo acorde durante más de una hora porque quería asegurarse de que la milésima vez sonara como la primera. Todos estos compositores intentaban abrazar una nueva e inequívoca rama estadounidense del modernismo. La disonancia era la manera en que romperían con las trampas históricas del viejo mundo y establecerían un lenguaje expresivo que se adecuara al nuevo. Estos ultramodernos trabajaron por separado y en algunos casos, como el de Ives, tenían actitudes bastante recalcitrantes en cuanto a la validez de que una mujer perteneciera a la vanguardia. Pero todos compartían el pálpito de que la libertad tonal y social deben tener algo en común.

La pieza más llamativa de Ruth Crawford de sus años en Chicago es la *Sonata para violín y piano* (1926), que entra en acción con todos los músculos tensándose al mismo tiempo. Los acordes iniciales son una especie de detonación atonal. De entre las ruinas, resuena el piano, y la línea del violín se despliega como extremidades que no están preparadas para obedecer. El tercer movimiento es grave, carnal, celestial, con indicaciones de «místico» e «intenso». El movimiento intermedio es «flotante», y los instrumentos orbitan entre sí como puntos de contrapeso en un móvil de Calder; un equilibrio desenvuelto, cambiante, que se convertiría en la firma del sonido de Crawford. Esta sonata tiene una convicción inmensa. Es una compositora calentando motores con una intención, a todas luces entusiasmada por el sonido y el simbolismo de la disonancia, pero también con la suficiente actitud juguetona como para divertirse con la sensualidad de todo ello.

Tanto en la vida como en la música, Ruth Crawford había empezado a desabrocharse lo que ella llamaba su «abrigo de acero». Había entrado en contacto con el circuito bohemio de Chicago, asistía a veladas llenas de incienso que estaban a un universo de distancia de la vida que había tenido en Florida una década atrás. Ahora exploraba las místicas orientales y leía a Walt Whitman, subrayando largos pasajes de *Hojas de hierba*. Entabló amistad con Carl Sandburg, poeta de Chicago y «trovador del pueblo», y escribió algunas partes de piano para su antología de 1927, *The American Songbag* («La bolsa de canciones estadounidenses»). Se le abrieron unas importantes puertas espirituales gracias a su profesora de piano, Djane Lavoie-Herz, una mujer fabulosamente cosmopolita que llevaba caftanes exóticos y había pasado un tiempo con el mismísimo Alexander Scriabin en Bruselas. Herz introdujo a Crawford en la teosofía, un movimiento filosófico fundado por la esoterista rusa Helena Blavatsky, que afirmaba poseer poderes, como la telepatía y la clarividencia, y escribió unos voluminosos tratados basados en encuentros, reales o inventados, con varios Mahatmas tibetanos. Para muchos artistas e intelectuales occidentales de comienzos del siglo XX, la teosofía era una puerta de entrada a todo tipo de pensamiento alternativo. Lo fue para Crawford y lo sería para Walter Smetak dos décadas después.

El apartamento de Herz era un centro neurálgico para los *beatniks* de Chicago en los años veinte, y Crawford era una invitada habitual. No tardó mucho en escribir ella misma unos intensos poemas con nombres como *Shades of Dead Planets* («Sombras de los planetas muertos»):

For you are the sun,
But I am the creator of the Sun.
(«Porque tú eres el sol,
Pero yo soy la creadora del Sol»).

—Ahora que lo veo en retrospectiva... —me dice Peggy Seeger, alzando el dedo con picardía—, ahora que lo veo en retrospectiva, seguro que eran amantes.

Ha estado reflexionando sobre una fotografía de 1925 en la que su madre está junto a Djane Lavoie-Herz a orillas del lago Michigan. Crawford lleva una camisa y sus característicos zapatos de cuero. Herz tiene un aspecto astuto y elegante, de negro. Ambas llevaban el pelo muy corto. Un par de años más tarde, no mucho antes de casarse, Crawford tuvo otra amistad femenina lo suficientemente apasionada como para que ella y la mujer en cuestión sintieran la necesidad de hablar sobre a qué se referían con «el asunto lésbico». La suposición de Peggy Seeger es en parte una corazonada de hija: una especulación sagaz de las aventuras prematrimoniales de su madre. También hay una parte de empatía, porque ella misma ha amado a hombres y mujeres, y entiende tanto las maravillas como las complicaciones de ambos. «Ojalá pudiera hablar con mi madre sobre todo ello», dice Seeger, soltando un suspiro. Ese mismo anhelo se convierte en una muletilla recurrente en nuestra conversación.

Por su parte, Seeger terminó viviendo aquí, en este rincón con setos de la vieja Inglaterra en el que tenemos esta conversación, que surge a raíz de una historia que empezó en 1956. Tenía veinte años. Entró en una habitación llena de hombres y humo, se sentó en un taburete alto y empezó a tocar el banjo. Uno de los hombres era el cantante de folk Ewan MacColl. Él tenía veinte años más que Seeger y estaba casado, y seguiría estándolo mientras ella daba luz a su hijo mayor, Neill. Seeger comparte conmigo un incómodo episodio de ese primer embarazo. La madre de Ewan, Betsy, se quedó en su casa, se sentó en su salón y se puso a tejer una manta para el bebé. Cuando Seeger le dio las gracias, Betsy le respondió que la estaba tejiendo para la esposa de Ewan, Jean, quien en ese momento, según acababa de descubrir Seeger gracias a esa manta, estaba también embarazada. Después de tres décadas, de tres niños y de uno de los romances más míticos de la música folk, Seeger se enamoró de su mejor amiga, Irene, y empezó a replantearse cómo es posible que algunos matrimonios puedan adormecer el sentido de la voluntad y el deseo de una mujer. Ahora ya conocía conceptos como «hacer luz de gas» y «feminismo».

Ruth Crawford

—Esa es otra cosa que hizo mi padre —dice Seeger con una mirada fría como el acero—. Mi madre se distanció de amigas y de gente que había conocido cuando tenía veinte años. Lo reconozco muy bien, porque es lo que hice yo. Es un patrón. Es lo que hacen. No lo estoy disculpando. Solo te estoy informando.

Me evalúa desde el otro lado de la mesa.

—Tú no te has casado, ¿verdad?

—No.

—¿Hijos?

—No. Bueno, al menos no por ahora.

—Vale. Yo me he casado y he tenido hijos. Te comparto una expresión que es común escuchar entre mujeres casadas: «Lo hago para que haya paz».

Luego, Seeger me pregunta sobre mi familia.

—¿Seis hermanos? ¡Vaya tela! —exclama, dándole una cachetada al reposabrazos y riéndose—. ¡Yo sé lo que es eso!

—me dice, riéndose a carcajadas—. Nosotros también tenemos predominio de chicos. Cuatro hermanos y han tenido muchos hijos entre ellos. Y... —añade, reclinándose y dándole un bocado a una galleta—. Déjame que te hable de mi padre.

• • •

Verano de 1929. Ruth Crawford le escribió a una amiga: «Estoy empezando a pensar que puedo hacer con mi vida lo que quiera».

Nunca volvió a Florida para montar la escuela que le había prometido a su madre. En su lugar, se dirigió al este de Chicago, a Nueva York, para estudiar con un profesor al que fue muy bien recomendada por su amigo y colega compositor Henry Cowell. El nombre del profesor era Charles Louis Seeger. Era un gran pensador y un compositor mediocre. Procedía de una familia de Nueva Inglaterra que tenía una casa llena de recovecos en Patterson, Nueva York, y sus andares daban cuenta de su privilegio. Había estudiado en Harvard y tenía tres hijos (Charles, John y el pequeño Peter) de su primer matrimonio con una violinista llamada Constance. Lo que no tenía era la respetada carrera compositiva que él creía que merecía. Nadie parecía interesarse especialmente por la seria música procedimental que estaba escribiendo. En cambio, Charles Seeger sí que dejó huella en su labor como profesor, teórico y coleccionista de canciones en el floreciente campo de la etnomusicología.

«Alto, aristocrático, ultrarrefinado, algo frío» fue la primera impresión que tuvo Crawford del futuro padre de sus hijos. Y otra sagaz descripción fue: «Cinco pies de hielo y diez pies de libros». Seeger hablaba con seriedad lenta, arrastrando largamente las palabras al estilo de la Nueva Inglaterra adinerada. Consideraba que la música del provocador compositor francés Edgar Varèse era «pésima» y que George Gershwin era un farsante. Tenía en baja estima a las mujeres compositoras, sobre todo porque no había leído mucho acerca de ellas en los libros de historia. La idea de enseñarle a una mujer no le entusiasmó y le escribió a Crawford antes de conocerse para decírselo.

Seeger no era un hombre muy feliz. Sus padres se oponían a la carrera que había escogido («los caballeros no son músicos») y su matrimonio estaba en baja forma. No recibía ni mucha atención ni dinero por sus composiciones.

—Mi padre quiso ser director de orquesta y luego se dio cuenta de que se estaba quedando sordo —tercia Peggy Seeger, intentando racionalizar lo que ella interpreta como una profunda necesidad de hacerse valer—. Eso fue un auténtico golpe para él. La música que estaba haciendo mi madre era muy avanzada. Él entendió lo que ella hacía, estoy completamente segura de ello. Lo entendió, pero eso no significa que fuera capaz de aceptarlo.

Algunas actitudes cuesta erradicarlas. Hubo una época en que Charles Seeger no dejó que Crawford acudiera a una reunión de musicólogos; insistió en que era solo para hombres, pero que si de verdad quería participar en la discusión podía sentarse al otro lado de la puerta cerrada y escuchar a hurtadillas. Cuando le transmitió sus nada sorprendentes sentimientos por haber sido excluida, él le respondió: «Tu integridad ha despertado mi admiración». Podría decirse que es el equivalente en los años veinte al «qué guapa te pones cuando te enfadas». Años después él transmitiría a sus hijos que las mujeres no podían escribir sinfonías, a pesar de ejemplos que lo desmienten, como el de (y solo en Estados Unidos) Amy Beach, Marion Bauer y Florence Price. Pero Peggy Seeger tiene recuerdos claros de lo que les dijo su padre.

—Me miraba con su larga nariz mientras lo decía, casi como una confesión —me dice, haciendo un gesto de desprecio con la mano. Lleva décadas asimilando todo esto—. En mi opinión —añade, encogiéndose de hombros—, creo que la sinfonía es una forma bastante desmesurada, ¿no te parece? Muy masculina. Quizá tenía razón.

Crawford llegó a Nueva York en el otoño de 1929, ignorando la carta de Charles Seeger, o posiblemente con ganas de demostrar que estaba equivocado. Se alojó junto a Central Park, en el mismo apartamento que Henry Cowell visitaba regularmente y donde se había hospedado Béla Bartók un par de años antes. Sus clases de composición fueron un triunfo mutuo. Le fascinó el intelecto de Seeger; como dijo ella con entusiasmo, le dio «vistas de avión». Empezó a surgir una nueva concisión, una nueva frugalidad en sus vigorosas *Diaphonic Suites*, una serie de pequeños trabajos cuya rápida austeridad resurgiría en la música de György Kurtág y Elliott Carter muchas décadas después. La *Tercera suite* de Crawford está escrita para dos clarinetes. Los instrumentos serpentean y se atropellan entre sí con un dramatismo magnético. Ningún movimiento dura más de noventa segundos, pero su orgulloso pavoneo hace que estas miniaturas parezcan monumentales.

Seeger se atribuyó el mérito del nuevo temple de Crawford, asegurando que ella había sido una «imitadora» hasta que «estudió con Charles Seeger y adquirió técnica». En realidad, llevaba más de media década investigando cómo hacer que la disonancia elegante tuviera un significado pertinente. Lo que cambió fue que ahora se sentía segura para eliminar todo excedente y sacar a relucir lo esencial.

Y sí, Crawford y Seeger se enamoraron, aunque les llevó un tiempo admitirlo. Su pasión prendió cuando fueron coautores de un tratado sobre contrapunto disonante. Los pormenores de la polifonía atonal no dan para un acalorado romance, pero para ellos el tratado representaba un empellón ideológico que encendió sus mentes. Seguramente podrían haberse percatado de las señales. En lugar de centrarse en escribir su propia música en el verano de 1930, Crawford decidió emplear su energía en ayudar a Seeger a escribir su libro, que, en esencia, era un resumen de las ideas que habían discutido conjuntamente durante sus clases. Con sus tres hijos a cuestas (y la relación con su esposa Constance ya completamente enfriada), esta pareja de amantes de la polifonía se retiró al caserón de Seeger en Patterson. Montaron una oficina en el granero y se pusieron a trabajar compilando su obra magna. En las calurosas noches de verano, Seeger tocaba la guitarra mientras la familia cantaba canciones de campamento bajo los cielos de la costa este de Estados Unidos. El joven Pete tenía once años y ya estaba aprendiendo a participar en las armonías de voces.

Al final de aquel verano de color sepia, Ruth Crawford ya era prácticamente parte de la vida familiar de los Seeger. Trabajó con ellos, cantó con ellos, pero no estaba muy dispuesta a renunciar por completo a su independencia. Ese año, 1930, se convirtió en la primera mujer en recibir una beca de investigación Guggenheim como compositora, y no dejaría pasar esa oportunidad, ni siquiera por amor. Decidió gastar el dinero de la beca yéndose un año a Berlín para sumergirse en el modernismo germánico de posguerra. Seeger pidió prestado un viejo Ford Runabout y la llevó a Quebec, donde Crawford embarcó en el RMS Empress of Scotland con destino a Europa. Pararon en un puente de Vermont y por fin expresaron los sentimientos que llevaban todo el verano suspendidos en el aire. Más tarde, citarían como código musical en sus cartas de amor el canto de los pájaros que escucharon en ese puente. Aquella noche alquilaron una habitación cerca de la frontera con Canadá, en el bucólico archipiélago de islas arenosas conocido como North y South Hero, que atraviesan el corazón del lago Champlain.

• • •

Otoño de 1930. Berlín estaba en la cúspide de su década política más oscura. El nazismo iba en ascenso. Kurt Weill y Bertolt Brecht habían acuñado el sonido de la alta sociedad durante la Alemania de la República de Weimar, sonriendo al borde del precipicio, poniéndole banda sonora al placer de estar al límite del colapso, pero cuando Ruth Crawford llegó a la ciudad, incluso esa alegre colaboración se había venido abajo.

Crawford se dio cuenta de que los trenes en Alemania circulaban en 5/8. Le ofrecieron conocer al paterfamilias del atonalismo, Arnold Schönberg, pero se mantuvo firme en su decisión de no empezar a estudiar con nadie. Quizá se negó a conocer a Schönberg por lealtad a su maestro estadounidense, quizá estaba convencida de que ya tenía acceso a una mente más refinada que la de cualquier europeo. Tal vez fue un error el limitar sus opciones para apaciguar el orgullo de Charles Seeger. Me vienen a la cabeza las palabras de Peggy: «Lo hago para que haya paz».

En todo caso, fue sola y en Berlín donde Crawford creó sus dos obras maestras. Primero compuso *Three Chants for Women's Chorus* («Tres cantos para coro femenino»), un extraordinario hito en la composición coral. El sonido de Crawford es arrebatador, implacablemente inventivo. Inspirándose en la inclinación teosófica por las religiones orientales que conoció a través de Djane Lavoie-Herz en Chicago, al principio se planteó la posibilidad de componer una pieza de las escrituras hindúes. Como no consiguió encontrar ninguna traducción decente del sánscrito, decidió que sería mejor inventarse su propio lenguaje. Asumió que el sonido puro podía dar lugar al efecto místico que iba buscando. También tomó prestada una técnica vocal de una estrella de la ópera china llamada Mei Lanfang, a quien había escuchado en una interpretación ese mismo año. Anotó en su diario: «Acercarse a una nota mediante un deslizamiento desde abajo, y mantener la nota. O mediante un deslizamiento desde arriba y mantener la nota. O dejar la nota en cualquiera de los casos...».

Los movimientos primero y tercero de *Three Chants* están dedicados «A un dios desagradable» y «A un dios agradable». Las voces del segundo movimiento, el hipnótico «A un ángel», se deslizan lentamente como patinadores en una pista de hielo astral. La nota final de la pieza es un denso tarareo que cuelga de una neblina sobrenatural, el tipo de espeluznante zumbido galáctico que Ligeti evocaría treinta años después, o que perseguiría la compositora finlandesa de espejismos hechizantes Kaija Saariaho en sus confesionarios susurrados del siglo XXI.

Berlín no fue un lugar especialmente feliz y saludable para Ruth Crawford. No se sintió bien acogida en los círculos musicales de la ciudad. Según su percepción, la trataron con desdén por un doble esnobismo hacia ella: como mujer y como estadounidense. «Simplemente, los alemanes no pueden soportar el dolor de tener que admitir que haya algo que alguien pueda entender mejor que ellos», le escribió a Seeger, desanimada. Tal vez su aventura amorosa de cuatro días había echado por tierra su oportunidad de disfrutar de Berlín antes incluso de subir a bordo del RMS Empress of Scotland. Pasó mucho tiempo sola, escribiéndole a Seeger cartas llenas de frustración e introspección.

Y aun así, a partir de esa lucha compuso su mejor obra: el *String Quartet 1931*. Su destilado juego sonoro y su afilada matemática sin concesiones la convirtió en un presagio de la música vanguardista que surgiría casi dos décadas después, a partir de las ruinas de la Segunda Guerra Mundial. La pieza está meticulosamente construida utilizando métodos modernistas, como escalas cromáticas, dinámicas escalonadas y células rítmicas; técnicas que en otras manos podrían sonar cínicas, pero no en las suyas. Además de astringente, el cuarteto de Crawford es ruinosamente expresivo. El «Andante» por sí solo es ya devastador: un treno de cuatro minutos, con unas cuerdas que se aferran y se levantan como si intentaran escapar de los nubarrones que se cernían sobre Europa. Ninguna obra musical expresa el momento de preguerra con una premonición y un poder tan inquebrantables.

En la primavera de 1931, con el poco dinero que le quedaba de la beca Guggenheim, Crawford se compró unos billetes de tren y por fin se fue de viaje. En Viena se presentó en la puerta del compositor Alban Berg, quien la defraudó (su fría evaluación fue «más devoto de Schönberg de lo que pensaba»). En Budapest fue a visitar a Béla Bartók, que le pareció de todo menos una decepción. Bartók fue uno de los primeros compositores-etnomusicólogos en viajar, armado con una nueva tecnología de grabación y con un respeto genuino por la cultura folclórica. Sus miles de grabaciones de campo influyeron en toda su propia música, pero no de una manera simple y aproximativa: adoptó los intrincados ritmos de las canciones vernáculas, los indomables ángulos de las danzas, lo que dio como resultado que su estilo compositivo se hiciera cada vez más tirante, irregular y original. Crawford lo describió como una «personita adorable, tranquila y tímida» después de la tarde que pasaron juntos. Bartók le enseñó su colección de flautas tradicionales procedentes del norte de África y de Hungría. Los dos compositores compartían el placer de hablar sobre el tipo de intervalos abiertos y matices que tales instrumentos podían hacer aparecer como por arte de magia. A partir de aquel día, ella le profesó un profundo respeto, y lo lloró cuando murió, en 1945.

Bartók y Crawford eran almas gemelas en más sentidos de los que ellos tal vez reconocieron en su momento. En pocos años, ella le tomaría el relevo y se pasaría las siguientes dos décadas transcribiendo canciones folclóricas con una atención a la integridad del material que era poco habitual entre los compositores clásicos. Resulta tentador preguntarse qué podría haber ocurrido de haber conocido a Bartók antes, o de haberse mantenido más en contacto con él, o de haber seguido componiendo. ¿Se habría convertido en la Bartók de Estados Unidos? ¿Habría encontrado, también ella, la manera de sintetizar la música folclórica y el modernismo, en lugar de atravesar ambos y rechazar el segundo? Se lo planteo a Peggy Seeger, que asiente con rotundidad, pero dice que no se puede permitir obcecarse en suposiciones. Negando con la cabeza, dice que ese es el camino del sufrimiento.

Mientras Crawford y Seeger seguían escribiéndose, él desde Nueva York, ella desde Berlín, volvieron una y otra vez a una pregunta que les había estado preocupando a ambos. ¿Era posible que una mujer tuviera hijos y siguiera componiendo? En uno de sus habituales y elocuentes resúmenes, Crawford lo llamó su «batalla de la carrera contra el amor y los niños». Y se vio dividida por ello, un sentimiento que reconocen las mujeres de todo el mundo. Unas veces se sentía segura de que todo era posible, de que podía vencer en ambos bandos. Otras, se sentía abatida. No estaba preparada para escoger.

En el verano de 1931, cuando agotó su beca Guggenheim y su estancia en Europa llegó a su fin, Crawford estaba desanimada. Seeger cruzó el océano para encontrarse con ella en París y pasaron la noche caminando por las calles de la ciudad. Ella le preguntó, con lágrimas en las ojos: «¿Qué va a ser de mí?». Él la abrazó y le respondió, se supone que con la intención de calmarla, que se casarían y tendrían «unos encantadores niños». Y eso hicieron.

• • •

Invierno de 1935. Nueva York estaba en plena Gran Depresión. Seis años después de que se hundiera el mercado de valores de Wall Street, dos años después de que Franklin D. Roosevelt declarase que lo único a lo que había que tenerle miedo era al propio miedo, cuatro años después de que Ruth Crawford volviera de Berlín. La vida de vuelta a casa en Estados Unidos no había sido fácil. Seeger le había asegurado que «no hay ningún obstáculo para el amor que el suficiente (sentimiento de) amor no pueda superar», pero no tenían dinero ni trabajo, él estaba aún casado con otra persona y sus padres se negaban a acoger a Crawford en su casa. Una vez que llegaron por fin los papeles del divorcio, la antigua pareja de profesor y alumna aprovechó el momento: se fugaron en dirección al oeste para acabar casándose en Nevada. Su primer hijo, Michael, nació diez meses después. Crawford quemó la partitura de su *Sonata para violín y piano*, el trabajo que en 1926 había sido una de sus más valientes declaraciones. Tal vez era un recuerdo demasiado crudo de un futuro creativo que ya no parecía posible.

El New Deal de Roosevelt estaba arrasando en toda la nación a base de trabajos de poca monta y patriotismo reconcentrado. A mediados de los años treinta, la izquierda política se empezó a ocupar de ensalzar y edificar la cultura del proletariado, lo que llevó a los artistas vanguardistas de izquierda a la crisis existencial. ¿Podrían los pianos preparados llegar a ser alguna vez el instrumento del trabajador estadounidense? ¿Podría el contrapunto disonante expresar las urgencias sociales del Dust Bowl? Las generaciones posteriores encontrarían maneras de reconciliar esas falsas polaridades, pero para Charles Seeger —cuya carrera como compositor modernista estaba estancada de todos modos— el camino parecía por fin despejado. Le dijo a la activista sindical y cantante de folk Aunt Molly Jackson: «Estás en el camino correcto y nosotros en el equivocado».

En su cabeza, el «camino correcto» era la música folk. No las anodinas versiones que habían llegado a los discos comerciales, sino las de verdad: las voces robustas y el sonido del banjo, las melodías de violín y las canciones de trabajo que se cantaban y tocaban por todo el país, fuera del radar de la mayoría de académicos y productores discográficos. Seeger aceptó un puesto y se incorporó a la mano de obra del New Deal de Roosevelt: se unió a un batallón de artistas que estaban ahora empleados para «mantener la moral alta». Le encomendaron la tarea de conseguir auténticas canciones folclóricas rurales y llevarlas a las ciudades, inculcando así a los trabajadores urbanos una música honesta y puramente estadounidense, además de una buena dosis de identidad nacional. El verano de 1936, Seeger se lo pasó montando su moderno dispositivo de grabación Presto Disc en granjas desde Alabama hasta Arkansas. Su hijo Pete, que era ahora un enjuto joven de diecisiete años, se apuntó al festival de música tradicional de Asheville, en Carolina del Norte, donde escuchó por primera vez un banjo de cinco cuerdas a los pies de las onduladas cimas de la cordillera de las Grandes Montañas Humeantes.

Los Seeger se hicieron amigos de otro equipo formado por padre e hijo. En la primera década del siglo, John Lomax había empezado a grabar canciones de vaqueros de Texas en un cilindro Edison. Cuando su esposa murió y perdió su trabajo en el banco a raíz de la Gran Depresión, Lomax metió a su hijo Alan en el coche, junto a una Presto Disc en el maletero, y se lanzaron a grabar los auténticos sonidos de Estados Unidos. Los Lomax llegarían a hacer más de 10 000 grabaciones, desde valses zydeco hasta canciones de amor de los vaqueros del río Bravo. Le prestaron una atención especial a recopilar baladas angloamericanas y afroamericanas. Uno de los primeros cantantes que grabaron fue un preso de la cárcel de Luisiana, Huddie William Ledbetter, un hombre negro más conocido por el nombre de Lead Belly. Lo condenaron por asesinato y cantaba versiones de «Midnight Special» y «Goodnight, Irene» llenas de estoicismo y quebranto.

...

En Oxford ya es completamente de noche y Peggy Seeger pulula por su salón para encender un par de lámparas mientras me pide que vaya a la cocina y que ponga más agua a hervir.

—Creo que quería a mi padre —me dice sin más rodeos cuando regreso al salón con la tetera llena—. Lo respetaba, y como su padre había muerto cuando tenía doce años, Charles se convirtió en una figura paterna para ella. Igual que Ewan era una figura paterna para mí. Por cierto —añade, esbozando su sonrisa pícara—, Ewan no me reconocería ahora. Soy muy diferente. Creo que se preocupó cuando me interesé por el feminismo. Para que un hombre esté con una mujer feminista tiene que ser fuerte.

Mucho después de que muriera Crawford, Charles Seeger la describiría como una «fervorosa feminista», porque creía (dijo) en los aspectos fundamentales de la igualdad de género. ¿De verdad lo creía? «Te metías en un lío si intentabas discutir con ella», reflexionaba Seeger, lo que da a entender que había intentado discutir y ella se había opuesto. Pero cuando un Virgil Thomson ya mayor visitó la casa de los Seeger, percibió que «él le exigía trabajar demasiado y ella cocinaba demasiado». Como la propia Crawford le escribió a su hermano en 1945, «mientras limpiaba la casa pensaba en los libros en los que podía haber estado trabajando». Si de verdad creía en los aspectos fundamentales de la igualdad de género, nunca encontró una manera de implantarlos en su propio hogar.

Peggy Seeger tiene una táctica astuta para lidiar con sus propios años prefeministas. Rememora con una indiferencia perpleja situaciones que nunca aceptaría ahora. «Por entonces no era una feminista», es su sucinta valoración; es la misma reflexión de autoindulgencia que encontré en Annea

Lockwood y en mi propia madre. Dos décadas después de la muerte de Ewan MacColl, Seeger editó *The Essential Ewan MacColl Songbook* y abordó el problema de frente, ya en la introducción.

> Me resulta muy difícil lidiar con el contenido de muchas de las canciones de este libro. Seguramente, una ecofeminista avanzada no se habría comprometido para nada con este libro. Ewan era un marxista, un militante, un convencido producto político de la retaguardia de la revolución industrial. En la mayoría de sus canciones, los hombres cavan, rajan, cortan, construyen, remodelan, destruyen, controlan, humanizan la tierra y se les alaba porque lo hacen por el bien del hombre. La humanidad y la lucha de clases eran las principales preocupaciones de Ewan, pero sus canciones versan precisamente sobre los HOMBRES: el trabajo de los hombres, las vidas de los hombres, las actividades de los hombres y muchas referencias veladas (o no tan veladas) al poder del pene. Incluso cuando es obvio que se refiere a ambos sexos, Ewan (como yo misma en mis primeras canciones y como la mayoría de la gente en nuestra sociedad patriarcal) usa los pronombres masculinos.

Ruth Crawford nunca tuvo la oportunidad de hacer una reflexión retrospectiva de este tipo. Y desde luego nunca se describió a sí misma como mujer compositora.

—Sospecho que fue una feminista que no salió del armario —conjetura Seeger. ¿Qué habría pensado Crawford del término? Vuelve a aparecer la misma muletilla—. Ojalá estuviera aquí para poder preguntarle.

• • •

«Éramos una familia compenetrada —recuerda Peggy en su libro—. Unida por la música y por el amor que se profesaban mutuamente nuestros padres. Nos reuníamos de forma natural los viernes por la noche y cantábamos en la habitación en la que estaban los escritorios de Dio y Charlie, espalda contra espalda».

Dio era el nombre que Mike, el bebé, le puso a su madre imitando la forma en que su padre alargaba la palabra *dear* («cariño») con su acento de Nueva Inglaterra. No había radio ni televisor en casa de los Seeger, pero había música a todas horas. En 1948, la joven Peggy se perdió en unos grandes almacenes de Washington y la recogió una mujer negra, alta y sensata, que se quedó con la niña hasta que encontró a su madre. El nombre de esa mujer era Elizabeth Cotten, que había sido una cantante estrella en su iglesia de Carolina del Norte hasta que llegó a la pubertad y la sacaron de la escuela para que se casara. Ruth Crawford se quedó tan impresionada con la compostura de Cotten en la tienda que le ofreció trabajo en su casa, donde estaba siempre colgada la guitarra familiar en la pared de la cocina.

Una vez, al volver de la escuela, me encontré a Libba tocándola con la zurda —recuerda Seeger, utilizando el nombre cariñoso con el que la familia se refería a Cotten; a los Seeger les encantaban los apodos—. El dedo índice se movía haciendo las veces del pulgar, y el pulgar estaba relegado junto al resto de los dedos. Escuchamos «Freight Train» por primera vez.

Más adelante, cuando Peggy estudiaba en la universidad, Cotten le hacía unos enormes pasteles de chocolate y se los enviaba por correo a Vermont.

Crawford se unió al movimiento folk. ¿Cómo no? La música que ella componía iba en contra de los vientos dominantes dentro de su propia casa, donde Seeger declaró que era «casi inmoral» lo de «encerrarse en una cómoda habitación y componer música para deleite propio». Al principio, Crawford se preguntó si podría haber algún tipo de amalgama, alguna forma de servir a la causa populista con música que no tuviera que pedir perdón por su complejidad. En 1932, escribió dos canciones abiertamente políticas con la rabiosa poesía proletaria de un joven disidente chino llamado H. T. Tsiang. La primera canción es «Sacco, Vanzetti», en honor a un par de anarquistas que fueron ejecutados por crímenes que con casi toda certeza no cometieron. El piano repiquetea opresivamente mientas la voz recita con una mirada de acero. La segunda canción es «Chinaman, Laundryman» y en ella la genialidad de Crawford con la repetición adquiere un cariz amenazador: el trabajador explotado está tan oprimido por los mecanismos del capitalismo que hasta su canción es servicial. Al fondo, el piano aporta el incesante ruido de las lavadoras dando vueltas en la lavandería. La soprano reservada para el estreno de las canciones en 1933 se negó a cantarlas porque eran demasiado controvertidas. En todo caso, los textos proletarios ambientados en sitios espinosos no fueron el futuro de Crawford.

—Mi padre le puso un tope a sus composiciones cuando las llamó «música para músicos» —me dice Peggy Seeger. La búsqueda de la disonancia estadounidense tendría que esperar.

Con ánimo y valor, Crawford se rebautizó a sí misma como «Krawford, la Komunista» y se lanzó a la causa. Cuando John y Alan Lomax regresaban de los viajes en los que hacían las grabaciones de campo, traían el coche lleno de pesados discos de pasta y ahí empezaba el meticuloso trabajo de transcripción de Crawford. En muchos casos, era la primera vez que se escribían aquellas canciones. A veces escuchaba una melodía ochenta veces, anotando cada detalle, trabajando en algún compás complicado o en la diferencia crítica entre un si y un si bemol (la nota real se encontrada a menudo en algún punto intermedio). Mientras tanto, el clan Seeger al completo no paraba de cantar.

—Cantábamos todo el tiempo —dice Peggy—. Cantábamos las canciones que mi madre transcribía. Así es como aprendíamos. Ella levantaba la aguja y volvía a reproducir la misma melodía una y otra vez. Al cabo de un rato, todos estábamos deseando que pasara a la siguiente.

Los Lomax le pagaban a Crawford un anticipo de un dólar por transcripción. A ella le encantaba el uso de lo que escuchaba en estas canciones: la sensación de que se cantaban con un objetivo, por necesidad. Le conmovía lo cotidianas que eran, escribió que eran canciones

> cantadas como si fueran a continuar hacia el espacio. El hecho de cantar y tocar es un acompañamiento íntimo a la vida: al trabajo, a los juegos, a los bailes durante toda la noche, a hacer cualquier cosa durante un buen rato, a trotar por un camino nocturno tras el lento caminar que marcan las pezuñas de las yeguas, o sobre un coche o un camión por debajo del cual se esfuman las millas.

A veces escribió acompañamientos de piano para las melodías. Hizo libros para escuelas: *American Folk Songs for Children* («Canciones de folk estadounidense para niños»), *Animal Folk Songs* («Canciones folk de animales»), *American Folk Songs for Christmas* («Canciones de folk estadounidense para Navidad»). Sus libros le granjearon una reputación en los círculos de la educación y la música. Woody Guthrie escribió una carta a los Seeger y los Lomax en 1948: «Con el equipo tan bueno que forman todos ustedes yo diría que Estados Unidos se está despertando, viviendo un cambio radical, respetando las baladas y las canciones folclóricas». Otras veces, Crawford se limitaba a transcribir con un imponente oído para la precisión. Iba siempre en busca de lo auténtico. Dijo que hay que sentir lo más cerca posible el aliento del cantante.

—Era una perfeccionista —apunta Peggy Seeger.

> Creo que sentía cierto desprecio por algunas personas que hacían música folk para niños, que las hacían a lo Humpty Dumpty. Ella escribió unos acompañamientos hermosos. Parecen sencillos, pero son muy difíciles de tocar. Se pueden tocar o cantar, pero ¡intenta hacer las dos cosas al mismo tiempo! No ponía acordes por todas partes así sin más. Creaba melodías en contrapunto. A menudo no resolvía. Hacía que una canción que estaba en modo jónico sonara como si estuviese en dórico. Hacía cosas inesperadas y luego las resolvía a medias.

Pese a todo, concluye Seeger, su madre siguió componiendo.

• • •

A finales de la década de 1940, Ruth Crawford empezó a componer obras completas de nuevo. Bien entrada la noche, cuando la familia se había ido a la cama, cuando la casa estaba ya bien ordenada, trabajaba en un segundo cuarteto cuyos bosquejos hemos perdido, por desgracia, y escribió una pieza orquestal breve a la par que brillante llamada *Rissolty, Rossolty,* que chisporrotea y borbotea con la energía de un folk fibroso (aunque no alcanza nada parecido a la audacia de sus primeras obras). En 1948, en una carta al compositor

Edgar Varèse, explica algunos de los elementos que ella considera característicos de su estilo musical. Melodías claras, enumeró, así como partes rítmicas independientes, cohesión musical y ante todo la disonancia. Admitió que todavía sostenía estas convicciones compositivas. «Creo que, cuando escriba más música, esos elementos seguirán ahí». Aunque habían pasado casi dos décadas desde su mordaz *String Quartet 1931*, Crawford seguía siendo modernista hasta la médula en la manera en que aceptaba la disonancia y rechazaba la convención, el mercantilismo, el exceso de romanticismo. Recordemos: detestaba lo pulido, lo agradable. Dijo que «la fealdad es también algo muy bonito. Es decir, lo que mucha otra gente podría considerar feo».

En 1952, Crawford se presentó y ganó un concurso con su nueva *Suite para quinteto de vientos*, que recupera al menos parte de su aplomo y fuerza de ataque. A lo lejos, sobresale el fagot con una línea de bajo y un estilo *boogie woogie* atonal, mientras los demás instrumentos revolotean y se contonean, sometiendo a prueba su equilibrio. Nadie hace los contrapesos mejor que Ruth Crawford. Ahora que tres de sus hijos eran casi mayores y las intransigentes políticas en torno a la causa proletaria en la época de la Gran Depresión empezaban a ablandarse, su distintivo estilo se volvía a poner poco a poco en movimiento. «Creo que voy a volver a trabajar», les escribió a sus amigos Carl y Charlotte Ruggles. «¡Es más! Si vivo hasta los noventa y nueve, como hizo mi abuelo, me quedan aún cuarenta y ocho años». Qué optimismo tan insoportable se desprende de esas decididas palabras. Un año más tarde, Ruth Crawford murió de cáncer.

Su viejo amigo de Chicago, Carl Sandburg, advirtió una vez que él seguramente moriría «apoyado en la cama intentando escribir un poema sobre Estados Unidos». Según Pete Seeger, Ruth no se fue en absoluto de una forma dulce. Trabajó intensamente en su siguiente libro hasta el mismo final. Quién sabe lo que podría haber hecho con aquellos cuarenta y ocho años perdidos. Musicalmente, estaba muy cerca de algo nuevo. Gozaba de una posición única, con un pie en el modernismo estadounidense de las vanguardias y otro en la genial dinastía folk del país.

—No creo que quisiera ser famosa —me dice Seeger, soltando un suspiro y levantándose para desentumecerse y recoger las tazas de té. Está cansada. Hemos hablado largo y tendido. A lo lejos suenan las campanas de Oxford, llamando al oficio de vísperas. Ya es hora de que quite mi bici del recibidor—. Mi madre tenía simplemente la necesidad de crear —me explica de espaldas, mientras se dirige a la cocina—. Le tenía mucho respecto a la música folk. No creo que hubiese sido una Benjamin Britten o un Ralph Vaughan Williams, en el sentido de que nunca habría sido una nostálgica de la música folk. Y piénsalo. Piensa en el dominio doble que tenía. Mi madre murió cuando tenía en su haber un tremendo conocimiento de la música clásica y un tremendo conocimiento de la música folk. De lo auténtico. ¿Que si creo que habría encontrado una manera de combinarlos? Por supuesto que sí. Creo que habría sido absolutamente extraordinaria.

Ruth Crawford era ya extraordinaria. Sus formidables obras primeras lo demuestran por sí solas: las dos piezas que escribió durante su único año en Berlín son ya razón suficiente para hablar de ella. Pero el impacto de *Three Chants* y de *String Quartet 1931* es contundente por partida doble a causa del posterior silencio. Vivió al borde de una libertad feminista a la que no consiguió agarrarse del todo. Si su presencia en este libro es una representación de la mujer compositora «perdida», lo es también del potencial «perdido» de las madres trabajadoras y sin apoyos de todo el mundo.

Para Walter Smetak, la decisión de abandonar el feudo de la música clásica centroeuropea y dirigirse a los trópicos fue lo que lo relegó a la periferia de la historia de la música, y lo que desató su creatividad anárquica.

Walter Smetak (1913-1984)

De Brasil a la caosonancia: una introducción a Tak-Tak, padrino del tropicalismo

El ruido de una ciudad no tiene un germen único. Ninguna autoría solitaria. Los inconformistas carismáticos pueden dar forma a una época, dejar su impronta en la identidad de un sitio, pero son las colisiones y las intersecciones, los solapamientos y los trasfondos los que de forma acumulativa y azarosa crean un sonido, un panorama, un sello creativo. Walter Smetak tenía un taller de instrumentos en el sótano de un edificio de la Universidad Federal de Salvador de Bahía (UFBA), al noreste de Brasil. En las décadas de 1960 y 1970, ese taller era un lugar de encuentro habitual para músicos con mentes curiosas e indómitas.

Salvador era y sigue siendo una de las ciudades más intensamente multiculturales de Brasil, lo que la convierte en una de las más multiculturales del mundo. Durante una próspera década y media, en los cincuenta e inicios de los sesenta, y una breve interrupción entre los regímenes militares de las dos capitales (primero Río de Janeiro, luego Brasilia), en Bahía germinaba un alegre movimiento cultural. Los artistas de este estado desafiaron la doctrina sobre el significado de tener aspecto brasileño, sonar brasileño, ser brasileño. Smetak, un inmigrante suizo, sintonizó con el exuberante espíritu creativo de Salvador, y le agregó a la mezcla sus propios sonidos estrambóticos.

Uno de sus antiguos colegas me dijo que Smetak olía a barniz de madera y a humo de pipa. Que nadie quería cruzarse con el temperamento de ese guapo hombretón taciturno y desgarbado de Bahía que gritaba a los estudiantes y caminaba con decenas de llaves que tintineaban en su cinturón para que se le escuchara llegar por todo el departamento de música. Smetak tenía un aspecto inconfundible, con su pelo blanco, su barba blanca y sus gafas de sol, recorriendo Salvador en moto, a la que apodó la Puta de Babilonia. Parecía un lutier rocambolesco. Se definía como «decompositor». Afirmaba que contenía tanto espíritu que era casi físico. Declaró que iba a crear «un nuevo género musical: una música pobre, una música para los mendigos, una música artesanal. Música que no se comercializa». Fusionó la conciencia social de Revueltas con el descaro obstinado y la ambición extravagante de Carrillo.

Smetak compuso, pero lo he incluido en este libro por sus esculturas musicales. Él las llamaba «plásticas sonoras». Canalizaban líneas telúricas. Estaban en sintonía con la luna. Encarnaban las resonancias fervorosas de su ciudad adoptiva. Aprovechando la multitudinaria energía del lugar, varias personas podían tocar a menudo sus instrumentos al mismo tiempo. Lo que Smetak llamaba «el Brasil profundo» era para él «la tierra de las imposibilidades posibles». Esa podría ser una descripción de sí mismo. El hombre de las imposibilidades posibles. Al principio, era violonchelista y profesor de violonchelo, pero Brasil lo radicalizó hasta convertirlo en inventor de instrumentos, un compositor de esculturas auditivas, un improvisador, un mago microtonal de la creación multimedia de ruido. Afirmó: «Soy el preequilibrio, la asimetría, la reacción».

Su mente creativa era expansiva, poética, impredecible, a veces totalmente inalcanzable. Pintó y esculpió, escribió tratados teórico-espirituales, libros y piezas teatrales. Fue practicante de una rama de la espiritualidad teosófica llamada Eubiose, que profetizaba que el nuevo Buda se reencarnaría en Brasil en el año 2005. Dejando de lado todos los disparates mesiánicos, los escritos de Smetak revelan su cualidad de librepensador, que estaba siempre en busca de maneras más profundas e interconectadas de comprender la música y el universo. Sus textos, entre ellos una serie de aforismos erráticos, se hallan en algún lugar entre la ciencia, la ciencia ficción, la autoayuda y el horóscopo, con temas que van desde la radioactividad y la mortalidad hasta la reencarnación, la fertilidad (los huevos aparecen mucho) y su propia barba como metáfora de la selva. Sus pensamientos a menudo bordean lo apocalíptico. A veces simplemente plantea acertijos extravagantes como estos:

O céu se chove, um barco furado?
(«El cielo cuando llueve ¿es un barco perforado?»)

A borboleta dá beijos sem beijar ...
(«La mariposa da besos sin besar...»)

Esta escada irregular que desce à minha casa é aleatória.
É uma escala. Também tu podes subir nela.
(«Esta escalera irregular que desciende a mi casa es aleatoria.
Es una escala. También tú puedes subirla»).

Como compositor, Smetak escribió algo de música propia y en los setenta hizo dos álbumes de una belleza arcana e inestable. Pero la obra de su vida resultó ser su colección de instrumentos cósmicos, carnales y hechos a manos.

Como Annea Lockwood, Smetak pensó en los cuerpos, ya fueran musicales o humanos, en tanto que cámaras de resonancia. Pero mientras que Lockwood se centra en lo interior, para Smetak esas cámaras estaban en sintonía con las vibraciones planetarias. Hay una entrega terrenal, dionisíaca en muchas de sus creaciones. Por ejemplo, su flauta colectiva, que está hecha de bambú y es muy larga (mide cinco metros), tiene veintidós agujeros y la pueden tocar veintidós personas a la vez. Aquí describe cómo este enorme tubo agujereado se transportó del taller a una sala de conciertos en una calurosa tarde:

> Era verano. La gente llevaba ropa de muchos colores y estaba de buen humor. Formaban una especie de procesión e intentaban tocar la flauta. Era divertidísimo; alguna gente era más baja y otra más alta, y por supuesto los altos lo tenían más fácil. Los más bajos no alcanzaban con la boca a los agujeros, así que les estaba costando un montón; se ponían de puntillas a ver si así eran capaces de soplar algo. Y los altos se reían tanto que tampoco eran capaces de tocar.

Cuando la reunión de flautistas dejó por fin de reírse y llegaron al auditorio, ajustaron sus asientos para estar todos a la misma altura y se pusieron a tocar. Los tonos dependían de las dimensiones de cada segmento de bambú, algunos eran más anchos que otros. La gigantesca flauta trinaba en microtonos cercanos, veintidós voces contribuían a un silbido variopinto.

Los instrumentos de Smetak no son sofisticados. Están hechos de materiales corrientes, como bambú, cable, plástico, guantes de goma y verduras. Normalmente no están afinados en ninguna tonalidad en particular. Algunos están pintados para que parezcan planetas, estrellas o rostros humanos. Los hay que funcionan como un hombre orquesta, mientras que otros, como la flauta inmensa, requieren de mucha gente para tocar al mismo tiempo. Y otros, como el elegante *Metástese* («Metástasis»), son pura entereza y equilibrio lunar, y no emiten ningún sonido. El objetivo principal de Smetak no era sino elevarse. A través de sus instrumentos quería alcanzar un estado metasensorial que trascendiera todo límite entre la luz y el sonido, entre la vista y el oído. Y quizá, solo quizá, creyó que ese estado elevado permitiría a un ser humano «vislumbrar la existencia».

• • •

Smetak sentía que era de todos los sitios y también de un sitio muy específico. Era brasileño por casualidad y por elección —se consideraba «un brasileño muy brasileño, con los pies en el agua hasta las rodillas»— y sus instrumentos llevaban su poroso inconformismo a Salvador en su época gloriosa. Pero su historia empieza a ocho mil kilómetros al noreste de Salvador, en las frías y severas colinas del norte de Suiza.

Anton Walter Smetak nació en Zúrich el 12 de febrero de 1913. El mundo de la música estaba conmocionado. Fue el año en que arrestaron a Louis Armstrong por disparar al aire el arma de su padrastro en Nochevieja y lo enviaron al reformatorio para gente de color de Nueva Orleans, donde cogió por primera vez una corneta. En París, fue el año en que Lili Boulanger se convirtió en la primera mujer que ganó el Premio de Roma por una composición, y que Stravinski estrenó su demoledor ballet *La consagración de la primavera* ante el público patidifuso del teatro de los Campos Elíseos. En Viena, ese año Arnold

Schönberg dirigió lo que se conoció como el *Skandalkonzert* (el concierto del escándalo), también apodado *Watschenkonzert* (el concierto de la bofetada), después de que el organizador del evento le propinara un tortazo a un alborotador que había entre el público. En Río de Janeiro, Heitor Villa-Lobos, quien llegaría a dominar la música clásica brasileña de las cuatro décadas siguientes, empezó a publicar sus obras.

La infancia de Smetak fue tranquila, según su hija mayor, Barbara, que me envía alegres correos electrónicos en portugués sobre su padre. Me dice que el joven Walter no tenía una buena relación con sus padres ni con su hermana Leone, y que el hogar familiar estaba lleno de música. Su madre, Frederica, era una cantante austrosuiza que conoció a su padre Anton, un intérprete de cítara checo, cuando ambos estudiaban música en Viena. Barbara me cuenta una historia que muestra la inspiración primera de su padre: cuando Anton daba clases de cítara en casa, el pequeño Walter se sentaba, pegaba la oreja contra la mesa y escuchaba la música, que resonaba en la madera. Anton albergó la esperanza de que su hijo siguiera sus pasos como virtuoso de la cítara, pero el amor que le profesaba Walter a Bach lo llevó primero al piano, y luego, tras una lesión en la mano, al violonchelo, que continuó estudiando en Salzburgo y en Viena. A Smetak le apasionaba siempre la forma en que se hacían los instrumentos. La oreja contra la madera: se fijaba en las propiedades físicas que producía la resonancia. En cualquier ciudad en la que se encontrara, tenía localizados a los lutieres y se quedaba durante horas en sus talleres.

Al graduarse en el conservatorio de Viena, a Smetak le ofrecieron un trabajo como violonchelista en una orquesta de Porto Alegre, en Brasil. Agarró su instrumento y se marchó al otro lado del Atlántico para unirse a la Orquesta Internacional de Farrouphila, en la desembocadura de la laguna de los Patos. Era el año 1937, tenía veinticuatro años y bastantes razones para darle la espalda a Europa. Cuando la orquesta de Porto Alegre se disolvió, menos de dos años después, no se subió a un barco para volver a casa. Decía que era mejor sumergirse en «el desorden y la liberalidad de los trópicos» que rendirse ante las «miserias europeas instigadas por Adolf Hitler».

Pero Brasil estaba viviendo su propio nuevo autoritarismo. El gobierno estaba coqueteando con el fascismo. En noviembre de 1937, el presidente Getúlio Vargas proclamó que la única manera de reprimir la amenaza del alzamiento comunista (real o inventado) era acabar con su propia legislatura y declarar la ley marcial. Las relaciones con Estados Unidos esbozaron una sonrisa inalterable bajo la llamada «política del buen vecino», promoviendo la imagen de la cantante Carmen Miranda como una toma del poder blando de Estados Unidos por toda Latinoamérica. La propia Miranda es un constructo fascinante: portuguesa de nacimiento, superestrella de la samba de profesión, adoptó el tocado tropical y la bandera de la multicultural ciudad de Bahía para hacerse creíble como intérprete de música afrobrasileña. Su carrera se vio catapultada durante el estridente nacionalismo del régimen de Vargas. Mientras tanto, el *establishment* de la música clásica estaba dominado por el prolífico compositor Heitor Villa-Lobos. Como su homólogo mexicano Carlos Chávez, Villa-Lobos alcanzó una integración sonora de la música folclórica de todos los rincones del país, lo que encajaba perfectamente en la agenda integracionista de unidad nacional de la dictadura.

Smetak grabó con Carmen Miranda. Su ondulada sección de cuerdas fue solo uno de los raros trabajos que lo mantuvieron ocupado durante sus dos primeras décadas como violonchelista por encargo en Brasil. Actuó como chelista independiente en orquestas de casinos y radios, en orquestas de baile de São Paulo y Río de Janeiro. Tocó música de cámara con el Trío Schubert y dio clases de chelo en Porto Alegre. En 1914, se casó con la pianista Maja Fausel, que era veinte años mayor y, como él, inmigrante suiza. Escribió unas pequeñas piezas poco destacables para violonchelo solo, para piano o para pequeños conjuntos, e implementó las habilidades que había ido desgranando con los lutieres de Centroeuropa para construir y reparar instrumentos de cuerda. Ya intrigado por la acústica, diseñó pero no consiguió patentar un tipo de micrófono de contacto cercano para pianos, que llamó Meta-Sound.

Luego vino el despertar espiritual. En 1948, un colega de la Orquesta Sinfónica de Brasil introdujo a Smetak en la Sociedade Brasileira de Eubiose. «Es difícil definir por qué mi padre estaba tan interesado», me escribe Barbara Smetak en un *e-mail*. «Fue un proceso de conversión, una llamada que sintió hacia una manera de ver el mundo, la vida, el universo». Eubiose es una rama brasileña de la teosofía, el mismo movimiento filosófico que prendió las sinapsis de Ruth Crawford en Chicago dos décadas antes. Sus enseñanzas esotéricas constituirían la base para el resto de la vida y obra de Smetak. Eubiose codificó por colores los planetas, los días de la semana, los metales y las partes del cuerpo. Busca sistemas para conectar lo sagrado y lo profano, lo divino, lo humano y lo intergaláctico, y explica que hay tres soles, que los indígenas americanos son la población original de la Atlántida que sobrevivió a la inundación hace 80 000 años, y que Brasil será la cuna de la nueva civilización. A Eubiose le encantan los símbolos planetarios y los obeliscos. Smetak se vio particularmente fascinado por la idea fundamental de que la luz y el sonido podrían proceder del mismo punto de partida etéreo.

Su conocimiento de la música y de sí mismo estaba en transformación. Empezó a practicar yoga. Estudió directamente con el fundador de Eubiose, Henrique José de Souza, el hombre que había reconfigurado a la teósofa Helena Blavatsky para el contexto brasileño. A mediados de los cincuenta, De Souza se dirigió al norte, a Bahía, donde intuía que había unas energías terrestres particulares que se tenían que investigar.

Smetak llegó a Salvador de Bahía en 1957. Habían pasado dos décadas desde que había dejado Europa, cuatro años desde el suicidio del presidente Getúlio Vargas. En Tokio, fue el año en que Tōru Takemitsu estrenó su *Requiem*, un treno severo y de cuerdas apagadas. En Colonia, Karlheinz Stockhausen probó un colosal efecto sonoro panorámico mediante su *Gruppen*, compuesta para tres orquestas. En Buenos Aires, Astor Piazzolla enfurecía al *establishment* con su versión internacionalista del tango. En San Petersburgo, Galina Ustvólskaya se interesó por los cielos y convocó a las campanas en su *Cuarta sonata para piano*. En Chicago, Richard Abrams estableció las escarpadas melodías del piano de su primera grabación de jazz. En Liverpool, se conocieron John Lennon y Paul McCartney en una fiesta al aire libre que organizaba la iglesia en la que Eleanor Rigby fue enterrada junto con su propio nombre. En Río de Janeiro, el nuevo presidente, Juscelino Kubitschek, que prometía una época de progreso y optimismo para Brasil, encargó al arquitecto Oscar Niemeyer la construcción de una ciudad nueva que debía terminarse a comienzos de la década siguiente.

...

El poeta de Bahía Antônio Brasileiro escribió:

A verdade é uma só: são muitas
(«La verdad es solo una: hay muchas»)

Salvador de Bahía la fundaron los portugueses en 1949 en una península que sobresalía entre la amplia Baía de Todos os Santos y el océano Atlántico. La ciudad es un gran revoltijo. Un lugar de convergencia desde hace siglos. En ella, antes de que la esclavitud fuese por fin abolida en Brasil, en 1888, casi un millón y medio de seres humanos fueron descargados de los barcos. Paulo Costa Lima, compositor y antiguo secretario de Cultura de Salvador, dice: «Somos la diáspora de muchas Áfricas». En 1928, el poeta modernista Oswald de Andrade utilizó su *Manifiesto Antropófago* para argumentar que ingerir varias culturas (usó el verbo «canibalizar») era una de las razones por las que Brasil gozaba de tanta vitalidad. Costa Lima se encoge de hombros ante la terminología. «Esa antropofagia cultural sucede en Bahía desde hace siglos, sin teoría alguna. El estado de Bahía —añade con algo de orgullo el exsecretario de Cultura— fue posmoderno antes de ser moderno.»

El antropólogo Antonio Risério escribe en *Avant-garde na Bahia* que Salvador es «una sociedad dada a los contactos, los intercambios, las interpenetraciones, las transfusiones y el contagio»; y ese contagio al que se refiere se representa en el sonido. El sonido está por todas partes en esta ciudad de multitudes. Hay más de mil casas de candomblé: templos de una religión que es en sí misma una amalgama de dioses africanos occidentales y santos católicos. Para el fiel de candomblé, los espíritus se convocan mediante el canto, la danza y los tambores. Es una religión espabilada, que en cada misa garantiza la celebración de un pequeño carnaval. Cuando es el carnaval de verdad (que los salvadoreños dicen que es el mejor de Brasil), las calles de la ciudad se llenan de grupos de *afoxé* que bailan ritmos *ijexá*, de Nigeria. João Gilberto, nacido en Bahía y celebridad de la bossa nova, descargó sus riffs de guitarra con un impulso sumamente frenético que tomó prestado de los músicos de las batucadas afrobrasileñas. Aquí, cualquier noción de «pureza» o «autenticidad» supone la fusión como punto de partida.

A finales de los cincuenta e inicios de los sesenta, llegó a la Universidade Federal da Bahia (UFBA) una confluencia de librepensadores, inmigrantes y radicales autóctonos. En las artes, Bahía fue a por todas, y se reivindicó a sí misma como centro de gravedad cultural que celebraba el dinamismo de su propia población, en lugar de ir a la zaga de Río de Janeiro o São Paulo, y mucho menos de París o Viena. La universidad creó escuelas de música (1954), teatro (1955) y danza (1955), e invitó a una eminencia de la vanguardia para estar al frente de cada facultad. Su serie de *Seminários livres de música* fue acogida con éxito hasta el punto de convertir su departamento de música en el más dinámico de Brasil.

Una de las figuras clave en el renacimiento de la música clásica de Bahía fue el compositor Ernst Widmer, un inmigrante suizo que impartió seminarios en la UFBA usando lo que Paulo Costa Lima describe como un audaz «método horizontal». Los estudiantes y los profesores generaban ideas juntos, supuestamente sin jerarquía alguna. Otra figura influyente aquí fue el compositor Hans-Joachim Koellreutter: nacido en Friburgo, se negó a ingresar en el partido nazi, le propuso matrimonio a una judía (un crimen por el que sus propios padres lo denunciaron a la Gestapo) y dio la espalda a Europa a finales de la década de 1930. Koellreutter tocó como flautista principal en la Orquesta Sinfónica de Brasil y montó una temporada de música contemporánea llamada «Música Viva». Su manifiesto de 1946 fue un descarado programa político que incluía apartados como:

> (1) La música representa el reflejo de la realidad social
> (7) Abandono del concepto de «belleza» con el objetivo de transformar la música en un arte-acción
> (8) Refutación del falso nacionalismo que, a través del folclore, estimulaba «las tendencias egocéntricas e individualistas que separan a los hombres»
> (10) Valoración de la importancia de la música popular desde un punto de vista artístico y social.

Cuando Koellreutter llegó a la universidad de Salvador de Bahía se puso a crear una orquesta. En busca de músicos de cuerda, contrató a un excéntrico chelista a quien había oído en un concierto en São Paulo tres años atrás.

• • •

Al principio, Koellreutter contrató a Walter Smetak como profesor y violonchelista para la Orquesta Sinfónica de la UFBA, pero el trabajo de su vida tuvo lugar en el sótano del departamento de música, donde le fue asignado un taller y la responsabilidad de arreglar los instrumentos de empleados y estudiantes. Poco después, fue ahí donde empezó también a inventar instrumentos nuevos.

En 1961, el año en que John Cage publicó una colección de conferencias y escritos con el título de *Silencio*, Walter Smetak viajó a la Semana de la Música de Vanguardia en el Theatro Municipal do Río de Janeiro. Escuchó actuaciones de celebridades internacionales de la nueva música, como el compositor Luciano Berio y el pianista y compositor David Tudor. Él mismo participó como solista en una obra de Paul Hindemith (*Kammermusik n.º 3* para violonchelo y diez instrumentos solistas). De regreso en Bahía, todavía animado por el festival, asistió a una representación de obras de Koellreutter y experimentó lo que más tarde describiría en su libro *Simbologia dos instrumentos* como una «revelación».

Las obras que escuchó estaban escritas usando técnicas de música concreta, una revolucionaria metodología de posguerra que utilizaba la nueva tecnología de las cintas para hacer música a partir de grabaciones troceadas y manipuladas de sonidos reales (o «concretos»). Las técnicas de la *musique concrète* empezaron en El Cairo en 1944, cuando un joven ingeniero agrónomo llamado Halim El-Dabh grabó a mujeres cantando en una ceremonia religiosa. El término fue acuñado en París a finales de los años cuarenta, cuando Pierre Schaeffer convirtió el chirrido y el sonido metálico de los trenes que recorrían las vías del ferrocarril en una sinfonía de ruidos. A comienzos de los sesenta, cuando Smetak experimentó su epifanía en Salvador, había practicantes de música concreta por todo el mundo, entusiasmados con el permiso para emancipar los ingredientes musicales, para llevar cualquier sonido en bruto y moldearlo en polifonía, para deslizarse entre los contextos cultos y lo cotidiano.

La música de Koellreutter pareció encender en la imaginación de Smetak algún sentido efímero de la posibilidad alquímica. Hubo muchos compositores que se embelesaron al mismo tiempo con las taxonomías del sonido que abrieron las nuevas tecnologías tras la Segunda Guerra Mundial, pero pocos de ellos harían las interconexiones que hizo Smetak entre ingeniería, física acústica, filosofías espirituales abstractas y el cuerpo humano. A través de sus instrumentos, se pasaría el resto de su vida en busca de aquella gran alquimia.

«Si dividimos la palabra en dos —explicó Smetak—, aparecen dos raíces latinas. *Instruere*, de instruir, y *mens*, de mente». Así que pensaba en los instrumentos como herramientas para instruir la mente. Pidió prestados de la biblioteca de la universidad todos los libros de organología disponibles, puso la cáscara de un coco dentro de una calabaza y le incorporó un palo de escoba y una única cuerda de guitarra. Fue la primera de sus plásticas sonoras, y la llamó *Mundo*.

Smetak hizo más de 150 plásticas sonoras durante las siguientes dos décadas. Eran instrumentos de viento, cuerda y percusión con unos nombres fantásticos, como *Máquina do silêncio* y *Anjo soprador* («Ángulo soplador»); *Mulher do vento*, *Espaço e nuvens* («Espacio y nubes»), *Namorados abstratos* («Enamorados abstractos»), *Andrógino* o *Imprevisto*. Hizo una familia completa de *Borés*, que parecen unos bugles estirados y con forma de bulbo, o tal vez desatascadores de baño. El *Piston cretino* es un tubo de plástico con una boquilla de trompeta en un extremo y un embudo de cocina en el otro. En su actuación, Smetak sujetaba el embudo contra su barriga y lo sacudía como si fuera una sordina wah wah. Con las plásticas sonoras, lo que se ve es lo que hay. La vista y el sonido van de la mano en estos únicos *readymades* bahianos. No hay artilugios irrelevantes. En apariencia son excéntricos, de alguna manera animales, un poco alienígenas, como templos del sonido torcidos. Para Smetak era importante conseguir materiales locales y baratos. Cuerdas viejas, pedazos de guitarras rotas, mangueras, guantes de goma, trozos de poliestireno, un montón de calabazas. Marco Scarassatti, compositor e investigador especializado en Smetak, considera que los instrumentos son «composiciones» debido a las dimensiones multitexturales que contienen. Hay contrapunto en los mecanismos, polifonía entre los elementos.

Algunas de las plásticas sonoras de Smetak giran como un cochinillo a la brasa. Otras son soles giratorios pintados de colores brillantes con cuerdas que producen un sonido metálico al rotar. Los tonos no tienen por qué ser importantes —a menudo, Smetak ni siquiera los especificaba— y tampoco el virtuosismo. En la mayoría de los casos, cualquiera que pueda soplar, puntear, o sujetar un arco puede tocar estos instrumentos.

Estos son algunos de mis preferidos:

Amén es un ojo con una calabaza como retina.

Colloquio consiste en dos cabezas pintadas de dorado y una cuerda entre ellas. Las cabezas están una frente a la otra, como en una conversación, y cuando se mueven la cuerda emite un sonido oscilante.

Constelação es un cuadro del cielo nocturno con cuerdas que conectan las estrellas. Las cuerdas se pueden tocar como si fueran una cítara cósmica.

M-2005 es una criatura enigmáticamente antropomorfa. Una figura humana sobre un pequeño pedestal, con una cara pintada en una calabaza y un sombrerito fijado. Las cuerdas van desde el cuerpo del hombre hasta donde deberían estar sus pies. La figurilla sostiene en sus manos un globo terráqueo de plástico y una luna en órbita. Smetak se imaginaba al personaje «flotando en un bloque de hielo, a la deriva desde el polo norte hacia el sur, hacia el ecuador, para llegar a la costa. Un pingüino de naturaleza inocente acompaña a este ser, cuyo nombre empieza por la letra eme...». Era la «M» de Avatara Maitreya, la divinidad del futuro que, según la profecía de Eubiose, debía aparecer en este mundo en el año 2005. Smetak también creía que él se reencarnaría ese mismo año, dicho sea de paso.

Pindorama tiene aspecto de —¿el qué?— ¿una palmera? ¿Un sistema planetario? ¿Una fregona? ¿Un pulpo? Mide más de dos metros, tiene siete calabazas y varios cencerros suspendidos de un marco, cuyas seis puntas Smetak concibió como puntos de navegación de un sextante místico: norte, sur, este, oeste, nadir y cenit. De las calabazas cuelgan decenas de tubos de plástico transparente con boquillas de flauta fijadas en sus extremos. «El instrumento es sensible —advierte Smetak—. Si lo ofendes, las campanillas empiezan a sonar». El *Pindorama* lo pueden tocar hasta sesenta músicos al mismo tiempo. El músico Tuzé de Abreu, que tocó con Smetak, describió el efecto cuando todos juntos tocan el instrumento, cada uno pitando con su propia flauta flexible: dijo que los armónicos suenan como el sol cuando brilla en el agua.

Quizá el más extraordinario de todos es el *Vina*, una cosa entre una serpiente, un santuario sonoro, un chelo amorfo y un hombre orquesta. Hay un mástil con tres cuerdas. Un puntal y un arco. Tres calabazas que representan a las deidades hindúes Shiva, Vishnu y, la más robusta de todas, Brahma. Un tubo que contiene una cuerda simpática que representa a la serpiente Kundalini. A la calabaza más grande está unido un resorte de reloj. Hay campanas, un efecto de trémolo eléctrico, una boquilla conectada a un tubo de plástico y una cítara triangular dentro de una de las calabazas, lo que a Smetak le remite a una mujer embarazada a punto de dar a luz. El músico se sienta de espaldas al público, posiblemente (y Smetak fomentó esto) llevando una capa blanca y una máscara. Cuando golpea, rasguea, sopla o se inclina, canaliza una energía profunda, tántrica.

• • •

«El amor debe ser una cosa suave», escribió Smetak en uno de sus muchos aforismos. El amor debe llegar sin causar perturbación. «Si es al contrario, se trata solo de una pasión, llena de problemas».

Smetak conoció a Julieta, su segunda esposa, no mucho después de llegar a Bahía. Estaba de gira con la Orquesta Sinfónica de la UFBA en la ciudad de Aracaju. Barbara Smetak relata el encuentro con digna contención. Escribe: «Smetak se quedó prendado de la joven Julieta y la invitó a vivir con él en Bahía. La joven aceptó la invitación, se trasladó a Salvador y crio a cinco hijos». La familia vivió en el barrio de Federação, donde, según Barbara, «teníamos una casa sencilla, sin lujos. Jugábamos, escuchábamos mucha música, estudiábamos y éramos felices».

Contrariamente a su imagen de artista *beatnik*, Barbara describe a su padre como un «hombre conservador» que se negaba a reconocer que sus hijos pudieran «saber de asuntos o participar en conversaciones sobre relaciones o sexo antes de que tuviéramos la edad adecuada. Todo a su debido tiempo. Era un hombre muy serio». Smetak organizó seminarios de Eubiose en su casa de Federação. Gilberto Gil, padrino del hijo menor de Smetak, lo llamó «una mezcla entre científico loco y Papá Noel». Barbara se acuerda de los dos trepando por el tejado, examinando el cielo nocturno en busca de ovnis.

En cuanto a cuestiones institucionales, Smetak era a menudo un pésimo trabajador en equipo; la verdad es que tenía pinta de ser una pesadilla de colega. Tal vez, como Julián Carrillo, sentía que tenía cierto derecho a causar fricciones, o bien que realmente el coqueteo con la protesta preventiva le dejaba más margen de maniobra. Sostenía que para alcanzar su anhelada alquimia creativa debía tener un estado de ánimo particular, sumido en un trance de comunión con lo divino, y que su estado de ánimo más fértil era cuando estaba inestable, volátil, caótico. En las reuniones con el personal de la universidad, se sentaba en una esquina, fumaba en su pipa y apenas intervenía. Normalmente sus colegas lo dejaban en paz. Ernst Widmer lo describió como «crítico, gruñón, esquivo a veces, otras glorioso, humilde, radiante, severo e irreverente». Scarassatti escribe sobre la «transparencia» de Smetak que era una persona que decía lo que quería cuando quería. Lo dice en referencia a la historia de un periodista que llega a la casa de Smetak para hacerle una entrevista y se encuentra fuera al compositor arreglando su moto. Cuando Smetak exigió saber si el periodista podía ayudarlo con la reparación, este reconoció que no sabía hacerlo, y Smetak dio la entrevista por terminada antes de empezar.

Paulo Costa Lima me habla de un incidente con Smetak y el puntal de un violonchelo:

> Yo tenía dieciocho años y la orquesta se preparaba para una sesión de estudio. Estábamos esperando a que comenzara la grabación y Smetak llegó con un chelo maravilloso que casi nunca utilizaba. Empezó a tocar en una esquina de la sala. El sonido era increíble. Maravilloso. Me acerqué a él y le dije: «Profesor, qué sonido tan bonito». Gruñó. Me aparté, pero un momento después lo escuché mascullando malas palabras. Luego se levantó y me embistió con el chelo. Una señora mayor que gestionaba la orquesta lo reprendió. Se marchó echando humo por las orejas y no quiso tocar en la sesión. Al día siguiente, yo estaba sentado enfrente de la escuela y él pasó por delante. No fue capaz de disculparse, pero me balbuceó una especie de comentario para conversar. Mucho tiempo después me enteré de que me atacó porque pensaba que me estaba riendo de él. Llevaba un tiempo sin tocar y estaba cohibido por miedo a sonar mal. Pero ¿te das cuenta? Pobre de cualquiera que lo provocara de alguna manera.

Muchos años después, Costa Lima le compró ese mismo chelo a Smetak, pidiendo un préstamo de 5000 dólares para pagarlo. En el último momento, Smetak cambió de opinión. «Le dije lo del préstamo y me lo vendió a regañadientes, pero dos días después me llamó y me dijo: "¡Devuélveme el chelo! ¡Sin él no puedo dormir!"». A estas alturas, Costa Lima lo conocía lo suficiente como para no tomarse a pecho sus cambios de humor, así que simplemente evitó al inventor de instrumentos durante unos meses, hasta que un día se cruzaron en el departamento de música. «¡Paulo! —gritó Smetak desde el otro extremo del pasillo—. ¡Ya no tienes que esconderte más!

¡Lo he superado!» Así era el hombre. Costa Lima esboza una sonrisa afectuosa. Así era el hombre.

Pese a su aparente antipatía por las actividades grupales, Smetak se involucró bastante en un importante antimovimiento artístico fundado en Salvador en 1966. La consigna del Grupo de Compositores da Bahía era ingeniosa y desafiante:

EN PRINCIPIO, ESTAMOS EN CONTRA
DE TODO PRINCIPIO

Y fue este animoso grupo el que motivó a Smetak a empeñarse en sus experimentos de lutería. Integrado por Ernst Widmer y una generación de compositores cuyas mentes él y Koellreutter habían expandido durante la década anterior mediante los seminarios de música experimental de Salvador, «su fuente de energía», dice Costa Lima,

> era desafiar. El grupo reivindicaba que era posible crear música vanguardista en Bahía. Que era posible hacer obras que fueran de la calidad suficiente como para que el resto de Brasil se diera cuenta de que allí estaban pasando cosas. En 1966 aquello era todavía una idea subversiva en sí misma. A comienzos de los sesenta, nadie habría pensado que la década pudiera terminar con Bahía siendo reconocida como auténtico laboratorio de experimentación sonora.

• • •

En 1964, «La chica de Ipanema» estaba arrasando en todo el mundo. Astrud Gilberto cantaba de Brasil como de un paraíso para gente alta, bronceada y encantadora, mientras una junta militar derrocaba la democracia del país. La canción, con su húmeda cadencia de sexo y saudade, era un opiáceo fácil, pero también una suave sorpresa de mezcla cultural. Augusto de Campos, el destacado poeta del concretismo, aplaudió la bossa nova por ganar al primer mundo en su propio juego. Este híbrido excepcionalmente brasileño entre la samba y el cool jazz demostró con una despreocupación deliciosa que un país subdesarrollado podía producir un exquisito arte desarrollado. La bossa nova fue la banda sonora del renacimiento moderno de Brasil y se estaba vendiendo por todo el mundo.

En la época en que aquella «Ipanema» llegó a las listas de éxitos, el artista Hélio Oiticica perdió interés por pintar cosas planas y empezó a hacer trabajos que la gente podía vestir, sujetar e intervenir. A estos objetos los llamaba *Parangolés*, a partir de una palabra de la jerga de las favelas que tiene varios significados: tontería, confusión repentina o una situación complicada. Asimismo, los objetos de Oiticica significaban cualquier cosa que decidiera quien los utilizara. La nueva dictadura militar aplicó mano dura a las libertades personales tras el breve y pujante interludio democrático de Brasil, y Oiticica adornaba las capas de colores con declaraciones políticas que aparecían o desaparecían en función de cómo decidiera bailar quien llevara las prendas, una pincelada de libertinaje que devolvía el poder a los individuos y reconocía la futilidad de fijar la vida real en una lustrosa superficie plana y bañada por el sol.

En 1967, Oiticica construyó una chabola en una galería de Río de Janeiro y la rodeó de pájaros y plantas tropicales. Plantó un televisor en medio de la instalación, incitando a sus espectadores a que admitieran la facilidad con la que caen en la anestesiante servidumbre de los medios de comunicación de masas, para evitar el fango y la confusión de las calles. Infirió que la llegada generalizada de la televisión en la década anterior había actuado como sedante de las conciencias colectivas de los brasileños. Con esta hibridación entre favela y vanguardia, entre escoria social y arte supremo, entre mundo natural y consumismo, forzó una ruptura y acuñó una palabra para ella. La llamó *Tropicália*.

Los músicos de Salvador de Bahía sacaron provecho del retrato tecnicolor de la verdad que hizo Oiticica. Cuando la década de 1960 llegaba a su fin y se estrechaba el cerco del régimen militar, se fueron creando sonidos que celebraban los múltiples bailes y peligros de la vida cotidiana en las megalópolis sudamericanas. Con *Tropicália* estalla todo. Resuenan bombas. Los estilos musicales chocan, retumban y explotan. Un juego de palabras surrealista contiene comentarios políticos prohibidos. Las voces dulces y las cuerdas embelesadas brotan en bandas de música paródicas, y de entre las ruinas crece una música de energía venenosa e irreverente. El cantante Tom Zé se refirió al movimiento tropicalista como un «tornado» que arrancó del subsuelo del país «los fertilizantes, los nutrientes y el abono».

Si hay un álbum que sea un manifiesto de este feroz ciclón contracultural es *Tropicália: ou Panis et Circencis* (1968), la respuesta de Brasil al *Sgt. Pepper's Lonely Hearts Club Band* de los Beatles. El álbum es un motín. En él se reúnen las celebridades Caetano Veloso, Gilberto Gil, Gal Costa, Tom Zé y una *troupe* de rockeros disidentes llamados Os Mutantes. El tema de apertura comienza con un falso coral eclesiástico y continúa con una melodiosa insolencia tan flagrante y seductora que, como era de esperar, no se permitió que trascendiera. De hecho, ese coral resultó ser un canto fúnebre previo al movimiento que acababa de nacer. El tropicalismo era tan revoltosamente anárquico, tan rebelde, discordante y alegre que enfureció a comentaristas de todos los bandos del espectro político.

Los izquierdistas, que deseaban construir su nuevo Brasil a imagen y semejanza de algunos de los nacionalismos folclóricos, atacaron a los tropicalistas por ser demasiado frívolos, demasiado confabulados con la cultura pop mundial, demasiado displicentes con los «auténticos» sonidos brasileños. «No tengo nada que ver con esa pureza», declaró Gilberto Gil, rechazando un premio en 1972. Dijo que estaría condenado si alguien hacía de él «un "buen cantante de samba negro", ya que quieren que todos los negros sepan cuál es su lugar». En todo caso, como Revueltas en México había presentido cuatro décadas atrás, ¿acaso no era la «autenticidad» la experiencia de muchos estratos que él vivía cada día? En el otro extremo del espectro político, las autoridades no toleraban aquella creatividad tan eufóricamente volátil. Tomaron medidas drásticas y arrestaron a muchos de los tropicalistas. Gil y Veloso pasaron un tiempo en aislamiento, donde les raparon sus glamurosas cabelleras. A finales de los sesenta, los enviaron al otro lado del océano, a Inglaterra, donde se suponía que su estilo perdería el brillo y el color bajo la llovizna. No fue así.

En 1972, Veloso, en su regreso a Brasil tras el encarcelamiento y el exilio político, sacó un sorprendente y peculiar álbum de pop titulado *Araçá Azul*. De un humor audaz. Su variedad de influencias es insaciable. En *Araçá Azul* se incluye una canción llamada «Épico», que va de un pastiche de las películas de acción (los timbales, el chillido de las trompetas) a la flauta sensual y los atascos de tráfico.

Sobre un estribillo de bocinas de coche y gases de tubo de escape, Veloso recita una protesta contra la contaminación. Luego, en la segunda estrofa, hace rimas con la palabra «musak» —porque se trata también de un comentario sobre la cultura del consumo de masas— con un nombre que se repite. Dice así:

Smetak, Smetak, e Musak e Smetak
E Musak e Smetak, e Musak e razão

Sí, es Walter Smetak, innovador hosco y marginal* e improbable padrino oculto de *Tropicália*. Estos anárquicos artistas pop aprovecharon su omnímodo mantra creativo y se alinearon con su bricolaje sonoro libre de ataduras. Hicieron una música de raíces estridentes para una cultura cuyas raíces son ya de por sí incontrolables, como también lo era Smetak, que construía instrumentos que hacían justicia al pluralismo vibrante y explosivo de su país de adopción. Debido a los industriosos ruidos que brotaban de su laboratorio subterráneo, Veloso y Gil le pusieron el cariñoso apodo de Tak-Tak. Gil incluso escribió Tak-Tak en la letra de su canción «Língua do Pê», que cantó en 1970 Gal Costa con su voz hipnótica y un original *staccato*:

Smetak tak tak tak (tak tak tak tak tak)

Tales eran las colisiones sonoras de Salvador.

• • •

* En el original, *underground* remite tanto a su posición como figura marginal, contestataria, contracultural, como al lugar subterráneo (el sótano de la facultad) donde desempeñó su trabajo de lutier. (*N. del T.*)

Una mañana a comienzos de la década de 1970, Smetak puso a secar una guitarra recién barnizada en un tendedero. El viento soplaba las cuerdas como si fuera un arpa eólica y Smetak estaba tan entusiasmado con la resonancia que fue a por un micrófono y grabó en el interior del instrumento durante veinte minutos. Tenía la sensación de que el sonido tenía un impacto tan profundo como el de escuchar el mantra «Om» en meditación. Tomó consciencia de las frecuencias que parecían estar vivas en los intervalos más pequeños —un despertar que Éliane Radigue experimentó más o menos al mismo tiempo gracias a sus experimentos con el sintetizador— y en ese momento decidió que los microtonos eran el futuro. El sonido dentro del sonido. Escribió un poema llamado *Microtonização*, que empieza con la instructiva línea «microtonízate, no te vuelvas a exaltar nunca con las armonías pitagóricas» y prosigue con la insistencia rítmica de predicador de la New Age, entonando una especie de llamamiento a la autorrealización. Cuando Smetak se introdujo en la obra de Julián Carrillo, se sintió estimulado por las teorías del sonido 13 del compositor mexicano, que concebían un reciente futuro fuera de la escala diatónica. «Ya no podemos extraer casi nada más de nuestro viejo sistema musical —escribió Smetak con entusiasmo—. En el próximo siglo vamos a necesitar otras escalas».

En 1977, Smetak sacó su álbum homónimo, producido por Gilberto Gil y Caetano Veloso. Smetak toca su propio instrumento, el *Vina*, en su composición *Mantram*. Aunque había trabajado durante nueve meses para darle delicadeza a la bestia, el *Vina* sigue sonando crudo y desvencijado, como un animal recién nacido que da sus primeros pasos. El tono se refuerza gradualmente a lo largo de la grabación. Luego viene un sorprendente pasaje contrapuntístico en el que Smetak pliega el tiempo tomando prestada una melodía de Bach. Esta calabaza barroca es una disyuntiva fugaz, y la pieza vuelve pronto a los inciertos sobretonos naturales.

En su segundo y último álbum, *Interregno*, Smetak reúne a un grupo de músicos al que llama *Conjutu de Microtons*. Esta orquesta smetakiana toca varias plásticas sonoras, un órgano Yamaha y seis guitarras con afinación microtonal. Cada guitarra se rasguea con seis cuerdas idénticas, todas afinadas a distancia de un semitono. La tesitura de cada instrumento se corresponde con las notas de una guitarra normal (mi, la, re, sol, si, mi); dicho de otra manera, Smetak utiliza una afinación estándar de guitarra, la distribuye a lo largo de seis instrumentos y divide cada nota entre seis. El resultado es una neblina, un borrón puntillista, un cielo nocturno abarrotado y oscuro, una especie de Vía Láctea microtonal, todo ello brotando como si se tratara de un metainstrumento.

El laxo tejido de *Interregno* es fruto de una improvisación colectiva; para Smetak, «una forma libre de composición». Según escribió en su ensayo *Arte Transcendental da Improvisação*, la diferencia entre composición e improvisación es solo «que no hay autor. Hay muchos autores, cuyas mentes tienen que trabajar de manera simultánea». La improvisación, el arte de la ciudad.

Esta es otra de las instrucciones de Smetak para una improvisación:

> *Aqueles que sabem cantar, cantem. Aqueles outros que não cantam se preocupem com funções rítmicas. Ou toquem instrumentos escolhidos por eles. Os que não servem para uma coisa nem outra, dancem.*
> («Quienes sepan cantar, que canten. Quienes no canten, que se preocupen de las funciones rítmicas. O que toquen los

instrumentos que ellos mismos elijan. Quienes no hagan ni una cosa ni la otra, que bailen»).

• • •

A comienzos de la década de 1980, invitaron a Smetak a una residencia en Berlín. Quiso llevarse algunos de sus instrumentos, pero no estaban hechos para viajar, así que cuando llegó a Alemania construyó siete generadores de sonido con forma de cubo y con una sola cuerda, y los adornó con simbología planetaria. Al final de su estancia en Alemania, escribió una carta llena de agotamiento y una voluntad cambiada. Ese no era el Smetak de las bravuconerías espirituales o los ataques con el puntal del chelo. Ese era un hombre que todavía no estaba enfermo, pero que de alguna manera percibió que se acercaba su final.

> Tengo que volver a casa. Tengo que trabajar. Aquí en Berlín no me queda nada que hacer. Pero ya no me interesa construir más instrumentos. No tengo sitio, ¿dónde los pongo? Además, los instrumentos que ya tengo se rompen constantemente por el calor; o se los come la carcoma, o se les oxidan las cuerdas por la humedad. De todos modos, nunca terminaré con todo el trabajo de reparación: en cuanto haya reparado el último, el primero se habrá vuelto a romper. Igualmente, ahora tengo que almacenar los instrumentos en una barraca que está lejos de la escuela. Pronto descubriré cómo han resistido estos dos meses, esperemos que bien. Pero la naturaleza es tan poderosa que nunca podemos superarla, ni por asomo.

> Me estoy planteando mudarme a Minos el año que viene. Si no puedo guardar los instrumentos en algún sitio, me gustaría quizá llevármelos y montar una escuela allí. Pero no sé. Hasta Minos hay ¡tres mil kilómetros en camioneta! Los instrumentos sufrirán daños. Las calabazas no van a sobrevivir a los baches. Y ya no tengo fuerzas para empezar de cero.
>
> Si no se me ocurre nada, he pensado que podría amontonar los instrumentos en una pila grande, verterles gasolina y prenderles fuego. Un sabio chino le dijo una vez a su aprendiz: «Si puedes tocar bien tu instrumento, si de verdad dominas todas las técnicas interpretativas, puedes tirar el instrumento».

Smetak murió el 30 de mayo de 1984 a causa de un enfisema pulmonar, fumando de su pipa hasta la destrucción. Tenía setenta y un años. Fue al hospital en su propia moto, creyendo que, tras la muerte, viajaría hasta el centro de la Tierra para reencarnarse en Brasil dos décadas después. «Le gustaba causar conmoción —dijo el compositor Ernst Widmer—. Le gustaba catapultar al oyente de la inercia a las nuevas reflexiones». Las siguientes generaciones en la Universidad de Salvador de Bahía han percibido cómo sigue estando presente en la institución, cómo incluso décadas después de su muerte se refieren a él muy respetuosamente con apodos como «el viejo mago» y «el alquimista del sonido». De una manera bastante maravillosa, el compositor y musicólogo Marco Scarassatti se refiere al trabajo de Smetak como *multimídia desplugada* («multimedia desenchufada»), un término que me hace darme cuenta de qué manera su búsqueda interdisciplinar del bricolaje acústico reaparece en las obras de las generaciones siguientes de escultores de sonido, desde Joaquím Orellana hasta Ellen Fullman y Sarah Kenchington, y desde luego hasta

Annea Lockwood. En cierto modo, Smetak tenía razón en cuanto a la reencarnación.

De una forma similar a la de Hélio Oiticica y sus *Parangolés*, Smetak quería que sus plásticas sonoras reunieran una nueva armonía entre la forma, el espacio, el espíritu y la humanidad. Soñó con viajar más allá de las nociones de consonancia y disonancia, más allá de la vista y el oído, y del pasado y el presente, para llegar a un estado que él llamaba «caosonancia», donde la luz se vuelve sonido y se logra una gran unión de los sentidos. Scarassatti escribe sobre «un predominio del reinicio» en el enfoque de Smetak, cuya retórica y lógica «no se constituyen a través del desarrollo de la música y el pensamiento occidental». En cambio, Smetak deconstruye, desmonta y reconstruye el contexto de los materiales brasileños cotidianos. El descolocar y afianzar de Nan Shepherd.

De los 176 instrumentos que construyó, quedan unos cuarenta, y de estos algunos están rotos, se están deteriorando o simplemente están desapareciendo. Hay otras ausencias angustiosas: qué no daría yo por escuchar la música para teatro que escribió en 1970 para una producción de *Macbeth*, para la que grabó instrumentos sumergidos en agua. Pero tal vez ahí esté el quid. Quizá el mayor invento de Smetak fue uno que nunca hizo. El *Estudio Ovo* («Estudio Huevo») es donde se juntan sus conceptos de espacio, lugar y cuerpos, micrófonos, microtonos y líneas telúricas. Smetak soñaba con hacer un pabellón ovalado de veintidós metros con fibra de vidrio, dentro del cual instalaría cientos de cuerdas resonantes con afinaciones microtonales. La base de la estructura, la parte más ancha de un huevo, estaría enterrada, el suelo se movería sobre una plataforma hidráulica con hélices que pasarían silbando por debajo del agua y unos hidrófonos capturarían el sonido de las corrientes. Los tubos canalizarían los sonidos del mundo exterior y se pondrían ventiladores de hélices por todo el espacio para que juguetearan con los sobretonos. Se suponía que *Ovo* era un templo y un centro de investigación, un estudio de grabación y un instrumento de inmersión corporal íntegra donde el sonido no se escaparía. Entrar en él sería como entrar en un órgano, o en un vientre, estar completamente envuelto por una resonancia monótona.

Hizo un boceto detallado de su *Estudio Ovo* en el que lo especificó todo, desde las proporciones y los materiales al tipo de suelo sobre el que se debía construir (una espiral rodeada de un cuadrado en lo alto de una colina de hierba verde). Había más: Smetak quería crear un nuevo plan de estudios universitario diseñado como un sistema solar. Los estudiantes cultivarían su propia comida y darían clases de temas que van desde las matemáticas a la física nuclear, pasando por la agricultura alternativa, cerámica, lutería, literatura, Eubiose, cine y escultura. Las clases tendrían lugar en varias estructuras planetarias, de las cuales el estudio *Ovo* sería un centro para la investigación acústica y electrónica.

La Universidad de Brasilia consideró realmente la idea de construir *Ovo*. Después de todo, la ciudad entera de Brasilia se había diseñado y construido desde cero en cuatro años; ya puestos, ¿qué más daba añadir un estudio con forma de huevo? Pero ni el *Ovo* ni su currículo holístico se materializaron. Quizá a Smetak no se le daba bien interactuar con la política. Quizá por timidez; escribió que, en todo caso, no hacía falta «construir cada idea que tienes en la cabeza, o escuchar realmente todos los sonidos». Afirmó que no hacía falta construirlo todo únicamente para demostrar su existencia.

En los inauditos espacios de *Ovo*, que Smetak llamaba su «instrumento total», las imposibilidades seguían siendo posibles. Escribió: «Todo está acabado. Lo demás es silencioooooo». Es su escultura insonora definitiva, un miembro más de esa familia esotérica de las plásticas sonoras que proponen ruido sin llegar a generarlo. Estos instrumentos mudos son, de todos ellos, el acto más anárquico de Smetak, pero son también los más generosos, ya que nos invitan a meditar el potencial de transcender por entero la forma y decidir por nosotros mismos. El público se convierte en el compositor, un traspaso de poder que Annea Lockwood concede a través de sus más íntimas apelaciones a la atención.

Mientras tanto, en el extremo opuesto de la escala, un compositor en Filipinas estaba probando un traspaso de poder similar mediante los límites de la participación masiva. Mientras que Smetak condensaba el espíritu colectivo de una ciudad, José Maceda empleaba la implicación física de toda una metrópolis global.

José Maceda (1917-2004)

La época del pedal filipino: orquestación de la ciudad y del siglo*

* En armonía, *drone* se refiere al «pedal» o sonido prolongado sobre el que se suceden distintos acordes (véase «música drone»). En un sentido extramusical, equivale a «zumbido». *(N. del T.)*

En la década de 1960, el compositor filipino José Maceda soñaba con un gran espectáculo futurista y multiespacial en el que participaban miles de coches reproduciendo grabaciones de instrumentos indígenas de Asia. Los coches hacían sonar a todo volumen estas grabaciones a través de sus altavoces, mientras circulaban por las autovías de, por ejemplo, Los Ángeles. Maceda quería que conductores y pasajeros asumieran el papel de intérpretes en un «laberinto de sonidos, donde la función musical se convierte en una recreación». Desde su punto de vista, el hombre se vuelve «parte de la música, pero no es su esclavo, ya que puede apagarla en cualquier momento». Llegó a solicitar financiación para llevar este ballet de automóviles a los escenarios. Incluso presentó una propuesta a la Ford Motor Company para equipar sus coches con altavoces y radios interconectadas, pero, por desgracia, se la rechazaron.

Luego, Maceda soñó con una obra aún más grande, una obra escrita para veinte emisoras de radio y, literalmente, millones de intérpretes. Cada una de esas emisoras reproduciría una parte distinta de la partitura. Al emitirse simultáneamente, los sonidos acumulados envolverían a toda una ciudad mundial. Durante la duración de la *performance*, no habría nada más que canción y ritmo llenando las calles. El resultado sería un nuevo tipo de armonía colectiva. La experiencia sería tanto transformadora sociológicamente como musicalmente audaz.

Esta vez no le rechazaron la propuesta. El sueño en cuestión era *Ugnayan* y el 1 de enero de 1974, entre las seis y las siete de la tarde, toda la gente de las treinta y siete emisoras de radio de Manila, la capital filipina, participó en la emisión simultánea de la obra maestra de Maceda. Duró casi una hora y cubrió un área de cien kilómetros a la redonda; era un acontecimiento musical vanguardista de una magnitud sin precedentes. Cualquier persona dentro de la señal de radio de Manila, que en la época tenía una población de 4,7 millones, podía sintonizar; y, de hecho, así lo impusieron con dureza las autoridades.

Y hay más. Los sonidos que emitieron esas treinta y siete emisoras venían de veinte partes de cintas pregrabadas (algunas emisoras doblaron la grabación) y en cada grabación participaron cinco músicos tocando instrumentos tradicionales de Filipinas. Así que, en total, había cien partes individuales. El público no se limitó a encender la radio y escuchar, sino que, al hacerlo, creaba activamente la obra en sí. Se establecieron puntos de encuentro en parques, centros comunitarios y muchos otros espacios públicos por toda el área metropolitana, y se indicó a los ciudadanos que llevaran consigo sus radios y que transitaran libremente. En efecto, la pieza fue interpretada por sus oyentes; lo que determinó la mezcla final fueron sus movimientos, su deambular no coreografiado. A medida que las multitudes se reunían, se quedaban quietas o se dispersaban, lo que sonaba en sus radios individuales se superponía hasta formar unas enormes nubes de sonido. Y dado que nadie escucharía exactamente la misma combinación de emisoras, en función de qué otras radios estaban al alcance del oído, la música se armonizaba de una forma única según la posición de cada persona dentro de la multitud. Nadie lo experimentaría de la misma manera. Y fue precisamente eso lo que hizo que, a pesar de su inconmensurable enormidad, *Ugnayan* fuera una experiencia hecha a medida para cada uno de los millones de oyentes que la escucharon aquel día.

Este ritual de escala metropolitana es de una valentía impresionante. ¡El concepto es muy atrevido, muy meticuloso, muy estimulante y completo! Ningún otro programa de radio estaba disponible durante el tiempo que se asignó a la *performance*, así que, si estabas dentro de la señal de Manila, en ese día de Año Nuevo, en esa hora de entre las seis y las siete de la tarde, y encendías una radio, tenías que formar parte de la obra lo quisieras o no. La música vanguardista de Maceda estaba secuestrando las ondas de radio de toda una megalópolis mundial.

Cabe destacar que la puesta en escena de *Ugnayan* tuvo un trasfondo autoritario nada desdeñable. En términos prácticos, Maceda no podría haberlo hecho sin tener de su parte el régimen cleptocrático de Marcos. La primera dama de Filipinas, Imelda Marcos, apoyó personalmente la obra como uno de sus grandes proyectos culturales de construcción nacional. En esencia, las emisoras de radio recibieron la orden de participar, y los ciudadanos no tenían apenas elección en su oferta de entretenimiento de masas impuesta por el Estado. Como nación independiente, Filipinas no había cumplido aún tres décadas y sus últimos colonizadores, los Estados Unidos, seguían ejerciendo una gran influencia cultural. El régimen sacó partido del estreno de *Ugnayan* como momento sumamente simbólico, con su celebración de los instrumentos tradicionales filipinos preoccidentales y su reunión de ciudadanos para hacer música siguiendo el modelo del trabajo humano colectivo.

Y así, el venerable y diligente Maceda se vio sin darse cuenta, o ingenuamente, como instigador no solo de un experimento sonoro revolucionario, sino también de un desmesurado espectáculo patriótico a escala colosal. Más tarde, se arrepintió de cómo se habían apropiado de su obra (eso le pareció), aunque reconoció que no había ninguna otra manera de llevar a cabo la pieza. Además, sí que compartía algunos de los ideales más generales del régimen; en particular, los que concernían al valor y el potencial del esfuerzo colectivo. Pero no le interesaba formar parte de ningún nacionalismo étnico moderno.

A este etnomusicólogo amable y de ideas profundas lo motivaban principalmente su pasión por las músicas indígenas anteriores a la influencia europea y que no acataban las fronteras contemporáneas trazadas en Asia. Solo en Filipinas hay 7641 islas. Étnica, lingüística, geográfica, política y musicalmente, el archipiélago está entremezclado y es variado y muy complejo. Maceda se pasó medio siglo investigando las tradiciones de esas islas y otros lugares, haciendo música arraigada en culturas específicas, pero eso va más allá del nacionalismo específico. Me parece interesante percatarme de que, mientras Julián Carrillo sentía que su acercamiento al nacionalismo supondría distanciarse de cualquier cultura tradicional, Maceda creía precisamente lo opuesto. Para él, preservar múltiples prácticas indígenas era un acto de resistencia contra la hegemonía cultural. Cuando tenía setenta y tantos años, aclaró que no quería que lo identificaran con nada. «Como si no viniera de ningún sitio. Ni de Nigeria ni de Madagascar ni de Kalinga ni de la Luna».

A Maceda le encantaba difuminar las líneas fronterizas, entre público e intérpretes, hacer que todo el mundo participase de la reunión comunal. En el corazón de todo está la idea del pedal maleable. El desplazamiento constante. Maceda quería crear sonidos de una estratificación tan fluida y multitudinaria que el efecto de los oyentes (que, recordemos, a menudo eran también participantes) fuera como unirse a un murmullo de estorninos, o una ceremonia de tambores libre e inmersiva. Se quedó absorto en el complicado tejido rítmico de las formaciones naturales; le encantaba la forma en que los ritmos con muchas partes podían fluir, entrecruzarse, eclosionar. Quería que el tiempo formara ondas igual que hace la selva tropical, millones de partes musicales reuniéndose como el zumbido de los insectos o el vaivén de las hojas. Y, mediante el uso de nuevas tecnologías, quería preservar las tradiciones precoloniales que escuchaba en las partes más remotas de Asia, a través de la translocación de estas hacia las metrópolis modernas. Quería que el pueblo se convirtiera en ciudad; el espacio colapsado, la cabaña y el templo antiguo se transportaron a los aparcamientos de los edificios públicos de los setenta ubicados en el centro de Manila. Quería que el pasado se convirtiera en presente. Fuera de lo viejo, fuera de lo orgánico. Quería hacer una nueva música que le valiese a Asia entera.

• • •

No hay registros escritos de música específicamente filipina que daten de la época anterior a la llegada de Fernando de Magallanes, en 1521. El explorador portugués desembarcó en la isla de Cebú tras haber descubierto su codiciado canal navegable hacia el este a través de América del Sur, aunque subestimó en cierto modo la circunferencia del globo terráqueo. A partir de entonces, empezaron a aparecer relatos fragmentarios de la cultura filipina a través de los monjes y comerciantes que viajaban. Desde mediados del siglo XVI hay evidencias de canciones de iniciación y de rituales: rimas infantiles, baladas heroicas, tonadas para nacimientos y muertes, canciones de trabajo al ritmo de la pesca, la cosecha y la siembra. Hay noticias de instrumentos hechos de bronce y de bambú. Cuando los españoles colonizaron el archipiélago en 1565, implantaron su música sacra y su cultura de conciertos, que los músicos filipinos desarrollaron a su manera. Los nuevos estilos locales surgieron de los viejos: versiones distintas de las bandas y los conjuntos de rondalla. Y están las lastimosas *kundiman*, baladas de amor cantadas en tagalo, la lengua oficial de Filipinas.

Los trescientos treinta y tres años de mandato español terminaron dos décadas antes de que naciera José Maceda. Muchos filipinos tomaron partido contra sus imperialistas en la guerra hispano-estadounidense de 1898, porque los norteamericanos parecían prometer liberación. Las cosas no salieron exactamente así de bien. Tras dos meses de nerviosa independencia, las fuerzas estadounidenses se hicieron cargo del archipiélago en vísperas del nuevo siglo, y la resistencia filipina canalizó su rabia de un colonizador al otro. En 1916, el presidente de Estados Unidos, Woodrow Wilson, prometió que habría independencia, pero hasta 1935 ni siquiera se estableció una fecha. En la Segunda Guerra Mundial, los japoneses ocuparon Filipinas durante tres años plagados de matanzas y hambruna, y después los filipinos volvieron a recibir a los estadounidenses como liberadores. Finalmente, Estados Unidos concedió la independencia a Filipinas en 1946, tras casi medio siglo de promesas. Ese mismo año, José Maceda, con apenas treinta años, se trasladó a

Estados Unidos. Y fue allí donde afinaría el oído apuntando hacia su tierra natal y empezaría a escuchar de verdad su propia cultura.

• • •

José Montserrat Maceda nació el 31 de enero de 1917. Su familia venía de la ciudad de Pila, en la provincia de Laguna, al sudeste de Manila, a orillas del lago con forma de trébol. Su abuelo materno, Pablo Montserrat, era organista y director de banda. Su madre, Concepción Montserrat y Salamanca, era pianista. Su padre, Castro Maceda y Norona, era juez. José fue el mayor de cuatro hermanos: Adelfo se hizo abogado; Emilio, empresario; Hernando, sacerdote jesuita. Aquel joven José parecía estar destinado a ser músico desde el principio. A los siete años, entretenía a su familia con el piano, sacando a relucir temas de la ópera de Ponchielli *La Gioconda*.

Para que tuviera la mejor educación musical, su familia lo envió a Manila, donde lo cuidó su tía Aguida. Volvía a Pila solo para las vacaciones: fiestas tradicionales, como las Flores de Mayo, la Pabasa (cuando se cantan poemas épicos al unísono durante la Semana Santa) o el Simbang Gabi (una serie de misas nocturnas que preceden a la Navidad). José absorbió estas ceremonias del catolicismo filipino tan ritualizadas e intensamente cargadas de misterio, pero no interpretó ninguna música tradicional real durante su formación. Las realidades de la vida rural en los pueblos le eran tan ajenas a este crío como lo habrían sido para cualquier niño de clase media que creciera en Madrid, Tokio o Nueva York.

Tenía un claro talento para el piano. Destacó en sus estudios en la Academia de Música de Manila y tras su graduación se

Maceda en París

decidió que tendría que ir a Viena para estudiar con Emil von Sauer, quien en el siglo XIX había sido alumno del virtuoso húngaro Franz Liszt. La Asociación Musical de Filipinas reunió fondos, pero cuando Youra Guller, una pianista francesa que estaba de gira, visitó Manila y escuchó el estilo de Maceda al teclado, percibió en él refinamiento y búsqueda. Le pareció que aquel joven pianista estaba orientado hacia la sutil gradación y fluctuación. Le sugirió que intentara ir a París. Y por eso el Maceda de veinte años terminó en la capital francesa en 1937, inscribiéndose en la École Normale de Musique.

Los años de Maceda en París fueron de formación y duros. Estudió con la señora de nombre resplandeciente Madame Bascourret de Gueraldi y con el eminente pianista Alfred Cortot, que fue un afamado intérprete de Chopin. Ensayaba con diligencia, entregándose a mantener el pedigrí de

Cortot, pero siendo lo bastante curioso como para abrirse camino con la imponente pedagoga Nadia Boulanger. (Y ya que estamos con el tema del pedigrí: Boulanger fue la responsable de educar a una parte eminente de las mentes musicales del siglo XX, entre ellas las de Aaron Copland, Ruth Anderson, Elliott Carter, Grażyna Bacewicz, Quincy Jones, Astor Piazzolla, Beatriz Ferreyra, Burt Bacharach, Per Nørgård, Thea Musgrave; la lista completa es asombrosa). Cuando no estaba al piano o escuchando a escondidas las clases de Boulanger, Maceda deambulaba por las calles, bebiendo de la lengua y la cultura parisinas hasta que formaran parte de él, y él parte de ellas, o eso esperaba. Cinco décadas después, aún se acordaba de cómo sus compañeros estudiantes lo hacían sentir el extranjero. Había una pregunta en particular que le hacían con frecuencia sus compañeros de la pensión: «José, ¿por qué estudias piano?». Más adelante cayó en la cuenta de qué le estaban preguntando realmente: «José, ¿por qué estudias un instrumento que no forma parte de tu cultura?».

Los cuatro años en la École le sirvieron para perfeccionar su técnica pianística y, en su graduación, Maceda obtuvo su *Diplôme de virtuosité* con distinción. En 1941, un año después de la ocupación alemana de Francia, volvió a casa, atravesando una Europa en guerra, luego cruzando el canal de Panamá y Estados Unidos, donde lo identificaron erróneamente como japonés mientras estaba de paso en el continente. Cuando por fin llegó a Filipinas, dio un recital de bienvenida en el Teatro Metropolitano de Manila. Tocó Chopin, Debussy, Ravel, Albéniz, Liszt, Busoni; y la sonata *Appassionata* de Beethoven, que se convirtió en habitual de su repertorio durante la década siguiente. A primera vista, fue quizá una elección sorprendente de Maceda, devoto del pianismo francés. Pero la *Appassionata* también tenía sentido. Beethoven empezó a trabajar en la sonata en 1804, en lo que posteriormente se conocería como su «periodo medio», cuando su música arrasaba como un trueno ingobernable. Se estaba quedando sordo y su respuesta a ello fue conectar con lo interior y expresar el tormento. También tenía un nuevo piano para poner sus límites a prueba, un Érard con una (por entonces) gran tesitura de cinco octavas y media. Si iba a expresar los extremos emocionales que sentía, Beethoven necesitaba toda la extensión del instrumento, toda su conmoción y su maravilla sonora. Necesitaba colocar a sus oyentes en el ojo del huracán. Por supuesto, a Maceda le encantó: esa inmersión, esa entrega al capricho de unas fuerzas más orgánicas y envolventes que la sola razón.

• • •

Estados Unidos le concedió la soberanía a Filipinas el 4 de julio de 1946. El hecho de designar como fecha su propio día de independencia fue un último toque de qué, ¿de subyugación? ¿Un deseo de atar corto de última hora? Más adelante, los filipinos rompieron esa cadena y cambiaron su celebración nacional al 12 de junio, día que señala el fin del domino español en 1898.

La estancia personal de Maceda en Estados Unidos no había hecho más que empezar. Una vez terminada la Segunda Guerra Mundial, se trasladó a California con la intención de retomar sus estudios musicales con el pianista E. Robert Schmitz, cuyo linaje se remontaba directamente a Claude Debussy. Virgil Thomson consideraba a Schmitz un músico de músicos, el tipo de pianista que otros pianistas tenían tendencia a admirar; Maceda recordaría más tarde la elegancia con la que su maestro podía dar forma a una frase de una sonata de Mozart, que nunca aparecía en el primer tiempo del compás, sino en la línea que se desarrollaba a partir de entonces. Aunque luego no interpretó mucho a Mozart, Maceda retuvo esa manera de dejarse llevar entre las líneas de los compases, de flotar entre los tiempos fuertes y tejer redes de sonido fuera de los límites del sonido regulado.

Era más o menos la misma época en que su atención empezó a desplazarse hacia fuera del teclado. «Había cada vez más pianistas», dijo más tarde, y durante sus primeros años en Estados Unidos empezó a sentir que hacerse un hueco en el carrusel de solistas que hacían giras podía no ser lo mejor para él. Además, se sintió cada vez más atraído por las obras de compositores que estaban probando otras alternativas. Estaba interesado en los experimentos de Pierre Schaeffer en torno a la reconversión de los ruidos de la vida cotidiana en lo que denominó música concreta (luego pasaría un tiempo en el estudio de Schaeffer en París). Quedó hechizado por el arquitecto y compositor griego Iannis Xenakis y sus incursiones en la acústica sonora. Pero, ante todo, se sintió atraído por el rebelde compositor francés Edgard Varèse, que desbarató la orquesta, abrió de par en par las puertas del auditorio y dejó que entraran los ruidos del mundo. Mientras tanto, Maceda estaba preocupado por un asunto fundamental. Schmitz, Mozart, Schaeffer, Varèse, orquestas, auditorios... «¿Qué tiene que ver todo esto —reflexionó Maceda— con los cocos y el arroz?».

No se refería a que los horizontes artísticos de Asia tuvieran que limitarse a lo que crece en el suelo asiático. Se refería a: ¿cómo la música clásica, con sus ideologías sembradas en Europa, podía articular la experiencia vivida de los seres humanos de todo el mundo? Para Maceda, la respuesta vendría de la mano de averiguar cómo se pueden utilizar las herramientas de la música clásica moderna para honrar y reutilizar las tradiciones de su propia cultura. Empezó por la antropología. Se matriculó en unos recién estrenados cursos de etnomusicología en Chicago, Nueva York y Los Ángeles, en los que desmenuzó por primera vez sus propias raíces como fuente de riqueza musical. Cuando volvió a casa para ocupar un puesto en la Universidad de Filipinas, volcó sus energías en investigar la música de antes, la música que había sobrevivido a tres siglos de colonización española y a cincuenta años (y contando) de arrogancia estadounidense. Los sonidos estaban desapareciendo rápidamente, las tradiciones locales se extinguían en todo el archipiélago. Junto con varios equipos de investigadores, Maceda se dispuso a grabar todo lo que físicamente pudiera.

En la década de 1950 viajó mucho para hacer trabajos de campo. «Portabilidad significaba una Uher de diez kilos [un dispositivo de grabación de bobina abierta] y una máquina de escribir Remington de diez kilos», anota el investigador especialista en Maceda y comisario Dayang Yraola. «Literalmente, atravesó montañas y ríos, cargando con unas gigantescas grabadoras de cintas, para recopilar tradiciones musicales étnicas». Maceda viajó por todo el país, por el Sudeste Asiático y más allá, grabando flautas, arpas de boca, diversos instrumentos de bambú, bailarines, gongs, canciones. Cruzó Tailandia, Malasia, Birmania, India, Indonesia, Japón y China. Ghana, Uganda, Nigeria. Gracias a una beca del Centro Rockefeller, estuvo un año (1968) estudiando la música de las ceremonias candomblé en Brasil, en la provincia de Bahía; fue profesor invitado en Salvador, donde Walter Smetak estaba ocupado confeccionando instrumentos que reunieran la energía de las calles y las estrellas. Ambos se encontraban a diario, y cuando Maceda volvió a Filipinas dejó una importante influencia en una generación de compositores de Salvador y un conjunto de gongs que a día de hoy siguen estando en la universidad.

Más tarde, Maceda tendría un momento de epifanía en 1952, cuando, al escuchar a un intérprete de *kinaban* (arpa de boca) especialmente conmovedor en la isla filipina de Mindoro, experimentó de forma tangible el cambio de su propio centro de gravedad musical; como él lo describió, de Occidente a Oriente. En febrero de 1957, dio su último recital oficial de piano. El programa incluía buena parte de la música que había dado forma a su primera etapa musical: Mozart y Prokófiev junto con su núcleo pianístico francés de Chopin, Debussy, Ravel. Después de eso, se sentó al piano únicamente por placer. Según el doctor LaVerne C. de la Peña, decano de la facultad de Música de la Universidad de Filipinas y director del UP Center for Ethnomusicology: «Al pasar por su casa, a menudo se escuchaba a alguien tocando jazz».

Había otro miembro en la residencia Maceda que tocaba el piano. En San Francisco, a finales de los años cuarenta, Maceda conoció y se enamoró de una talentosa y aventurera pianista francocanadiense, de nombre Madelyn Clifford. Se casaron en 1954. En la foto de boda, se ve a Clifford con el ramo de novia, el pelo recogido y una sencilla cinta en la frente. Maceda lleva traje y corbata blancos, sus distintivas gafas redondas, las manos bien apretadas en el regazo. Su madre está sentada como un pájaro a su izquierda, con un vestido resplandeciente. Sus tres hermanos están detrás de él, todos de blanco. A la derecha de Clifford está, orgulloso, el padre de Maceda. Clifford dejó su pujante carrera como concertista de piano para apoyar el trabajo de su futuro marido. Se casaron un año después de que muriera Ruth Crawford, pero el mundo se había movido poco con respecto a la «batalla de la carrera contra el amor y los niños» a la que Crawford se había enfrentado hacía dos décadas. Los Maceda pasaron su luna de miel en Maguindánao, provincia del sur de Filipinas, haciendo grabaciones de campo y recogiendo instrumentos musicales para la investigación de José.

En lugar de dar conciertos, Clifford crio a cuatro hijas (Marion, Madeleine, Kate y Eileen) y se hizo profesora de piano para los hijos de los profesores que crecieron en el campus de la Universidad de Filipinas. Y a pesar de toda la apertura social y el igualitarismo de sus estructuras musicales, Maceda nunca dejó de lado sus costumbres domésticas.

—De algún modo, era... Digamos que no era un padre muy implicado con las niñas —me dice De la Peña, subrayando que esto era típico de los padres filipinos de esa generación—. Él estaba centrado en su trabajo. En lugar de pasar el rato con sus hijas en el salón, en cuanto terminaba de cenar se iba directo a su estudio.

Dayang Yraola recuerda que Maceda «no entendía por qué los niños tienen que ser tan ruidosos». Ella misma era una de esas niñas: su madre trabajó con Maceda durante décadas, por lo que pasaba mucho tiempo en su casa. El profesor «nunca tenía ni idea de qué chuches eran las que le gustaban a cada nieto», dice Yraola, riéndose y pensando en voz alta de qué manera un hombre con «una creatividad tan brillante» podía confundirse con algo tan sencillo.

Al final, la mente de Clifford se fue erosionando hasta llegar al alzhéimer. En sus últimos años, se sentaba al piano cada día e intentaba tocar una pieza de memoria. Si se le olvidaba un pasaje, Maceda le decía dulcemente las notas hasta que retomaba el hilo.

• • •

La primera publicación de Maceda como etnomusicólogo lleva el complicado título de *Music of the Bukids of Mindoro; Hanunoo Music of the Philippines; Music - where East and West Meet* («Música de los bukids de Mindoro; Música hanunoo de Filipinas: donde se encuentran Oriente y Occidente»). El musicólogo filipino Ramón Pagayon Santos señala que los puntos de referencia en los primeros escritos académicos de Maceda eran en gran medida occidentales (canto gregoriano, estilo recitativo, centros tonales, armonía de tónica y tríadas dominante), pero que pronto esas referencias cambiaron.

En la década de 1960, Maceda no paraba de pensar en la paridad. Empezó a contratar a músicos de folclore en el departamento de Música de la Universidad de Filipinas, buscando activamente a músicos que tuvieran trabajos de conserje o personal de seguridad, pero cuyo dominio de las técnicas tradicionales fuese insuperable. En 1961 viajó a Tokio, al Encuentro Musical Oriente-Occidente, donde observó con incomodidad cómo los organizadores de la conferencia exhibían la música de Luciano Berio, Bruno Maderna, Luigi Nono —los principales pesos pesados de la nueva música europea— sin presentar ninguna contraparte asiática convincente. Cada vez tenía más claro dónde se ubicaban sus propias lealtades. Reconoció que había sido «moldeado» por Filipinas y la cultura asiática, e «influenciado» por Europa y América; y que ya no le interesaba tratar de imitar a esta segunda.

¿Fue una coincidencia que Maceda escribiera lejos su primera composición propia? La distancia parecía animarlo y hacerle buscar en su interior. *Ugma-Ugma* se interpretó en Los Ángeles en 1963 como parte de la serie de conciertos del lunes por la noche de la Universidad de California (UCLA). El nombre quiere decir «estructuras». En la instrumentación están el *shō* (instrumento de viento japonés), el *kubing* (un arpa de boca filipino), el *gambang* (xilófono) y el *gendèr* (metalófono indonesio), además de varios gongs, cascabeles, campanillas, zumbadores (o *buzzers*), látigo y güiro, así como el cuerno de un búfalo de agua y un coro mixto. En la partitura, los instrumentos están agrupados según los sonidos generales que producen: Maceda quería ruidos agudos de falsete que crearan «una situación intensa» contra un fondo de decadencia «aguda y lenta», con extremos de «tañidos casi inaudibles y ruidos muy desordenados» que se contraponen. La mayoría de oyentes de Los Ángeles ni se inmutaron ante el resultado, una reacción a la que luego Maceda hizo caso omiso.

—Afrontémoslo —le dijo al compositor Chris Brown en 1992, cuando este se presentó en su casa de Manila y encendió un dispositivo de grabación para registrar una larga tarde de conversación—. Los Ángeles era conservador. Un crítico desestimó la pieza en un par de palabras. Simplemente no la entendió.

Pero el factor sorpresa de su música tenía que superarse también en casa. La mayoría de los filipinos urbanos no sabían apenas nada sobre su propia música tradicional. El plan de Maceda era empezar un intercambio en ambos sentidos. Por un lado, quería introducir el folclore de la ciudad en el espíritu de los rituales de los pueblos y, por otro, quería conceder a la gente de los pueblos un lugar en la identidad filipina moderna. Por encima de todo, buscaba un *ethos* musical contemporáneo y un contexto filosófico más amplio, que no se basara por entero en la perspectiva del mundo occidental. Escribió: «Cuando se buscan nuevos horizontes musicales, la incursión en el pasado puede llevar a un descubrimiento de otros pensamientos y percepciones. Es decir, a otro humanismo que no se extraiga solo de la técnica y la tecnología».

En 1968, Maceda escribió una misa llamada *Pagsamba* («Oración»). Cien voces cantan alto y bajo. Cien instrumentos aportan un trasfondo, una red de flautas, látigos, *zumbadores*, raspadores y baquetas. Dieciséis gongs graves envuelven el sonido con una suave resonancia. El texto es una traducción tagala de la liturgia católica, pero Maceda a menudo estira las vocales para que se conviertan en sonidos abstractos. Sombrías y eufóricas, las voces recitan, suspiran, murmuran y ululan. Se mueven como el vaivén de las olas. Maceda especificó que cualquier interpretación de *Pagsamba* debe ser en un espacio redondo —la escribió para la capilla de la Universidad de Filipinas, que tiene una amplia estructura circular—, así que en cierto modo integró la arquitectura en la partitura. Dio instrucciones a los intérpretes para que se entremezclaran en el público. Todo el mundo debe estar de cara al centro del círculo. Igual que en *Ugnayan*, aquí no hay espectadores, ni siquiera lo es el edificio.

Maceda se crio como católico y lo siguió siendo toda su vida. *Pagsamba* es una música profundamente sagrada, pero también bebe de una espiritualidad aconfesional que tiene que ver que con la oración, el trance, casi con el animismo en lo que se refiere al respeto hacia las poderosas fuerzas de la naturaleza. En Filipinas había tensiones étnicas mientras él escribía. En 1968 ocurrió la masacre de Jabidah, en la que los soldados moro, musulmanes, fueron asesinados por miembros de las fuerzas armadas filipinas, lo que dio inicio al Movimiento Musulmán de Independencia y el subsiguiente Frente Moro de Liberación Nacional (MNLF). Imelda Marcos viajaría luego a Trípoli para rogar al líder libio Muamar el Gadafi que dejara de financiar al MNLF a través de Malasia. Los países firmaron un inestable acuerdo de paz que proclamó la autonomía en las regiones del sur de Filipinas. Durante todo ese tiempo, Maceda continuó sus viajes panasiáticos para hacer trabajo de campo, ignorando resueltamente los límites contemporáneos étnicos, religiosos, lingüísticos y políticos, a los que él concedía poca importancia con respecto a las antiguas tradiciones musicales transfronterizas que estaba grabando. Se dio cuenta de que los músicos del gong *kulitang* en la parte musulmana de Mindanao tenían una técnica especialmente buena, así que los grabó con asiduidad.

—Realmente no tenemos algo así como una música «musulmana» —me dice De la Peña—. Es simplemente música que por casualidad la toca gente que es musulmana. La música estaba ahí desde antes.

• • •

Maceda pensó mucho en el tiempo. En una ocasión se fijó, durante un vuelo de Nueva Zelanda a Filipinas, en que aquella grabación en particular de la *Berceuse* de Chopin que sonaba por la megafonía «era tan rígida... ¡que quería saltar del avión!». Tenía claro lo que el tiempo musical no podía ser: rígido, como aquel Chopin del avión. Y tenía un presentimiento de lo que podría abrir al adoptar una aproximación al tiempo que fuese más flexible.

En un artículo de 1975 para la Tercera Conferencia y Festival de la Liga de Compositores Asiáticos, que tuvo lugar en Manila, expuso su propuesta para un sentido reimaginado del tiempo musical asiático. Explicó que este tiempo no se mediría por el reloj, ni por las barras de compás, ni por el número de compás, sino por acontecimientos naturales, como la migración de los pájaros y la floración de las plantas. En consecuencia, su propia música juega con el tiempo controlado. Se mueve a un ritmo que se niega a ser regular o errático; de alguna manera, es ambas cosas y más, un equilibrio que se arremolina, una fluidez que da la impresión de ser totalmente libre y orgánica. Y digo que da la impresión porque, en realidad, su flujo, que parece elemental, está construido meticulosamente.

Maceda pensó mucho en los pedales. Por «pedal» no se refería a una nota monótona repetida o un solo sonido largo. Sus pedales son más fulgurantes que estáticos, hechos de cientos o miles de partes individuales enredadas, y el efecto general es el de un continuo cambiante. La constante tornasolada que él quería conseguir se podría visualizar como un banco de peces.

Maceda pensó mucho en los opuestos y en cómo le parecía que eran una obsesión occidental. En un ensayo llamado *A Concept of Time in a Music of Southeast Asia* («Un concepto del tiempo en una música del Sudeste Asiático»), hace una referencia a Jacques Derrida sobre el tema:

> El bien frente al mal, el ser frente a la nada, la presencia frente a la ausencia, la verdad frente al error, la identidad frente a la diferencia, la mente frente a la materia, el hombre frente a la mujer, el alma frente al cuerpo, la vida frente a la muerte, la naturaleza

> frente a la cultura, y las entidades iguales. El segundo término de cada par se considera negativo, corrupto, una versión indeseable del primero. Es decir, los dos términos no simplemente se oponen en sus significados, sino que están organizados en un orden jerárquico que da prioridad al primer término.

Añade a esa lista: la tónica frente a la dominante, el eje sobre el que pivota la armonía tonal. (Por ejemplo, en la tonalidad de do mayor: do es la tónica y sol es la dominante). Maceda creía que la música tonal occidental está dominada por una obsesión por el cierre; y aunque tal obsesión puede resultar cómoda y parece resolver sencillamente los problemas, la consideraba una «visión estrecha» que «puede perder el contacto con otras perspectivas, sobre todo con una concepción más amplia del espacio, del infinito, un constructo metafísico del universo». Se lamentaba de que «hay menos espacio para cualidades como la paciencia, la pena, la duda y la humildad, y otros atributos espirituales desdeñados por la rectitud de la lógica y la precisión». Maceda, al igual que Nan Shepherd, buscó descolocarse.

Él conocía de sobra los muchos movimientos que simultáneamente estaban intentando romper con el dualismo posaristotélico que había estado en el centro de la música clásica occidental durante siglos. Entre estos movimientos se encontraban, entre otros, el atonalismo, el serialismo integral, la música concreta, la música aleatoria, el jazz modal, la improvisación libre y el minimalismo. Pero su modo particular de forzar la supremacía de la tónica y la dominante era construir una alternativa basada en fundamentos asiáticos. Fomentó el igualitarismo de las cinco notas de la escala pentatónica (solo las teclas negras del piano), lo que según él daba la misma importancia a todas las notas. También estaba cada vez más interesado en la participación masiva como manera de evitar la jerarquía en la interpretación. Empezó a escribir obras en las que cada voz y cada miembro contribuía al conjunto.

En 1971, Maceda creó una pieza para cien cintas de casete. Cien intérpretes con cien radiocasetes entraron en el vestíbulo del Centro Cultural de Filipinas. Llamó a la pieza *Cassettes 100* y las cintas reproducían grabaciones de instrumentos indígenas y sonidos naturales, formando un alegre cúmulo de material de campo y música concreta.

—Las grabaciones son mi diccionario —explicó él mismo—. Son un receptáculo de ideas a las que puedo recurrir en cualquier momento.

Cuando los participantes movían los cuerpos en unos gestos lentos y coreografiados, enarbolando los radiocasetes con los brazos extendidos, los sonidos se arremolinaban en consonancia a los movimientos. *Cassettes 100* fue la primera vez que Maceda llevó el pueblo al corazón de la ciudad, y la primera vez que se enfrentó a un *happening* a gran escala. Tres años después, repetiría la actuación en *Ugnayan*, esta vez implicando a millones de personas.

• • •

Ugnayan empieza con cuarenta *kolitongs* (cítaras), todas tocando pequeñas melodías, todas con afinaciones ligeramente distanciadas. Los percusionistas tamborilean las cuerdas como la lluvia en un techo de chapa, como insectos que revolotean contra las bombillas. No hay pulso mesurable, ningún ritmo regular. Luego entran los frenéticos *balingbings* (zumbadores de bambú estridentes) y los bajos y dóciles *bungbungs* (flautas de bambú que suenan como herbívoros que se mueven con lentitud). La lluvia se intensifica y luego se suaviza; los *bangibangs* (unas barras de madera con forma de yugo que se golpean con palos) se unen a la fiesta, cada a uno a su propio ritmo. Se añaden capas de *bungbungs*; los *kolitongs* se elevan en frenesí y luego se quedan fijos en tonos únicos. Se introduce una nueva voz: los *ongiyong* producen un silbido corto, agudo, chillón. A continuación tiene lugar una danza exquisita, que da vueltas entre los zumbadores, los gongs y los platillos chinos. Y luego —tras treinta y siete minutos de este ritual acumulado de percusión— ¡voces humanas!, que surgen de todas las direcciones, entonando una única sílaba: «¡YAA!». Al principio, todas a la misma altura, luego se van separando muy lentamente y hay una sensación narcótica de estar en medio de un conjuro, de que la música se está volviendo un torbellino multidimensional. Los vocalistas murmuran y luego abren la boca, aturdidos, extasiados, elásticos. Los platillos y los gongs suenan, y los *kolingtongs* centellean para luego desvanecerse en la respiración. Las flautas *ongiyong* tienen la última palabra y luego acaba todo, el chaparrón desaparece de forma tan repentina como empezó.

• • •

Las primeras décadas de la independencia fueron complicadas para Filipinas. Como resultado del aumento de la delincuencia y el malestar regional, un intento fallido de asesinato de una figura clave del poder (posiblemente planeado por el propio gobierno) y la probabilidad de un levantamiento comunista apoyado por China, el presidente Ferdinand Marcos aplicó la ley marcial el 21 de septiembre de 1972. Redujo las libertades

Primera página de la partitura de José Maceda *Uganayam*

de prensa, la oposición política y los poderes del Congreso. Los detractores fueron enviados al exilio o directamente asesinados; la pobreza se disparó y se pisoteaban los derechos humanos mientras Marcos y su mujer robaban miles de millones de dinero público para coleccionar lingotes de oro y, lo que es aún más infame, un montón de zapatos.

Además del calzado de diseño, a Imelda Marcos le gustaban los proyectos culturales y de infraestructuras fastuosos. Disfrutó de la arquitectura excesiva e incondicionalmente brutalista, como el serpenteante puente de San Juanico (un regalo de cumpleaños de Ferdinand en 1973) y el impresionante y austero búnker en forma de pirámide del Centro Nacional de las Artes. Estos y otros proyectos le granjearon una turbia mala fama por sufrir «complejo de edificios», pero no solo se dio el capricho de los edificios. La gran escala del *Ugnayan* de Maceda fue posible solo gracias al apoyo personal de la primera dama.

—Me utilizaron —dijo Maceda—. Cambiaron la palabra: *ugnayan* significa «trabajar juntos».

Inicialmente, Maceda tenía en mente otro nombre. En origen, quería llamarlo *Atmospheres*; para él, lo emocionante de lo gigantesco tenía que ver principalmente con los sonidos multitexturales acumulados, que eran posibles gracias al gran número de participantes. Pero tuvo que admitir que «había un aspecto político en ello. Lo acepté solo para poder llevar a cabo el proyecto. Una carta de la señora Marcos a todas las emisoras de radio y listo, conseguí lo que quería. Al menos en teoría». En el periodo previo al estreno, aparecieron anuncios promocionales en periódicos y panfletos que alineaban explícitamente la obra de Maceda con la agenda del régimen. Este es uno de ellos:

> En tanto que ideología creativa para la unidad y la comunidad [...] *Ugnayan* puede funcionar en grupos grandes o pequeños [...] reunidos o vinculados para fines positivos. Sería difícil para esta nación desarrollar al completo sus potenciales, experimentar

> su anhelada revolución democrática [...] en la generación de una sociedad orientada a la reforma y al desarrollo compasivo, a menos que su pueblo sea uno en cuerpo y alma.

El régimen de Marcos pretendía fomentar la imagen de armonía colectiva y presentar la élite cultural de Manila como una fuerza civilizadora central en su próspera nueva sociedad.

—Al régimen le interesaba tener cerca a alguien como Maceda —dice De la Peña—. Alguien que fuese respetado internacionalmente y que fuera más o menos cercano a su agenda —añade el decano, que en 1974 era todavía un niño, pero que recuerda el bombo publicitario y el ruido literal en torno al acontecimiento—. La ley marcial era un poco como el confinamiento actual —me explica durante la pandemia del coronavirus—, pero peor aún. Nochevieja en Manila es normalmente muy ruidosa. La de 1972 a 1973 fue por primera vez silenciosa a causa de la ley marcial. Luego, al año siguiente, era solo la segunda vez que pasábamos el día de Año Nuevo bajo la ley marcial. Y representaron la pieza. Estaba hecha para que la viésemos como la nueva forma de celebración. Algo así como decir: ¡quién necesita fuegos artificiales cuando tenemos *Ugnayan*!

¿Cómo debemos entender ahora el simbolismo de *Ugnayan*? Como experiencia musical, con toda certeza la diseñaron para incitar a la atención colectiva, la colaboración y el zen. El año del estreno, 1974, Maceda explicó lo que él consideraba matices ideológicos positivos, al escribir que «la idea de que solo los grandes grupos de personas pueden reunir sonidos en una gran área es similar a la cooperación necesaria para que un gran número de personas logre un determinado propósito». En su historia de la música de ruido filipina, el músico Cedrik Fermont sugiere que la confabulación política de Maceda mancilla el espíritu de *Ugnayan*. Para él, a pesar de que Maceda defiende que va más allá del nacionalismo, el «énfasis del compositor en la identidad y la historia del pueblo filipino parecía bastante alineado con los valores nacionales del presidente».

Dayang Yraola es más ambigua, y explica que estos son todavía temas complicados entre los académicos y los músicos de Filipinas.

—El régimen de Marcos, como sabes, constituye una historia turbia en sí misma —me explica, y continúa para hacerme un resumen de lo que pasa cuando una historia política se simplifica demasiado y se adora a un artista nacional incondicionalmente—. La gente lleva mucho tiempo evitando esto. En la actualidad, cuando muchos ciudadanos están en contra de todo el legado de Marcos (con independencia de su efecto real en la nación), ¿cómo se podría reconciliar que se asociase a él un talento excepcional, como el de Maceda, que se considera ahora un orgullo de la nación? Enemigo de la nación + talento = orgullo de la nación —explica, y concluye—: En realidad, no es una ecuación viable.

• • •

La escala de *Ugnayan* no podía igualarse y nunca se igualaría, pero Maceda siguió persiguiendo esas nubes de sonido cambiantes. En 1975, un año después del estreno de *Ugnayan*, presentó otra pieza ritual basada en un pedal, para un número ilimitado de participantes. De mentalidad rotundamente abierta, la partitura de *Udlot-Udlot* («Vacilaciones») especifica sus fuerzas: para 6, 60, 600 o más intérpretes. En la primera interpretación participaron 800 estudiantes de instituto, que fueron congregados en el aparcamiento de la Universidad de Filipinas. Cuando se puso el sol en la bahía de Manila, los estudiantes cantaron y tocaron los instrumentos que ellos mismos habían hecho a mano. El musicólogo Arsenio Nicolas recuerda la atmósfera del estreno como evocadora de «rituales en pueblos donde la gente se reunía en la plaza central, en espacios megalíticos, en campos de arroz, en manantiales de agua y árboles sagrados, en templos rurales o en cruces de caminos, en santuarios de montaña, en tumbas y monumentos ancestrales, donde los poderosos espíritus residen y presiden los asuntos de los humanos».

Nicolas describe también una interpretación de *Udlot-Udlot* en 1976 que tuvo lugar en su propia ciudad natal, Calaug, en la provincia de Quezón, a unos 300 kilómetros al sudeste de Manila, en la isla de Luzón. «La plaza de la ciudad estaba cerrada al tráfico para crear una atmósfera zen, de serenidad y contemplación —anota Nicolas—. A la hora indicada de la tarde, unas 30 secciones de los cuatro años del instituto se dispersaron por los límites más lejanos de la propia ciudad y, desde allí, caminaron hasta la plaza tocando el ritmo base con sus instrumentos». Me parece una imagen que infunde un ánimo tremendo, el tráfico interrumpido para dejar hueco a la «atmósfera zen» de los estudiantes rítmicamente mezclados. Más tarde ese mismo día, los organizadores de la *performance* fueron a casa de Nicolas a tomar algo, y allí su madre cantó unas *kundiman* (canciones de amor), que Maceda acompañó al piano.

Tal vez por su mutabilidad, tal vez porque no requiere ningún dispositivo técnico especial o infraestructuras a escala de una ciudad, *Udlot-Udlot* es la pieza de Maceda que se representa más a menudo. Puede funcionar con casi cualquier número de intérpretes en casi cualquier espacio. Se ha interpretado en Bonn, en templos budistas de Tokio, en Yakarta, en Kuala Lumpur, en Hong Kong, en Berlín. En el 2000, el compositor Chris Brown invitó a Maceda al Mills College, foco californiano de composiciones intrépidas, y representaron juntos *Udlot-Udlot* en los jardines de Yerba Buena, en San Francisco. Un equipo de rodaje filipino estaba presente en el evento, así que tenemos material de archivo de aquel día dorado a mediados de octubre. Los participantes estadounidenses llevaban manga corta y Maceda, que dirigía la ceremonia, vestía un jersey blanco de lana.

—¡Miradme! —le grita a la multitud—. Porque ¡hay una manera determinada de caminar! —añade, extendiendo los brazos—. Es un ritual. ¡Tenéis que presumir! —continúa, con un par de palos en las manos—. Son dos palos buenos y hermosos. ¡Que se vea!

Para Chris Brown, el momento más memorable de ese día fue al final de la actuación. A un lado de los jardines de Yerba Buena hay una iglesia católica. «Acababa de terminar una misa», recuerda Brown.

> Ese barrio había estado siempre habitado por filipinos. Al salir de la iglesia, estaban caminando por el parque y se toparon con esta *performance* de música tradicional filipina, y un anciano filipino de pelo blanco dirigiéndola, moviendo los brazos. Fue precioso. Los saludó, hablaron. Así conectó con la comunidad filipina estadounidense.

Al final de la representación, Maceda cogió el micrófono.

—Gracias a todo el mundo —dijo con una sonrisa—. ¿Habéis visto lo fácil que es hacer música? Un significado muy serio con una música muy sencilla. No tenéis que estudiar piano durante cien años, ni violín ni canto. Solo hay que tocar. ¿A que es divertido?

• • •

En retrospectiva, Imelda Marcos podría haberse preguntado si ordenar a la gente que saliera a la calle y fomentar el entusiasmo creativo por medio de la radio era una estrategia potencialmente peligrosa. Solo una década después del estreno de *Ugnayan*, los medios de comunicación de masas se volvieron contra ella, los ciudadanos de Manila se movilizaron para actuar de manera colectiva gracias a las emisiones sin tapujos de Radio Veritas. Los manifestantes tomaron las calles vestidos de amarillo en una revolución que, en solo cuatro días, acabó con dos décadas del régimen de Marcos.

Radio Veritas había estado emitiendo información revolucionaria para las facciones anti-Marcos de toda la nación. En la madrugada del domingo 23 de febrero de 1986, las tropas del gobierno echaron abajo el transmisor de la emisora central, y entonces los técnicos se pasaron a un transmisor más pequeño para seguir emitiendo todo lo que pudieran. Cientos de miles de manifestantes pusieron fin a dos décadas de corrupción y violaciones de derechos humanos. Ferdinand e Imelda Marcos huyeron a Hawái, lo que permitió que los manifestantes asaltaran su palacio de Malacañán y deambularan por sus amplios pasillos de bañeras a ras de suelo y armarios cavernosos. Sorprendentemente, Imelda Marcos acabaría volviendo a Manila para hacer un museo con su calzado, pronunciando la más inmortal de las frases insensibles: «Fueron a mis armarios en busca de esqueletos, pero, gracias a Dios, lo único que encontraron fue zapatos, zapatos preciosos».

Para Maceda, las cosas cambiaron tras la era de las inmensas financiaciones culturales de Marcos. La nueva presidenta, Corazón Aquino, tenía claro que quería romper con los proyectos de carácter vanidoso y restablecer la agenda política en favor de la estabilidad económica. No más Palacios del Coco, ni más centros cinematográficos, ni más *happenings* vanguardistas a través de la radio. Los trabajos de Maceda posteriores a la época de Marcos se vieron considerablemente reducidos en tamaño, y cuando le pregunté a Dayang Yraola cuánto de ello tenía más que ver con el cambio de régimen que con una elección estética del compositor, recurrió a la típica diplomacia.

—Eso es una probabilidad —responde—. Es una afirmación que yo también he usado en alguna ocasión, como cuando volvimos a representar *Ugnayan* en 2010 [como parte de un festival de tres días, *Ugnayan 2010*, en el que se representó la pieza en unas proporciones modestas en la plaza de la Universidad de Filipinas]. Mencioné que no podíamos volver a representarla de la forma en que se hizo en los setenta, porque ahora no teníamos a Imelda, así que ¿quién le iba a decir a la Comisión Nacional de Telecomunicaciones que van a poner solamente música de Maceda durante una hora?

Después de que cambiara el régimen, por primera vez en su vida, Maceda empezó a escribir para instrumentos occidentales. Pero no promovió ninguna fusión de Oriente y Occidente con pianos más música pentatónica. Su objetivo era más profundo. Quería hacer borrón y cuenta nueva. Cuando escribe para violines, flauta y pianos, los instrumentos no se comportan realmente como lo harían de forma convencional. El musicólogo Ramón Pagayon Santos utiliza un lenguaje cargado para enfatizar la cuestión: sugiere que Maceda quería «liberar» a los instrumentos de sus trampas culturales, que «prácticamente estaba invadiendo el ámbito exclusivo del pensamiento musical occidental, y sustituía sus propias sensibilidades, transformadas y metamorfoseadas, con las herramientas y técnicas de la expresión musical occidental». Pienso en Julián Carrillo y en sus 308 430 versiones de las sinfonías de Beethoven. Cuando escribe que Maceda representó un «ataque» a la integridad de estos instrumentos, «sometiéndolos para que actuasen bajo un orden estético ajeno», ¿está Santos apropiándose deliberadamente del vocabulario de la colonización?

Desde luego dio un golpe muy elegante en sus obras posteriores. Por ejemplo, en la hermosa pieza de veinte minutos *Strata*, que escribió en 1987. La partitura es para cinco flautas, cinco guitarras y cinco chelos con diez zumbadores *balingbing* y cinco tamtams; para quien desee comprobar los números, los elementos de Oriente y Occidente están perfectamente equilibrados en el pitido inicial. Y lo que pasa a continuación es un empate total. Nadie gana ni domina. Los *balingbings* hacen la obertura. Las flautas ascienden como brotes verdes en busca de luz. Los violonchelos imitan a estas formando una manada revoltosa, y luego las guitarras. La vegetación crece rápido en la selva tropical. La pieza pasea a un ritmo tranquilo. Se mueve a trompicones. Es una fiesta de polirritmos, una danza estrepitosa de la tierra propulsada por las erupciones subterráneas de los gongs. El ímpetu es hipnótico. Aparece un ostinato de guitarra, un gorjeo de flautas sale a la superficie.

—En la selva tropical hay un tremendo montón de sonidos —me dice Chris Brown, que grabó la pieza para el sello

Tzadik en los noventa—. El sonido está por todas partes. Hay muchísimo ritmo. Y desde luego que ese ritmo no está sujeto al tiempo fuerte del compás.

Tres años más tarde, Maceda escribió una hechizante obra orquestal de media hora llamada *Dissemination*, para veinticinco instrumentos occidentales más *olimongs* (flautas agudas) y gongs. El inicio es tan agudo que es casi inaudible, como si Maceda nos estuviera recordando que hay más cosas en el cielo y en la tierra de las que soñamos en los relatos convencionales de la viabilidad musical. La música revolotea, da vueltas. Construye y reconstruye, densa y multiforme, con el zumbido del pedal en movimiento constante, con los oboes clamando en el medio. Maceda invoca a organismos vivos a través del sonido. La música respira. Se infla.

Una de sus piezas que más me han sorprendido y cautivado es una obra rapsódica, y me atrevo a decir que impresionista, que por fin devolvió a Maceda al instrumento con el que empezó. Hizo falta mucha persuasión solo para que considerara componer para piano. La pianista japonesa Aki Takahashi le pidió una pieza y Maceda rechazó la solicitud alegando que no podía condensar sus abigarrados pedales si usaba un solo instrumento. Finalmente aceptó, pero solo si podía usar varios instrumentos. *Music for Five Pianos* (1993) es una especie de vuelta a casa. Comienza con octavas, como si Maceda estuviera preparando la tierra como escenario. Las octavas se empiezan a rellenar, tono a tono, caprichosas como pájaros que se posan en las teclas, y bailan patrones que tiran, iluminan y se fusionan dando lugar a unos colores exuberantes e inesperados. Maceda convierte su ensemble de cinco pianos en una orquesta gamelán. Una orquesta gagaku de la corte imperial. Un remolino que recorre unas vistas inexploradas para llegar, deslumbrado y de repente, a un lugar evocador.

El compositor y pianista japonés Yuji Takahashi era amigo de Maceda, un compañero explorador de alternativas musicales lúdicas. En el texto de la carátula de una grabación de *Music for Five Pianos* de Maceda, Takahashi escribe:

> Tiempo sin principio sin fin, que despide destellos de color, un espacio abierto inmenso para múltiples eventos que surgen y pasan, una tranquila atmósfera en la que pueden convivir muchos tipos diferentes de árboles, flores, bambú, pájaros, animales y personas.
>
> La música de Maceda es una propuesta y un ejemplo de un cambio profundo en nuestros sentimientos y pensamientos hacia la sociedad y la cultura de este mundo turbulento. A cada uno de nosotros nos da una visión para indagar.

• • •

La grandeza presente en las descomunales representaciones de las piezas de Maceda resulta atractiva, pero lo que las hace brillar de verdad es la humidad de sus obras. El hombre era políglota y un pensador lateral. Dayang Yraola escribe que la práctica creativa de Maceda «era en realidad la de un vagabundo, lo que únicamente quiere decir que sus filosofías y su obra cruzan la línea imaginaria que divide las disciplinas artísticas». Al final del siglo XX, ya anciano, Maceda seguía probando horizontes en los que aún no se había aventurado.

—Ahora —reflexionaba— es el momento de explorar otras lógicas y posibilidades musicales.

Cuando murió en 2004, Maceda fue honrado con los mejores galardones que puede lograr un artista en Filipinas. Un cortejo fúnebre acompañó sus restos mortales del auditorio a la capilla católica, dos de los sitios que habían sido una constante durante toda su vida en la Universidad de Filipinas. Además de la habitual banda procesional, la comitiva iba acompañada de gongs.

Como compositor, Maceda no fue prolífico. Hacia el final de su vida, su obra íntegra tenía solo veintitrés composiciones. (Veinticuatro, si se incluye una llamada *Accordion and Mandolin with Special Orchestra*, que en el momento de escribir este libro aún no se ha estrenado en su totalidad). Su visión tardó un tiempo en percolar. No escribió su primera composición hasta que tuvo casi cincuenta años, y para ese momento ya se había apuntado dos tantos en sus otras carreras: como pianista y como etnomusicólogo. Cuando se interesó por la creación musical, su propuesta era nada menos que una nueva filosofía radical basada en ritmos colectivos de los antiguos rituales rurales. Su música reexamina el sonido, la temporalidad, el espacio, la voluntad individual. Soñaba con una música que se forma y que flota como la neblina. Una música que pudiera liberar el tiempo. Una música que pudiera sobradamente unificar a miles, millones de partes individuales y trasplantar los sonidos más viejos en los dispositivos más nuevos. Una música que pudiera dar un nuevo propósito a las prácticas hiperlocales, convertirlas en un sonido internacional para el futuro. Como admitió una vez a regañadientes el crítico Theodor W. Adorno, la tradición sigue estando presente.

Y si hay un nacionalismo en la música de Maceda, este es de tipo inquisitivo y abstracto, parecido al de Julián Carrillo, o Ruth Crawford, o incluso Walter Smetak y sus bulliciosos camaradas del tropicalismo. Es un nacionalismo que aventura nuevos tipos de identidad, nuevos ámbitos de pensamiento, nuevos sonidos radicales y arraigados que hablan de la vida de donde él vivió. En el siguiente capítulo, vamos a conocer a una compositora que también articuló las verdades más contundentes de su realidad. Pero, mientras que Maceda hizo música a cielo abierto, Galina Ustvólskaya se adentró cada vez más en su interior.

Galina Ustvólskaya (1919-2006)

Poeta sonora de San Petersburgo: realismo sonoro, terror sagrado

Es junio de 2019 y ha pasado un siglo desde el nacimiento de Galina Ustvólskaya. Los edificios de San Petersburgo lucen unos centelleantes tonos amarillos y dorados. Bajo el sol estival brilla la ciudad que Dostoievski calificó de putrefacta y que Pushkin imaginó envuelta en nieblas para la eternidad. Sobre el río Nevá suenan graznidos de gaviotas y, en las calles, muchedumbres de adolescentes ebrios celebran que se gradúan del instituto. He encontrado la dirección del piso donde creció mi abuelo, un apartamento en un bloque imponente y céntrico en la calle Sadovaya, y me quedo mirando la piedra durante unos minutos. Supongo que estoy intentando averiguar cómo me siento.

Mi abuelo, Andréi Viktorovich Ivitski, escapó del San Petersburgo posrevolucionario en 1919, el año en que nació Ustvólskaya en este mismo lugar. A Andréi, las autoridades lo tomaron como rehén con doce años, en un intento de estas por evitar que su padre, un ingeniero ferroviario, desertara al Reino Unido. Andréi sobornó a un guardia, que se quedó con el dinero, pero que de todos modos llamó a la frontera; cuando supo que estaban registrando el tren para localizarlo, se apeó rápidamente, se deslizó a rastras bajo los vagones y cruzó hacia Finlandia. Logró llegar a Inglaterra y finalmente fue enviado a una anodina escuela masculina al sur de Londres.

Lo conocí ya de anciano, con el carácter agriado desde hacía muchos años. Para entonces, se había asentado en los

Países Bajos y de vez en cuando venía a visitarnos a Escocia. No le gustaban mucho los niños. Recuerdo que mis padres me propusieron que le tocara una de las piezas que estaba aprendiendo al piano en aquel momento, a lo que él respondió cerrando la tapa sobre mis dedos.

Quizá haya un motivo por el cual me intrigue tanto la música de Ustvólskaya, una música de una fuerza y una determinación impresionantes, así como de una crueldad deliberada y a menudo inexorable.

Tomo el metro rumbo al sur desde la calle Sadovaya y cinco paradas después salgo en un barrio flanqueado por abedules. Cerca de la estación de metro hay un parque con un estanque, una capilla y una floristería. Compro un ramo de campanillas (tengo entendido que a Ustvólskaya le gustaban las flores silvestres) y paseo durante diez minutos por esta zona limpia, de bloques de viviendas y jardines comunitarios con unos llamativos columpios de plástico. Un barrendero se percata de que estoy buscando un número de la calle y me guía a un patio interior. Aquí es donde vivió la compositora.

. . .

En 1973, Ustvólskaya compuso una obra demoledora y brutal para ocho contrabajos, un piano y una gran caja de madera, que ha de ser golpeada por un percusionista y que en algunos conciertos está hecha para que parezca un ataúd. Se trata de una interpretación del *Dies irae*, el himno en latín para el «día de la ira». Durante diez movimientos implacables, los contrabajistas hurgan en las cuerdas y el pianista acomete las teclas cual carnicero descuartizando una pieza. En cuanto a la caja, Ustvólskaya dio unas instrucciones detalladas para su construcción. No debía tener resonancia, sino un sonido hueco. Detrás de los ojos, debía sonar muerta.

En 1988, dos años después de la explosión en la central nuclear de Chernóbil, Ustvólskaya compuso su sexta y última sonata para piano. En esta ocasión la partitura consta de clústeres, grupos de notas que se lanzan todas a la vez. Para entonces, había hallado nuevas formas de plasmar el terror en su música; le dio instrucciones a su pianista para que tocara el instrumento con los codos y las palmas de las manos. La pianista Maria Cizmic escribió luego cómo se sintió al tocar esta sonata: «Los dedos escuecen al golpear los duros cantos de las teclas. El lateral de la mano se enrojece. La cantidad de repeticiones necesarias para aprender esta obra provoca experiencias dolorosas que se acumulan y persisten durante las horas de ensayo».

El dolor físico no es accidental, así como tampoco lo es el trauma que se va construyendo a lo largo de la interpretación y que perdura mucho tiempo después. Estamos ante una disciplina férrea. Ya sea un exorcismo, una catarsis, una letanía o una meditación lacerante, esta música es una suerte de ritual escrupuloso. Y entre toda la violencia hay un instante de ternura fugaz, irritante. Un amasijo de acordes *pianissimo* que resultan aún más impactantes que todo el ruido.

Ustvólskaya dejó de anotar los compases en 1949. Al igual que Maceda y sus pedales maleables, su música rechaza las fronteras, a no ser que sea ella misma quien fije las normas; cuando lo hacía, las aplicaba con un rigor ineluctable. Esta mujer fue capaz de componer y compuso todo un movimiento intransigente que constaba exclusivamente de negras (su segunda sonata para piano). Los críticos le dedicaron apelativos concisos a lo largo de los años, como «la mujer del martillo» y «la suma sacerdotisa del sadominimalismo». Como ocurre con la mayoría de apodos, glosan algunos matices, pero lo cierto es que casi nada de lo que compuso se presta a una escucha apacible. Y ¿por qué tendría que prestarse?

Descubrí hace poco que una de las compositoras vivas a las que más admiro es también una devota de Ustvólskaya. Rebecca Saunders, compositora británica que lleva mucho tiempo asentada en Berlín, compone una música con un intelecto temible y unas estrictas exigencias. No deja títere con cabeza cuando habla de su obra o detalla el rigor que exige tanto a los intérpretes como al público. (Aunque su música también puede ser tierna, sensorial, jovial, lúdica). Saunders me contó que le encanta Ustvólskaya por su «sinceridad y franqueza absolutas». La música de Ustvólskaya es, según Saunders, «un ejemplo del coraje musical supremo. No tiene ningún filtro. Es precisa, esquelética. No hay nada superfluo. Ella va directa al corazón».

Saunders descubrió a Ustvólskaya con su dueto para violín y piano, compuesto en 1964. Recuerda la escucha del dueto como uno de los momentos de mayor inspiración de su vida.

—Esta música hace una cosa que muy pocos compositores se han atrevido a hacer —me explica—. Hay una honda emotividad que Ustvólskaya no esconde. No hay vergüenza. Y hay una fragilidad profunda.

—¿Fragilidad? No esperaba este término en relación con esa franqueza y atrevimiento suyos.

—¡Pues sí! —me corrige Sanders, asintiendo en solidaridad—. Ese es el meollo del asunto existencial. Es lo que hace también Beckett. La fragilidad es el aspecto brutal de lo que revelan, de aquello a lo que nos enfrentamos.

. . .

Un diminuto ascensor se eleva hasta la sexta planta del bloque de viviendas de San Petersburgo, donde me recibe un caballero de edad avanzada que lleva unas gafas grandes y una camiseta por dentro de un pantalón de terciopelo con estampado de flores. Es Konstantin Bagrenin, el viudo de Ustvólskaya. Parece un poco tímido, o quizá es recelo lo que percibo. Acepta el ramo de campanillas que compré al lado del metro y se mueve por el apartamento haciendo gestos. Apenas hemos intercambiado unas pocas palabras, pero consigue transmitirme muchas cosas acerca de su difunta esposa.

Galina Ustvólskaya nació en lo que entonces era Petrogrado el 17 de junio de 1919, un año y medio después de la Revolución bolchevique. Su padre era abogado y su madre, maestra. Tenía una hermana gemela, Tatyana, que se convertiría en matemática. Una fotografía antigua muestra a las dos hermanas con semblante neutro. Ataviadas con unos vestidos blancos de volantes, lucen unos lazos idénticos en el pelo, que ambas llevan cortísimo. Una de ellas sostiene un conejo de peluche, la otra tiene agarrada una muñeca de aspecto claramente macabro.

Galina no se llevaba bien con su madre. Su padre estaba un poco sordo, por lo que en su casa se hablaba a gritos. Su espacio seguro era bajo el piano. Era una niña solitaria, que a menudo se saltaba las clases para deambular por los pasillos de galerías y museos. Es una soledad pertinaz que se canaliza hacia el arte; me recuerda a cuando Else Marie Pade inventa cuentos de hadas sonoros desde su cama de hospital en Aarus, en la misma época. Los compositores favoritos de Ustvólskaya eran Mahler, Stravinski, Músorgski y sobre todo

Bach. Cuando le preguntaban qué quería ser de mayor, ella respondía que una orquesta.

La ciudad que recibió los nombres de Petrogrado, Leningrado y San Petersburgo fue su hogar toda su vida, salvo por una breve estancia durante la guerra en Tashkent, la capital de Uzbekistán. Tenía nueve años en 1928, cuando Joseph Stalin implementó el primer plan quinquenal, cortando así relaciones con Occidente y estrangulando la vida cultural soviética. La Asociación Rusa de Músicos Proletarios dictaminó que la música para orquesta no resultaba tan útil como el canto colectivo, y en consecuencia comenzó a perseguir a cualquier compositor que considerase «progresista». Ustvólskaya se matriculó en el (por entonces) Conservatorio de Música Rimski-Korsakov en 1937, en San Petersburgo, un año después de que Stalin abandonara una representación de la ópera *Lady*

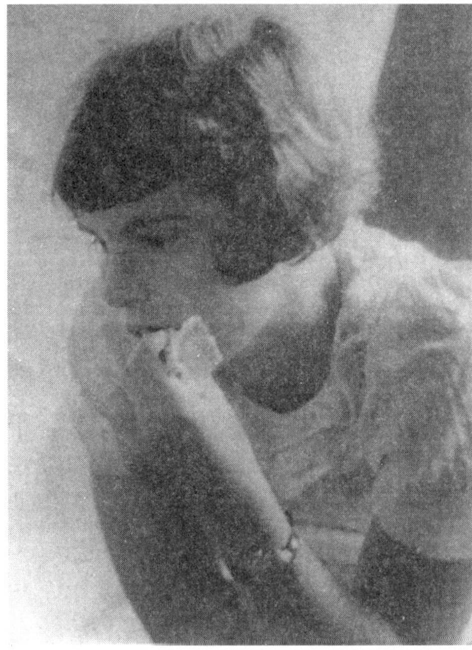

Galina Ustvólskaya

Macbeth del distrito de Mtsensk de Shostakóvich y el diario estatal *Pravda* publicara una crítica feroz de la obra titulada «Caos en vez de música». Era el apogeo de la Gran Purga, desde luego no era el momento ideal para abrirse camino como pensadora radical en Leningrado. Ustvólskaya no fue la única que tuvo que buscar el equilibrio entre reivindicar una voz creativa propia y seguir con vida.

Llegó a la clase de Shostakóvich en el que era el Conservatorio Estatal de Leningrado (el nombre de la institución cambió en repetidas ocasiones) en el año 1939. Él le llevaba trece años y Ustvólskaya se ganó su afecto. Shostakóvich declaró más tarde que estaba «convencido» de que su música «alcanzará la fama mundial, y será apreciada por quienes honran el elemento esencial de la música». Profesó tal admiración por su brillante alumna que le enviaba sus partituras inéditas en busca de sus comentarios. «No eres tú quien ha sido influenciada por mí —le dijo—, sino más bien yo quien he sido influenciado por ti». Posiblemente el mayor cumplido sea que, en su propia obra, él citó la música de ella. Un tema del *Trío para clarinete, violín y piano* (1949) de ella aparece en el *Quinto cuarteto de cuerda* (1952) de Shostakóvich. Y vuelve a aparecer en la canción «Noche» de su *Suite sobre los versos de Michelangelo Buonarroti* (1974), obra compuesta apenas un año antes de su muerte. Durante décadas, su propia voz creativa se transformó en numerosas ocasiones, pero su respeto por el lenguaje musical diáfano de Ustvólskaya se mantuvo firme hasta el final.

Ese trío de Ustvólskaya tiene tres movimientos. La partitura no contiene anotaciones de tempo, pero sí de expresión: *espressivo, dolce, energico*. Comparado con la mayor parte de su obra, esta pieza contiene una sutileza emocional embriagadora. El movimiento central es un lamento susurrado, tan introvertido que termina por tragarse a sí mismo. Lo que resulta arrebatador en los movimientos primero y tercero es la contundencia estilística, la precisión con que está cincelada cada una de las notas, la delicadeza. El paisaje es implacable, pero las líneas instrumentales siguen adelante como pequeñas veredas intrépidas que serpentean entre rocas derrumbadas.

Da la impresión de que Ustvólskaya era intransigente. De que era tan obstinada como Julián Carrillo, incapaz de subordinar su estilo a la hegemonía cultural de su época. Optó, en cambio, por aislarse y abstenerse de que se tocara su música más genuina, en lugar de mancillar su integridad al componer obras «soviéticas» sancionadas por el Estado, como hicieron tanto Shostakóvich como Prokófiev. Por eso borró de su catálogo oficial casi todas sus primeras obras «soviéticas». Y sin embargo existieron, con sus correspondientes títulos enardecedores: *¡Salve, juventud!* (1950), *Amanecer sobre la patria* (1952), *La hazaña del héroe* (1957) y *Luces en la estepa* (1958). Resulta que Ustvólskaya podía realizar composiciones patrióticas con filigrana, y —al menos en algunas de las obras— se granjeó las alabanzas de los críticos por componer música de tan ejemplares ideales.

Mi obra favorita entre las aprobadas por el Estado es su partitura de 1956 para *La chica y el cocodrilo*, una película con moraleja sobre una chica soviética llamada Katia, aficionada a saltar a la comba y que se queda a cargo de una serie de conejos, reptiles y un desafortunado mirlo, todos enjaulados. Después de liberarlos por accidente, se embarca en un periplo por la ciudad para volver a capturar a todos los animales y por el camino aprende lecciones de vida importantes. La banda sonora dc Ustvólskaya es animada y melodiosa, llena de motivos ingeniosos. El cocodrilo tiene un pequeño *staccato* ominoso de fagot, frente a un coro de oboes que deambula.

Un par de años más tarde, en 1959, Ustvólskaya compuso su *Gran dueto para piano y violonchelo*. Aquí no hay lecciones de vida entrañables. El piano se desenvuelve en los límites del teclado. El chelo lo acompaña en su rabia, como una bestia que se precipita hacia el suelo, enseñando los dientes y tensando el cuerpo hasta el extremo. Al final, la bestia se queda sin fuerzas o simplemente claudica: el *Gran dueto* va extinguiéndose, solo permanece el chelo, que interpreta una elegía desquiciantemente tierna. De nuevo, esa fragilidad es lo que parece más brutal de todo. Pero una elegía a modo de conclusión sería algo demasiado trillado. La última palabra la tiene el piano, que aniquila cualquier resquicio de consuelo con tres amargos empellones.

...

Konstantin Bagrenin me enseña un retrato ligeramente desenfocado de la década de 1950. La fotografía se hizo en la época en que Ustvólskaya estaba componiendo su *Primera sinfonía*, una partitura plagada de viñetas amenazantes: tiovivos malditos, noches de sábado angustiosas, relatos de pobreza infantil y la opresión de los obreros estadounidenses. Un par de voces blancas entonan acompañadas de unas ásperas cuerdas y unas inquietantes campanas. La música va encajando como si fuera un puzle con unas piezas toscas y dentadas. Los ritmos son asimétricos y los intervalos, pronunciados. La sinfonía consta de dos movimientos instrumentales que contienen ocho canciones, la última de las cuales lleva el título de «Sol», aunque cualquier atisbo de optimismo pronto se desvanece.

Bagrenin me escribe la fecha de la fotografía y me habla con gestos hasta que lo entiendo: en la fotografía, parece que Ustvólskaya intenta tocar el sol. Me señala las persianas del estudio para decirme que más adelante la compositora las tendría siempre bajadas porque no podía soportar componer a plena luz.

Muchas personas de su entorno se llevaron una sorpresa cuando Ustvólskaya le pidió matrimonio a Konstantin en 1966. Ella tenía cuarenta y siete años y Kostya, su alumno, veinticuatro. Vivieron juntos durante los siguientes cuarenta años. La única fotografía de la pareja que hay a la vista en el apartamento se imprimió y enmarcó en un viaje a Ámsterdam, en una de las contadas ocasiones en que ella salió de San Petersburgo. Ustvólskaya lleva sus características gafas, grandes y cuadradas, y Bagrenin una boina negra. Ambos salen con una gran sonrisa.

El apartamento consta de cuatro estancias: estudio, cocina, dormitorio y cuarto de baño. Está impecable. El dormitorio tiene un papel pintado verde con motivos florales. Los muebles de la cocina son de color mostaza, hay unos tomates puestos a madurar en el alféizar de la ventana e imanes en la nevera. El estudio tiene un piano vertical, un par de estanterías y una vitrina llena de los regalos que le hicieron a Ustvólskaya sus estudiantes. Por lo general, se la describe como una persona solitaria, pero esta vitrina contiene decenas de pruebas —en forma de figuritas de porcelana y madera— de que sus alumnos la adoraban.

Una lámina de Van Gogh adorna la pared y sobre una de las estanterías hay una figurita de Jesucristo. En el pasillo, una fotografía en blanco y negro muestra una iglesia de madera en la remota región de Karelia, al norte de San Petersburgo. No deja de desconcertarme el tipo de relación que tenía Ustvólskaya con la institución religiosa. Más o menos se negaba a hablar en público del asunto, de modo que el alcance de su fe quedó como algo entre ella y Dios. Desde luego, si creía en un ser superior, no parece que este le ofreciera mucho consuelo, y su música espiritual no tiene el estilo luminoso del minimalismo sacro de su homólogo estonio Arvo Pärt.

Algunas de sus obras más tardías sí tienen un carácter explícitamente sacro. Sus tres *Composiciones* (1971-1975) llevan los siguientes epígrafes religiosos: *Dona nobis pacem, Dies irae* y *Benedictus qui venit*. Cuatro de sus sinfonías incluyen textos que ruegan directamente a Dios. Ustvólskaya declaró que componía «en estado de gracia», que en rigor Dios era el único que podía hacerle un encargo. No iba a la iglesia con regularidad y su cosmovisión no parecía impregnada de la absolución cristiana. Le costó mucho distinguir entre religión y espiritualidad; consideraba que esta última era mucho más fundamental: dijo que «la espiritualidad es lo que queda de una persona si echamos el resto a un lado». La suya era una visión grande e inconmensurable del todopoderoso.

El elemento sacro en su música ¿fue también una forma de resistencia? Detestaba el ateísmo estatal, pues dicho Estado oprimió a la Iglesia y promovió en su lugar el proyecto soviético como una nueva religión. El acto de componer música compleja y prohibida ¿no era acaso una suerte de adoración desafiante? Su *Segunda sinfonía* (1979) se desarrolla en una serie de bloques brutos. Está compuesta para la extraña formación de seis flautas, seis oboes y seis trompetas, más trombón, tuba, piano, bombo, tambor y voz. La música va golpeando como un martillo pilón a cámara lenta. Ustvólskaya dijo que traer esta sinfonía al mundo le supuso un gran esfuerzo. El texto, interpretado por un narrador, fue escrito por un monje benedictino del siglo XX llamado Hermannus Contractus, que tenía una discapacidad física de nacimiento y apenas podía hablar. Son unas palabras intrínsecamente cargadas de dolor. Desde la garganta de una persona casi silenciada, el texto ruega a Dios en una serie de repeticiones guturales: *Gospodi*. Las palabras suplican verdad, misericordia y eternidad. En ruso tiene una fuerza demoledora que no podríamos reproducir en otras lenguas. En la partitura está indicado que la letra debe interpretarse «como un grito al vacío». Ustvólskaya, ante las preguntas por su significado, explicaba que se trataba de la voz de una persona muy sola: «No ve ninguna escapatoria, se cae a cada paso que da. Cae una y otra vez, y pide ayuda a Dios». Declaró que en el momento en que compuso la obra, esta voz la representaba a ella.

Vuelvo a pensar de nuevo en mi abuelo y me pregunto de dónde viene toda esta carga espiritual. Recuerdo una vez que estuve en Moscú con unos amigos y que no se lo creían cuando le di poca importancia a la melancolía agridulce de un vals de Chaikovski. «¡No conoces la *toska*!», exclamó entonces una amiga, paralizada. Vladímir Nabokov escribió sobre el concepto de *toska*, cuya traducción aproximada podría ser «estado lúgubre» o «mal del corazón». Nabokov afirmó —y sin duda tiene razón— que

> no existe una palabra en inglés que traslade todos los matices de *toska*. En su sentido más profundo y doloroso, es una sensación de gran angustia espiritual, a menudo sin una causa específica. A un nivel más patológico, es un dolor sordo del alma, un anhelo sin nada que anhelar, una añoranza enferma, un desasosiego difuso, agonía mental, ansia. En algunos

casos podría ser el deseo por algo o por alguien en particular, la nostalgia, un mal de amor. En el nivel más bajo se reduce al hastío, al aburrimiento.

Ustvólskaya no se preocupó por los niveles bajos de nada. Fiódor Dostoievski, también de San Petersburgo, tenía una tendencia similar hacia la desolación más absoluta, una «capacidad para sumergirse en la oscuridad y quedarse largo rato en ella», como apuntó el filósofo Nikolái Berdiáyev en relación con los personajes de Dostoievski. El escritor favorito de Ustvólskaya era Nikolái Gógol, que era tanto especialista del despreocupado absurdo como ferviente creyente en Dios; sus historias se caracterizan por fuerzas aún más funestas. Como señaló la pianista y musicóloga Elena Nalimova, el propio lenguaje de Gógol se construye sobre unas repeticiones y distorsiones tan extremas que hacen que la prosa se vuelva grotesca. La novelista A. S. Byatt lo describe como «fantasmagoría lingüística», Nabokov lo llamó «sintaxis generadora de vida». Es una técnica que también aparece en la metodología musical de Ustvólskaya. En sus últimos años, cuando ya le flaqueaban las fuerzas, le pedía a Konstantin que le leyera pasajes de la novela inconclusa de Gógol, *Almas muertas*, cuyo cuestionable protagonista, Chíchikov, vaga por Rusia comprando cadáveres. En esencia, la historia es macabra, pero hay una conclusión espiritual. Solo con leer sus nombres en voz alta —a través del acto de pronunciar sus identidades—, Chíchikov insufla una vida nueva a estos desgraciados siervos difuntos.

...

En el invierno que siguió a mi viaje estival a Rusia, concerté una cita para conocer al compositor y pianista Frank Denyer en una cafetería de Oxford. Denyer fue el primer pianista que grabó las seis sonatas para piano de Ustvólskaya y es uno de los pocos intérpretes que se ganó una y otra vez la aprobación de ella en cuanto al modo de tocar su música, por lo que sospecho que será clave para desentrañar los secretos esotéricos de la compositora.

—La cosa es —me dice mientras tomamos asiento— que ella era de lo más extremo.

Es una mañana fría y las ventanas de la cafetería tienen los cristales empañados. Denyer hace caso omiso del silencio protocolario que en Oxford acompaña al té con *scones* y procede a recrearme las peculiaridades más vehementes de Ustvólskaya.

—O estaba exultante o montaba en cólera, no había ningún estado intermedio —me dice—. Escribía signos de exclamación triples que traspasaban a la siguiente página. ¡¡¡Así!!! —exclama, dando un golpetazo en la mesa y volcando una jarra de leche.

Denyer descubrió la música de Ustvólskaya por casualidad en los noventa, cuando se alojaba con su amigo el trombonista y compositor James Fulkerson, en Ámsterdam. Una mañana, encontró en el apartamento de Fulkerson una cinta de casete que tenía escrito un nombre desconocido. «Pensé en darle una oportunidad —recuerda—. Era la *Segunda sinfonía*. Casi me explota la cabeza». Fulkerson y Denyer formaban parte de una agrupación musical llamada The Barton Workshop, especializada en tocar la música más remota que cayera en sus manos. Ustvólskaya era el proyecto perfecto, ya que en aquel momento prácticamente nadie había oído hablar de ella fuera de Rusia, y mucho menos había interpretado su música. Consiguieron algunas partituras, las revisaron y se plantearon muchísimas preguntas.

—Lo que intentamos los instrumentalistas cuando nos enfrentamos a algo completamente distinto es buscar maneras de que funcione con los recursos que ya conocemos —explica Denyer, recogiendo la jarra de leche—. Puede que algunos intérpretes traten de hacer que los acordes suenen de una forma que quedaría bien en una pieza de Rajmáninov, mientras procuran convencerse a sí mismos de que *no está tan mal, es lo que pide la música* —continúa. Después llena su taza de té y le da un sorbo—. Todos intentamos comprender el mundo con los conceptos que conocemos, con los que estamos cómodos. Pero con Ustvólskaya [...] nada de eso funciona —concluye Denyer, y yo me acuerdo de *Hoy mismo*, el fiasco con el sonido 13 y los animales supuestamente suicidas, de cómo entramos en pánico cuando lo que conocemos se tambalea.

Denyer envió una carta a San Petersburgo con la esperanza de recibir más indicios. Rebusca en su maletín y extrae un montón de páginas escritas a máquina, que pone encima de la mesa. Son las cartas de respuesta de Ustvólskaya.

> 21 de mayo de 1995
> A Frank Denyer:
> He escuchado el CD con las grabaciones de mi *Cuarta sinfonía*, *Quinta sonata*, *Gran dueto* y *Trío*. Mi agradecimiento a usted y a sus músicos por estas grandes interpretaciones, profundas y con una comprensión total de mis intenciones.

Ustvólskaya siempre quiso que los intérpretes se ciñeran fielmente a su intención, en lugar de arriesgarse a hacer sus propias interpretaciones. Pero acto seguido, la carta aborda el asunto del texto de la carátula:

> Cita mis palabras cuando digo que pido que no se analice mi música, pero usted mismo comienza el texto con un análisis, que por lo demás es muy convencional y burdo. Resulta difícil entender cómo se puede interpretar mi música de una manera tan elevada y al mismo tiempo escribir de una forma tan rutinaria. Ojalá hubiera plasmado sus propias ideas y sensaciones acerca de la música, pero en su lugar ha escrito generalidades, cosas que cualquiera puede ver en la partitura de todos modos.

Y, en lo que técnicamente podríamos llamar «dar una de cal y una de arena», la carta termina con otro comentario positivo:

> Es usted un músico ciertamente notable y que siente mi música muy muy bien.

Denyer suelta una risilla al revivir esa paliza emocional. «Obviamente, ¡me deshice de ese texto de inmediato!».

Se había preparado para esa vehemencia. Los manuscritos de Ustvólskaya contienen esos mismos arrebatos. Los borradores de sus sonatas y sinfonías están repletos de instrucciones furiosas, dirigidas a ella misma y a los músicos, garabateadas con un pulso tembloroso, con círculos de énfasis alrededor de las ideas y signos de exclamación al final. «¿Qué se hace con un pasaje que tiene cinco *fffff* seguido de otro que tiene seis *ffffff*?» Vuelve a hacer una demostración sobre la mesa de café: fuerte (golpea), muy fuerte (GOLPEA), extremadamente fuerte (las tazas se caen de los platos y una camarera viene corriendo desde la otra sala). Denyer niega con la cabeza, riéndose todavía. «Debería haber alguna diferencia, pero ¿cómo? Recuerdo que pensé: o se pasa de rosca, o ella sabe algo del piano que yo no sé. Entonces empecé a ensayar las sonatas. Destrocé mi piano. En esos seis meses se rompieron muchas de las teclas y las cuerdas».

El quinto movimiento de la *Quinta sonata para piano* de Ustvólskaya es el centro de una de sus obras más despiadadas. El pianista tiene que aporrear un acorde de clúster unas 150 veces, con dinámicas de hasta seis *ffffff*. Mientras tanto, un solitario re bemol suena implacable en el ojo del huracán. Denyer recuerda los escombros que se generaron por el hecho de aprender esta sonata: «Mi piano fue al vertedero —dice—. No se pudo salvar nada».

Ustvólskaya nos advirtió de que no había que analizar sus piezas, pero siguen rondando preguntas. ¿Por qué esa destrucción tan obstinada? Parece algo diametralmente opuesto a los delicados procesos que acomete Annea Lockwood en sus *Piano Transplants*, si bien podría parecer que las técnicas de Lockwood consistentes en quemar, hundir y enterrar son ataques más directos al instrumento. ¿Quizá la totalidad visceral de las interpretaciones de Ustvólskaya está emparentada de alguna manera con Walter Smetak y su acústico *ethos* multimedia? Denyer señala el «increíble carácter físico» de sus composiciones, y el hecho de que «no son meros sonidos abstractos. Son actos físicos. A veces, un tipo de grito». ¿De dónde sale este grito? ¿A qué oídos va dirigido?

¿A qué se deben también las combinaciones incongruentes de instrumentos en algunas de sus piezas para conjuntos, combinaciones que no tienen sentido lógico alguno, como tuba y flautín (*Composición n.º 1, «Dona nobis pacem»*), o trompeta, tamtam, piano y contralto (la impresionante *Cuarta sinfonía*)? Tal y como me advirtió Denyer, me doy cuenta de los peligros de intentar descifrar estas partituras con los conceptos que ya conocemos. No sirve de nada tratar de hacer que la música de Ustvólskaya se pliegue a las normas convencionales según las cuales los instrumentos deberían, por ejemplo, integrarse suavemente. Es como si nos dijera: no hay salida de este exilio autoimpuesto, ni siquiera mediante la compañía. Si dos o más instrumentos llegan a encontrarse, suelen acabar en guerra. Suenan como si fueran a asesinarse los unos a los otros, o como si intentaran huir el uno del otro. En su *Dueto para violín y piano* de 1964 —la pieza que hizo que Rebecca Saunders se prendara de Ustvólskaya— los dos músicos se arrojan a las diferentes tesituras con una cierta dejadez nihilista. En la *Tercera sinfonía*, de 1983, los instrumentos comienzan siendo una maraña desagradable y se pasan el resto del tiempo esquivando el enorme agujero negro que crean los timbales.

...

—Tocábamos duetos a cuatro manos en el piso de Shostakóvich —le contó Ustvólskaya a la historiadora Sofia Jentova en 1977—. Una vez me regaló las sinfonías completas de Mahler. —Le describió cómo los dos escuchaban música; obras como la *Sinfonía de los salmos* de Stravinski, que Shostakóvich transcribió para piano a cuatro manos para que pudieran tocarla juntos—. Dmitri Dmítrievich [Shostakóvich] me entregó numerosos manuscritos suyos y a menudo me pedía mi opinión sobre sus obras —continuó en aquella entrevista de 1977—. Nuestra amistad duró casi catorce años, hasta 1962. Pasamos mucho tiempo juntos, paseando, escuchando música.

Posteriormente eliminaría ese cariño del relato de su amistad. Casi dos décadas después del fallecimiento de Shostakóvich, sintió la necesidad de dejar por escrito una versión revisada de los hechos: «Esa figura tan eminente para mí no lo era en absoluto —escribió en el Año Nuevo de 1994—. Al contrario, me supuso un lastre y aniquiló mis mejores sentimientos».

La historia —o, más bien, una de varias historias— cuenta que Shostakóvich le había pedido matrimonio, seguramente en más de una ocasión. En una de las versiones, posiblemente la invitó a su casa en Moscú y la presentó a sus hijos como su futura esposa, aunque no se lo había consultado previamente. En esa versión de los hechos, ella salió llorando del edificio. Unas décadas más tarde, publicó esa declaración mordaz en la que cortaba cualquier lazo afectivo con Shostakóvich, para siempre. No queda claro por qué sintió la necesidad de repudiarlo de manera tan absoluta. Por descontado que lo que realmente ocurrió entre ellos en realidad no es asunto nuestro, salvo que la sombra de su relación sigue pesando sobre la reputación de la compositora.

Un día por la mañana temprano visité un bloque de viviendas en el distrito Jamovniki de Moscú. Acudí por invitación de Andréi Bajmin, un apasionado de Ustvólskaya que ha comprado su archivo personal y está escribiendo su biografía. Resultó que el día que quedamos era mi cumpleaños y aunque Bajmin no tenía forma de saberlo, preparó un desayuno espléndido con tortitas, manzanas asadas y nata. Hablamos durante horas de Ustvólskaya y sus enigmas. Me enseñó su colección de vinilos. Mahler y Schumann, la *Pasión según San Juan* de Bach, las obras para piano de Rajmáninov interpretadas por el propio compositor, los madrigales de Lasso y de Monteverdi. Esa era la música preferida de Ustvólskaya.

Cuando volvía de Rusia, revisé mi bandeja de entrada en el aeropuerto de Moscú y me encontré con un largo mensaje de Bajmin. «En cuanto a su pregunta acerca de por qué rechazó a DD con tanta firmeza», decía, continuando la conversación que mantuvimos durante nuestro desayuno con las manzanas asadas (DD son las iniciales de Dmitri Dmítrievich, es decir, Shostakóvich). En el correo, Bajmin comparte conmigo su teoría personal en una serie de argumentos numerados:

1) No conocemos los detalles de sus relaciones, pero si atendemos a las memorias que escribió Ustvólskaya en sus últimos años, ella estaba dolida con él. Lo conocía muy bien y tenía todo el derecho a tener una opinión personal, incluso a llamarlo cobarde. Hasta Julian Barnes lo llamó cobarde.

2) Ella fue crítica con su música, al menos a partir de finales de la década de 1950. Resulta interesante ver que dos de los alumnos más brillantes de DD —Sviridov y Ustvólskaya— fueron los mayores críticos de su música.

3) Ustvólskaya rechazó las obras de muchos compositores, sobre todo en su última etapa. Al final se quedó solo con Bach. Pero el rechazo fue más fuerte en el caso de DD, tal vez porque tuvieron un trato cercano anteriormente y ahora él estaba en todas partes, recibiendo alabanzas oficiales cuando, en opinión de Ustvólskaya, estaba inmensamente sobrevalorado. Era una cuestión más política que musical.

4) La gota que colmó el vaso, como mencioné, es que a ella siempre se la denominó alumna suya (y se la sigue considerando como tal). Para ella era humillante. En sus memorias contó que DD salía de clase para fumar mientras ella estaba tocando, y que no sabía cuándo debía parar de tocar. Cuando volvía a entrar le decía: «Muy bien, hasta la próxima clase». ¿De verdad le enseñó? No tenemos forma de saber en qué medida.

Bajmin concluye que Ustvólskaya «tuvo que ser dura» para que se le prestara atención. «Desde entonces algunos de sus colegas la consideran una traidora, mientras que DD era y sigue siendo como un santo para todos ellos [...]. ¿Sabes que tenía amigos en la Checa?». En la siguiente línea del mensaje, me copia un enlace a la página de Wikipedia sobre la policía secreta soviética. Bajmin concluye: «Pero ya está bien. ¡No tendría que criticarlo tanto! Fue un maestro y eran tiempos duros». He aprendido a reconocer este fatalismo incisivo en mis amigos moscovitas. Me han ido enseñando el ingenio y la sorna que se necesitan para permanecer cuerdos en unos regímenes políticos que, sin esas herramientas, los llevarían a sumergirse en lugares inconsolables.

Lo que aún me intriga del asunto Ustvólskaya-Shostakóvich es que no importa la insistencia con que lo repudió ni el énfasis con el que se desmarcó de su amistad al final: parece que ella nunca pudo elegir cómo se interpretaría su relación. Cuando falleció Ustvólskaya en 2006, el periódico *Independent* añadió a su obituario el subtítulo «la conciencia musical de Shostakóvich». El artículo abre con una cita de Shostakóvich y a continuación presenta a Ustvólskaya como estudiante y posible amante de este. Todo eso en la primera frase. ¿Cuál es la capacidad que tiene una compositora para establecer una voz propia? Todavía en esa primera frase, el obituario describe a Ustvólskaya como «una compositora muy celosa de su independencia».

Quizá Ustvólskaya fue consciente de cómo la encasillaban y sencillamente decidió subir la apuesta. No les siguió el juego. Decía que era tímida, pero también era capaz de ser estridente desde el rencor. Hay quien dice que era maliciosa, que su expresión lindaba en la mala educación; su manera de hablar compartía con su música esa brusquedad indómita. Daba a los músicos órdenes estrictas, dictando todos y cada uno de sus gestos durante la actuación, incluso si debían llevar el cuello de la camisa abotonado o no. Los intérpretes ignoraban dichas instrucciones por su cuenta y riesgo. Hubo al menos una ocasión en que le hizo a un músico una prueba por teléfono antes de autorizarlo a tocar su música, y podía llegar a ser cruel con cualquiera de sus anteriores adalides si veía signos de deslealtad en ellos. Y muy a menudo eran hombres. Prefería que fueran hombres quienes tocaran su música. De hecho, no le gustaba nada que se la considerara a ella misma como mujer.

Konstantin Bagrenin le contó a la musicóloga Elena Nalimova que para Ustvólskaya todo era o «genial» o *sran* («mierda»). (Consideraba genial *La ronda de noche* de Rembrandt y casi todo Van Gogh; y casi todo lo demás, *sran*). Nalimova apunta que «las personas sanas y optimistas la irritaban, así como otras muestras de "normalidad" por parte de sus estudiantes, como casarse y tener hijos», y describe cómo Ustvólskaya iba a la panadería y hundía un dedo en las hogazas recién salidas del horno por pura malicia. Uno de sus exalumnos, Serguéi Banevich, recuerda una anécdota en la que ella bajó la ventanilla de un taxi y lanzó un helado a un transeúnte al azar.

Puede que su música sea directa, pero sus palabras rara vez lo fueron. Mito, conjetura, mística: todos estos elementos la envuelven tan estrechamente que es difícil vislumbrar a la mujer que fue. La imagen de Ustvólskaya se empaña con desinformación; rechazó la mayoría de las entrevistas, no dejó diarios y destruyó su correspondencia. Repudió a sus antiguos aliados, renegó de sus primeras composiciones y borró secciones enteras de su vida.

¿A qué obedece tanta ofuscación? Una compositora soviética tendría razones de sobra para tener tantos enigmas, pero no encuentro una solución clara a los suyos. Quizá sea ese el sentido, quizá escribir sobre Ustvólskaya sea una experiencia oscura, igual que su música; quizá siempre estuve abocada a perderme en una niebla espesa de conjeturas y medias verdades. Ante todo, ella afirmaba que su música era su única biografía válida, y sin embargo también ahí ponía impedimentos ante cualquier intento de leer entre las líneas de sus pentagramas y extraer significados. Como le recalcó a Frank Denyer, detestaba el análisis. «Más vale no escribir nada sobre mi música —advirtió—, antes que escribir lo mismo una y otra vez en bucle». Tal vez tenía razón, y su música en bruto sea el único testimonio del que podamos fiarnos.

Ustvólskaya no es la primera ni la última compositora en comportarse de manera extravagante. Si hubiera sido un hombre, puede que se le incluyera en la categoría de «artista cascarrabias» o «genio propenso a ciertas excentricidades y canalladas» (recordemos los apodos cariñosos de Smetak: Tak-Tak, el Viejo Brujo, el Alquimista del Sonido). Así las cosas, Ustvólskaya se antoja una figura ajena e inconmensurable. Muchas de las personas que la conocieron se preocuparon por su estado de salud mental. Era formidable, pero también frágil —esa fragilidad que Rebecca Saunders supo reconocer en su música—. Hubo varios testimonios de su inestabilidad, sus nervios volátiles y el cóctel de pastillas que tomó durante décadas para mantener la calma. Según el compositor Valentin Silvestrov, su música es como una persona desnuda en medio de la calle que grita: «¡No me mires!».

Le pregunto a Frank Denyer dónde cree que encaja Ustvólskaya en la historia de la música.

—No encaja —me responde—. Esa es su grandeza. No encaja con nadie más, ni en Rusia ni en el resto del mundo. Era una isla en sí misma, a la par que un *alter ego* para todas las fieras que tenía a su alrededor.

—Al final —le sugiero— quizá fue así como jugó ella sus cartas. Su aislamiento era su mayor fuerza, la pura aberración solitaria fue su manera de aferrarse a la libertad creativa. Dice Alejandro Madrid que los compositores de la periferia gozan de una cierta libertad respecto a la política de las facciones musicales atrincheradas. Su periferia era más autoimpuesta que geográfica.

Denyer asiente en señal de aprobación.

—Ser un Gran Compositor, un Compositor Genial, eso conllevaba sus propias condiciones, sobre todo en la tradición rusa. Tenías que haber compuesto grandes sinfonías y conciertos, tener ascendencia directa con las grandes tradiciones del pasado, con nombres divinos que las representen. Cualquiera que quiera hacer las cosas de otra manera se volvería loco, y luego está Ustvólskaya. Ella vuelca su ira al mundo, compone una sinfonía para cuatro instrumentos.

. . .

Cuando Ustvólskaya necesitaba pensar, paseaba por las calles de San Petersburgo. A veces salía de la ciudad y se dirigía al bosque de abedules de Pavlovsk, a unos treinta kilómetros al sur. Así que una tarde nublada en pleno verano, hago una suerte de peregrinaje. El centro de San Petersburgo sigue repleto de adolescentes escandalosos, que deambulan por la estación de tren comprando cigarrillos y caramelos, luego se amontonan en mi vagón cuando el tren está a punto de salir de la estación. La línea del tren recorre kilómetros y kilómetros entre los bloques de viviendas sociales. Las novelas de Dostoievski oscilan entre las grandezas de la ciudad y sus bajos fondos; hoy, San Petersburgo mantiene sus barrios pobres en los márgenes. Los músicos callejeros suben y bajan del tren en las diferentes paradas, tocando apresuradamente melodías cíngaras en sus acordeones y violines. Una mujer canta una balada triste con tantas estrofas que se alarga durante tres paradas.

Llegamos a Pushkin, lugar de veraneo de los zares, con un palacio y amplias avenidas. Pavlovsk es la siguiente parada, pero decido caminar los últimos cinco kilómetros bajo el sol resplandeciente del estío septentrional. La ruta me lleva rumbo al sur, dejando atrás un lago con playas y bañistas que toman el sol de pie, con un elaborado sistema de espejos, para que el bronceado sea completo. Hay familias, grupos de amigos mayores, culturistas solitarios. Entre una pareja parece que está habiendo una pedida de mano. En las enormes puertas del parque de Pavlovsk hay un puesto de empanadas (de champiñones o de cerezas) y un hombre que alquila bicicletas por 100 rublos. Alquilo una, me lleno la mochila de empanadas y emprendo el camino entre los árboles.

Estos árboles tienen una larga historia como refugio y lugar santo. La familia real rusa pasaba los veranos aquí en el siglo

XVIII; Catalina la Grande solía venir a este bosque de cacería, en busca de jabalíes y ciervos. En el siglo XIX, la primera línea de ferrocarril rusa se instaló en Pavlovsk para que los excursionistas pudieran venir desde San Petersburgo con los vagones tirados a caballo. Hoy, los terrenos del parque están sembrados de réplicas de estatuas griegas. Hay una muy recargada de un centauro junto a un estanque, y un Mercurio de bronce que se perdió durante la Segunda Guerra Mundial, se halló en Austria décadas más tarde y se devolvió a Pavlovsk en 1979. Voy pedaleando por las avenidas del parque mientras unas gaviotas de cabeza negra bajan en picado a un estanque con barcas, y los niños pequeños se abalanzan sobre los árboles para molestar a las ardillas rojas.

Pavlovsk es un lugar al que Ustvólskaya acudía para reflexionar sobre sus demoledoras confesiones y perfeccionar su disciplina monástica. Pienso en lo que me dijo Rebecca Saunders, que la fragilidad es el aspecto brutal de lo que revelaba Ustvólskaya, de aquello a lo que nos enfrentamos. Pienso en la *Sexta sonata para piano*, en toda su violencia y, de repente, los acordes *pianissimo*. Por aquí caminó ella, observando los pájaros y en busca de un lugar para sentarse junto al lago, bajo los abedules. Aquí es donde componía sin papel, en su mente, entre estos arroyos dorados, veredas y lagos. Entre estos abedules resplandecientes.

Ustvólskaya vivió en una de las ciudades más crueles durante algunos de los acontecimientos más crueles del siglo XX y canalizó sus experiencias en el sonido, sin amortiguar el golpe. En ese sentido, su obra nos ofrece la sublimación poética del realismo musical. Con el impacto del *Dies irae* o la embestida de la *Sexta sonata para piano* no solo recibimos un testimonio del miedo y el aislamiento de la vida en la Unión Soviética durante el estalinismo y las décadas posteriores; empezamos a sentir, nosotros también, ese miedo y ese aislamiento; lo sentimos físicamente: se nos tensan los músculos, se nos acelera la respiración y se nos hace un nudo en el estómago. Quizá no difiera tanto de Annea Lockwood y sus técnicas táctiles, después de todo.

Durante más de medio siglo, el mundo de la música ha tratado de descifrar los posicionamientos políticos encriptados en las obras del maestro de Ustvólskaya, Dmitri Shostakóvich, como si sus códigos musicales albergaran algún tipo de verdad fundamental acerca de la vida al otro lado del telón de acero. Mientras tanto, la música de Ustvólskaya lanza un mensaje directo, y deberíamos ser lo bastante valientes para escucharlo. Incansable e ineluctable, herida e hiriente, dictatorial en sus exigencias para intérpretes y público: sí, Ustvólskaya nos deja el equivalente sonoro de unas gafas de realidad aumentada. Deberíamos escuchar su música en tanto que reportaje, en tanto que testimonio. Como declaró uno de sus estudiantes, «los vientos de la política soplaban en torno a Galina, pero ella permaneció firme y fiel a sí misma».

Pero no solo eso. Las partituras de Ustvólskaya son más que una respuesta sin filtros a los extremos de la vida que vivió. Si sus palabras hablan de algo más que de su circunstancia, es posible que se deba a su intensa dimensión espiritual. Tres acordes idénticos abren su *Cuarta sonata para piano*: un estallido que ha de revelar la verdad al desnudo, una penitencia por un pecado terrible, las campanas que repican por una población maltrecha. Revela una visión apocalíptica. Su rigor monástico, su reverencia religiosa, su ira incandescente; escribió con una especie de fervoroso terror sagrado que incomodó a muchos de sus coetáneos en la Unión Soviética, y que sigue incomodando a muchos oyentes progresistas en la actualidad.

Ocho mil kilómetros hacia el sur, otra compositora ardía con una intensa espiritualidad. Ambas llegaron a los extremos de la introspección, pero su música no podría ser más distinta.

Emahoy Tsegué-Mariam Guèbru
(1923)

Un vals para Adís Abeba:
la nobleza de Etiopía al piano

2016. Es domingo por la mañana en Jerusalén y hago una visita al monasterio de Debre Genet lo suficientemente temprano como para encontrarme con la misa que se celebra antes del amanecer. El primer ritual al asistir a este oficio fue quitarme los zapatos, con mucho sueño, para entrar en el edificio. Dentro, el aire estaba cargado con el humo del incienso y la mirra. Todo era calma y sopor. Los sacerdotes ortodoxos que oficiaban la ceremonia no tenían prisa. Charlaron un buen rato, en voz baja y lenta, antes de empezar a cantar. Al principio sus voces eran subterráneas, más un rumor que una canción, luego empezaron a ascender en oleadas de melodías pentatónicas superpuestas, que la congregación seguía en una especie de respuesta grupal elástica. No podía situar dónde caía exactamente el pulso o cómo se movían las frases todas juntas, pero eso es lo que hacían. Más de una hora después salí de la iglesia, perpleja ante el alba que se podía contemplar desde el patio. En un fuego al aire libre había gente preparando un desayuno *fatira* (una masa de hojaldre dulce, rellena de miel y huevos) y tostando granos de café en unos hornillos pequeños, a la manera tradicional etíope.

El cuento más sagrado de Etiopía versa sobre una mujer y un viaje a Jerusalén. En algún momento del siglo x antes de Cristo, la reina de Saba fue desde su Reino de Axum para visitar —¿en un viaje de negocios?— al rey israelita Salomón. Hay distintas versiones de la misma historia en el Corán y en la Biblia, en las leyendas hebreas, coptas y yoruba, pero el relato etíope es con creces el más completo. En él se detalla cómo la reina se quedó en el palacio de Salomón en Jerusalén durante casi un año y rechazó sus incesantes intentos de seducirla. La noche anterior a que regresara a Axum, a Salomón se le ocurrió una treta. Organizó un banquete de despedida con una comida extremadamente salada e hizo a la reina prometerle que, cuando se marchara al día siguiente, no se llevaría nada que perteneciera a su palacio. El rey decretó que, si ella rompía el juramento, estaría obligada a someterse a la voluntad de él. Como no era una ladrona, aceptó enseguida, pero en mitad de la noche, muerta de sed después de tanta sal, la reina fue a por un vaso de agua. El líquido contaba como propiedad. Salomón la obligó a acostarse con él y al día siguiente se fue de Jerusalén embarazada del futuro rey Menelik, primero de una dinastía que gobernaría Etiopía durante los siguientes tres mil años. (Menelik también visitó a su padre en Jerusalén y también se llevó algo cuando se fue: el arca de la alianza, que según se dice continúa aún hoy en Axum).

A pesar de las distintas versiones de la historia, podemos convenir en que los etíopes llevan mucho tiempo en Israel. Pero avancemos hasta 1936, cuando el caudillo fascista italiano Benito Mussolini invadió Adís Abeba con armas químicas y ataques aéreos. El último de los descendientes de Menelik, el emperador Haile Selassie, buscó refugio en Europa. De camino allí hizo una parada en Jerusalén, donde fue recibido como una figura mesiánica en el exilio. Se dirigió al elegante barrio abisinio del siglo XIX, a las afueras de las murallas de la ciudad vieja. Aquí es donde se encuentra actualmente el monasterio Debre Genet, en la calle Etiopía. Aquí es donde, a la hora de la oración, todavía se puede escuchar una de las músicas religiosas más antiguas del mundo.

Los cantos ortodoxos etíopes datan del siglo VI, y en el corazón de estos cantos se encuentra un sistema pentatónico que es la base de casi toda la música etíope, tradicional y moderna. El sistema pentatónico está presente en las anhelantes canciones folclóricas amáricas, y en la animada música de baile. Está presente en el arrebatador ethio-jazz, que surgió en Adís Abeba en los sesenta y setenta. A finales del siglo XX, un productor discográfico francés reeditó una serie de álbumes etíopes clásicos que captaron el oído del mundo entero. Eran recopilaciones de baladas lentas, blueseras, de actuaciones de big bands con unos tempos trepidantes. Las melodías se entretejían entre aquellos contornos pentatónicos, pero la música de una artista en particular nunca llegó a encajar en el resto de la serie. *Éthiopiques Volume 21* siempre me ha parecido que tiene una singular fuerza cautivadora. Se trata de unas piezas para piano majestuosas y ligeras como plumas, cuyas cadencias se deslizan por fuera de cualquier tiempo definible. Los ejes interpretativos giran en torno a una especie de pulso impalpable. El toque es íntimo, refinado, atemporal. La pianista hace piruetas lentas, cae de pie y retoma el vuelo para dar unos saltos mortales delicados, livianos. En la carátula del álbum hay una foto de una monja con una sonrisa enigmática. Se llama Emahoy Tsegué-Mariam Guèbrou y es el motivo por el que fui a visitar el monasterio Debre Genet en la calle Etiopía.

Jerusalén en julio es estresante y muy ruidosa, y está cubierta de polvo. Las estrechas callejuelas de la ciudad vieja están atestadas de motos, grupos de turistas estadounidenses, vendedores y soldados. El sitio es caluroso e intenso, parece una olla a presión, una fortaleza. Fuera de las murallas de la ciudad vieja cambia la temperatura. Los sonidos recalentados se apagan y se sustituyen por el suave repiqueteo de las cocinas, la limpieza, las oraciones, el trino de los pájaros y los cánticos. Para la comunidad ortodoxa etíope, una de las sectas cristianas más antiguas del mundo, los jardines que rodean una iglesia son casi tan sagrados como el edificio en sí.

En este monasterio residen varias decenas de monjes y monjas. Las monjas viven en una hilera de celdas muy modestas a un lado del recinto; en cada habitación cabe poco más que una cama. Después del oficio del domingo por la mañana, me adentro en esas habitaciones. La puerta de una de ellas estaba entreabierta y dentro alcancé a ver unas banderas etíopes y fotos de Haile Selassie. Me asomé y vi que el resto de la minúscula habitación estaba abarrotada de retratos pintados a mano de santos y sacerdotes. Había un equipo de sonido y varias pilas de casetes desperdigadas sobre un piano de pared. Y una cama individual en la que estaba, reclinada sobre almohadones, Emahoy Tsegué-Mariam Guèbru.

• • •

Cuando la conocí, Emahoy tenía noventa y tres años. Iba toda vestida de negro, con un velo que le cubría la cabeza. No se encontraba muy bien. Tenía calor y estaba cansada. Le costaba levantarse de la cama, así que nuestra conversación tuvo lugar de una manera íntima por pura necesidad: me senté en un taburete junto a su cama y me inclinaba para que ella pudiera oírme. A tan corta distancia, me di cuenta de cómo sus ojos parecían estar naturalmente delineados con carboncillo y de que, como por obra de un milagro, su piel no tenía arrugas.

Tras unas cuantas visitas, me armé de valor para preguntarle cuál era su secreto, lo que le provocó una risita.

Mi productor, Peter Meanwell, y yo estábamos haciendo un documental radiofónico para la BBC sobre la vida y la música de Emahoy. Nos habían dicho que era muy golosa, así que le llevamos helado, mermelada de albaricoque y mangos. Los recibió con alegría y los compartió, pero antes de concederme una entrevista propiamente dicha, me sometió a lo que solo puedo interpretar como una serie de evaluaciones de carácter. «¡Tócame algo!», me pidió con un hilo de voz cantarina y un poco mandona, e inclinó la cabeza hacia el piano. En el atril había una partitura escrita a mano: su última composición. Ninguna prueba de lectura a primera vista me había hecho sentir tan intrépida. En esta página en particular, la caligrafía de Emahoy era más insinuante que específica, una ráfaga de notas escritas a lápiz, sin compases ni armonías muy elaboradas. Aparté las cintas de casete de la banqueta del piano, me senté y me apañé con la melodía como pude y con la ayuda de Peter, que me susurraba desde detrás: «Tres bemoles, Kate, ¡tres bemoles!». Desde luego, con mis torpes empeños no conseguí que sonara el lirismo airado y lánguido de Emahoy, pero cuando llegué a tientas al final ella parecía satisfecha con el resultado. Me dijo: «Ahora cántame. Una canción de tu país».

Así es como acabé en un dormitorio estrecho de Jerusalén, cantando con un calor sofocante una canción de Robert Burns sobre un viejo amor y la melancolía. Por alguna razón, «Ae Fond Kiss» fue la primera que me vino a la cabeza. Fuera se escuchaba el alegre parloteo de las mujeres que se preparaban para el almuerzo *injera* y, a lo lejos, el alboroto de Jerusalén. Cuando terminé con la canción, Emahoy soltó un leve suspiro.

Reconoció que, aunque habla ocho idiomas, le resultaba difícil entender esta letra en concreto, así que me ofrecí a hacerle una traducción rápida del dialecto escocés. Los amantes se conocen, se separan, se plantean si la tristeza les valió la pena. En ese momento, me agarró del brazo y se quedó mirándome fijamente, con una mirada atenta que llegaría a identificar a lo largo de nuestras varias visitas.

—No siempre podemos escoger lo que nos brinda la vida —me murmura—. Pero podemos escoger cómo responder.

En la habitación de Emahoy hacían falta bombillas nuevas. Había platos sucios apilados en la esquina. Tenía discos que quería escuchar, pero el reproductor de CD estaba envuelto en celofán; aún no lo había abierto ni probado. Todo parecía bastante alejado del pasado que había tenido esta mujer, nacida en una de las familias más nobles de Etiopía. También parecía inverosímil la combinación entre la dignidad y la libertad de su música, y aquella habitación sin ventilación. Pero sus motivos tendrá para estar aquí después de una vida en la que ha pasado del glamur de la realeza al exilio político, y de ahí a una década de reclusión con los pies descalzos.

• • •

Su nombre de nacimiento es Yewubdar Guèbru —Emahoy Tsegué-Mariam es el nombre de monja que adoptó después— y nació el 12 de diciembre de 1923. Creció en Adís Abeba en una de las familias diplomáticas más privilegiadas de Etiopía. Su madre, Kessaye Yelemtu, era familiar de la emperatriz Menen (la esposa de Haile Selassie) y tocaba el *krar*, o arpa etíope. Su padre, Kintiba Guèbru, era el alcalde de la antigua ciudad de Gondar y gobernador de varias provincias. Viajó mucho como político y fue a Estados Unidos como parte de una delegación oficial etíope que cruzó el Atlántico en 1919. Kessaye y Kintiba tuvieron doce hijos, tres de los cuales murieron de niños.

Los Guèbru defendían que sus hijas estudiaran. Emahoy y su hermana mayor, Senedu, fueron las primeras chicas etíopes en ser enviadas al extranjero para estudiar. Ochenta y siete años después, Emahoy podía aún contar aquel viaje con todo lujo de detalles. Tenía seis años; su hermana, trece. Se acuerda de sus padres y sus hermanos congregados en la estación de trenes de Adís Abeba para despedirlas. De que viajó al noreste en tren, hasta el puerto de Yibuti, y describe la manera en que se tapó la cara mientras subía al barco con rumbo a Marsella porque no quería que su madre la viera llorar. Cuando el barco zarpó del puerto, un pasajero distrajo a la pequeña Emahoy frotándole las mejillas con sal. Se acuerda de que no miró atrás y de que esa noche había luna llena, que brillaba en un cielo despejado y lanzaba unos destellos plateados sobre las olas. Se acuerda de que se tumbó junto a su hermana en la cubierta del barco porque en los camarotes hacía demasiado calor. Ese recuerdo en particular inspiró una pieza musical que compuso quince años después: *The Song of the Sea* («La canción del mar»), cuyos arpegios trazan el contorno de un barco mecido por las olas; unos acordes mayores y menores alternan serenidad y turbación.

Emahoy y Senedu iban de camino a un internado en Suiza. Era primavera y cuando llegaron a Basilea estaban floreciendo algunos árboles que nunca habían visto en Etiopía. A Emahoy le fascinó especialmente el cerezo en flor. Era con diferencia la más pequeña de la escuela y le asignaron a una monja llamada sor Magda para que la cuidara; fue ella quien le enseñó a lavarse y vestirse sola. A nivel social estaba efectivamente sola. Le hacían compañía unas muñecas, las flores del parque y sobre todo la música. Cuando tenía ocho años asistió a un concierto de un pianista ciego en el que lloró de emoción. Tras la actuación, quería mostrarle su gratitud al pianista llevándole flores, pero sor Magda le indicó que era invierno y que no había flores que recoger en el parque. En su lugar, Emahoy decidió aprender a tocar música. Empezó a dar clases de violín y a inventarse pequeñas melodías con el piano que por casualidad había en su habitación. Cuando la gente le preguntaba qué era lo que tocaba, respondía misteriosamente: «La tormenta». Dio su primer concierto dos años después.

De una u otra manera, Emahoy se ha pasado la mayoría de su vida lejos de casa. El músico Nadav Haber, que tuvo la suerte de conocerla bien en Jerusalén, sostiene que la propia gramática de su música está impregnada de una sensación de morriña. Cada vez que escribe una pieza relacionada directamente con su familia o su tierra natal utiliza unas inconfundibles escalas etíopes. Por ejemplo, *The Song of the Abayi* se inspira en el Nilo Azul, que brota a borbotones del lago Tana por unas cataratas espectaculares. En esta pieza, la mano derecha de Emahoy forma unas cascadas juguetonas y brillantes en una escala etíope llamada *tizita* mayor. En la música tradicional etíope, la escala *tizita* se usa normalmente para expresar añoranza; la palabra significa «anhelo» en amárico. Ella utiliza la misma escala anhelante en una composición cuyo título sin ambages es *Homesickness* («Morriña»). En ella, la música va y viene como en el suave tañido del *krar* de su madre.

Cuando Senedu cumplió dieciocho años y terminó la escuela, se decidió que las dos hermanas volverían a Adís Abeba, donde Senedu montaría una escuela para niñas. Emahoy tenía entonces doce años y su talento musical estaba empezando a llamar la atención. La enviaron a un internado para la élite etíope, pero la vida sufrió un parón abrupto al año siguiente, cuando Mussolini, con el ojo puesto en afianzar su posición colonial en el este de África, invadió Etiopía. Las tropas fascistas italianas atacaron desde Eritrea y Somalia. Los soldados etíopes no estaban preparados para contraatacar: muchos de ellos iban armados con lanzas contra la artillería moderna italiana. Las ropas del desierto y las sandalias no eran defensa alguna contra el veneno abrasador del gas mostaza que utilizaba Mussolini. Aun así, el ejército fascista tardó siete meses en llegar a Adís Abeba. Por el camino, derribaron el antiguo obelisco de Axum, lo cortaron en cinco trozos y lo enviaron a Roma pasando por Nápoles como botín de guerra. La ONU ordenó a Italia devolver el obelisco en 1947, pero siguió en Roma durante casi setenta años más; allí fue alcanzado por un rayo y utilizado como moneda de cambio por varios regímenes etíopes. El obelisco fue repatriado en 2005 y en 2008 por fin se reconstruyó en Axum.

Haile Selassie huyó del país en 1936. Acudió a la Sociedad de Naciones y defendió la causa de su país con un discurso que se hizo famoso por varias razones. Una de ellas fue el fiasco de los fascistas. Los esbirros de Mussolini dieron a los periodistas italianos silbatos y órdenes para que se burlaran de Selassie a su llegada. Un delegado rumano se puso en pie de un salto y pidió que se expulsara a los alborotadores. Cuando por fin se calmó la sala, Selassie pronunció un discurso con una dignidad tan apasionada que se convirtió en héroe de los antifascistas de todo el mundo. La Sociedad se mostró en general comprensiva, pero sus acciones fueron ineficaces e Italia hizo caso omiso a las sanciones parciales que se le impusieron.

Algunos comentaristas ubicaron el fracaso del propósito de la Sociedad de Naciones en el preciso instante en que esta no dio una respuesta adecuada ante la invasión etíope.

En Etiopía, varios de los familiares cercanos de Emahoy se unieron al movimiento de resistencia antifascista conocido como Tikura Anbessa («Leones Negros»). Su hermana Senedu trabajó como confidente, enfermó de neumonía en el proceso y al final fue capturada por los italianos. A su hermano Meshesha lo asesinaron los fascistas en 1937, cuando tenía dieciocho años. Posteriormente, Emahoy escribió el lamento desgarrador *Ballad of the Spirits*. Durante los años de la ocupación italiana, las familias importantes del país se vieron obligadas a exiliarse. Los Guèbru eran presos políticos clave y fueron enviados primero a la isla de Asinara, junto a Cerdeña, y luego a Mercogliano, cerca de Nápoles. La familia pasó en Italia tres años de un exilio político tensamente tranquilo. Emahoy aún recuerda el extraño silencio del lugar, la sensación de que el tiempo se había quedado suspendido. Encontró un órgano abandonado en un monasterio cercano y aprendió a tocarlo de manera autodidacta. Llegó a conocer a algunos lugareños, que le dijeron que se parecía a la Virgen Negra.

Haile Selassie pasó sus años de exilio en Bath, en el condado inglés de Somerset, en una casa llamada Fairfield que luego donó a la ciudad y que ahora es un centro social. Cuando Italia se alió con los alemanes en 1940, el apoyo internacional a la causa etíope se intensificó de repente y la Francia Libre, la Bélgica Libre y la Commonwealth aunaron fuerzas para restablecer a Selassie en el poder el 5 de mayo de 1941. La familia Guèbru fue repatriada y, en Adís Abeba, se retomó la vida de la sociedad etíope por donde había quedado.

A estas alturas, Emahoy ya hablaba varias lenguas. La guerra le había secuestrado la adolescencia y ya estaba en edad de trabajar. Aprovechando sus contactos familiares, consiguió un puesto en el gobierno y se convirtió en la primera mujer secretaria que trabajó en el Ministerio de Asuntos Exteriores etíope. Me insistió de manera inquebrantable en que los hombres y las mujeres deben tener las mismas oportunidades, y me habló con admiración de sus hermanas, que fundaron escuelas y se convirtieron en doctoras y políticas. «Somos —me dijo con una sonrisa— una familia de mujeres fuertes». He visto unas cuantas fotografías de ella en este periodo. Me encanta la entereza y la seguridad elegante de su pose. Su sonrisa burlona, su valiente sentido de la moda. Emahoy se movió en los círculos aristocráticos, asistió a fiestas en las que, como ella misma rememora, cantaba para Selassie y sus invitados. Se acuerda de una ocasión en la que se arriesgó a cantar una canción italiana, «L'ombra del mio dolore» («La sombra de mi dolor»), cuya melodía me tarareó desde su cama. Tenía coche e iba a pasear en carruaje de caballos por las afueras de la ciudad.

Los años de posguerra fueron un periodo efervescente para la élite de Adís Abeba, pero Emahoy era muy inquieta. Había motivos ulteriores por los que eligió su trabajo. Sabía que con contactos en el Ministerio de Exteriores tenía más oportunidades de volver a marcharse para continuar con sus estudios musicales. Tras dos años allí se dirigió a El Cairo para dar clases con el reputado violinista polaco Alexander Kontorowicz. La mayoría de los músicos de música seria pasan por al menos un periodo de desarrollo que implica ensayar con una intensidad casi obsesiva. Para Emahoy ese periodo fue El Cairo: ensayaba nueve horas al día, aprendía la música de

Schubert, Mozart, bastante Chopin, los valses de Strauss, la sonata *Patética* de Beethoven. Lo recuerda como un periodo glorioso de su vida. Seguía aprendiendo violín, pero se centró en el piano debido a su gusto por la soledad. Desde Suiza, se había estado entrenando para contentarse ella sola.

—No podía tocar el violín yo sola —me cuenta—. Pero el piano sí. No necesitaba a nadie más. Es un instrumento completo.

La soledad la puede soportar, pero la buena salud no siempre ha estado de su lado. Después de dos años viviendo en el calor y el polvo egipcios, los médicos de El Cairo la mandaron a casa para que se recuperara en el clima de montaña de la capital etíope, que está a 2355 metros sobre el nivel del mar. Cuando se le repuso el cuerpo, Emahoy se fijó en su siguiente destino, esta vez en climas más moderados. En 1946 le ofrecieron una plaza en la Royal Academy of Music de Londres, y ante ella se abría un prometedor futuro como pianista de música clásica.

Lo que sucedió a continuación sigue siendo un absoluto misterio, un interrogante pasmoso sobre el que he reflexionado en varias ocasiones a lo largo de los años desde que me senté con Emahoy en aquel dormitorio en Jerusalén. Es el punto de inflexión extraño y morboso de su historia. Por razones que, según ella, nunca ha revelado —y sospecho que no lo hará—, la Administración etíope denegó a Emahoy el permiso para ir a Londres. La decisión parece inexplicable. Seguramente no fue un simple error burocrático. Era una mujer acostumbrada a que se le abrieran las puertas y a que se cumplieran sus ambiciones; de una familia acomodada y privilegiada, con contactos en las altas esferas del gobierno y la realeza etíopes. Y, sin embargo, en 1946, un funcionario del Ministerio del Interior en Adís Abeba le dijo que no le habían concedido el visado para viajar. Emahoy interpuso un recurso contra la denegación, pero esta se mantuvo. ¿Fue por motivos políticos, o más bien personales? ¿Un pretendiente rechazado? ¿Un amante despechado, tal vez un miembro de la familia imperial? Claro que se lo pregunté, pero la única respuesta que obtuve fue su sonrisa críptica y ese mantra que tanto había repetido a lo largo de nuestras conversaciones: «No siempre podemos escoger lo que nos brinda la vida, pero podemos escoger cómo responder».

En aquel entonces, el rechazo casi la mata. Desolada al ver sus sueños rotos —y ¿por qué motivo?—, Emahoy cayó en una profunda depresión. Para una mujer con tanto temple, la pérdida de voluntad era insoportable. Renunció a sus expectativas de convertirse en concertista de piano. Se negó a comer y después de doce días la hospitalizaron. Estuvo a punto de morir de hambre. En el hospital volvió a estar sola. Un sacerdote se acercó a su cama para ofrecerle la comunión y la extremaunción, y a continuación cayó en un profundo sueño. Esa noche su vida tomó un nuevo rumbo; se la veía contenta ante la idea de contar esta parte de la historia.

—Dormí doce horas —me dice—. Cuando me desperté, tenía la conciencia tranquila. Lo único que quería hacer era ir a la iglesia y escuchar música sacra.

• • •

La tarde que visité por primera vez el monasterio de Debre Genet me encontré con una boda en su apogeo. Habían transformado el patio en un torbellino de colores radiantes, los invitados bailaban al ritmo elíptico de los tambores y un coro entonaba un divertidísimo canto de llamada y respuesta. Las mujeres echaban la cabeza hacia atrás para hacer unos acompañamientos vocales que parecían aullidos agudos y alegres, mientras toda la concurrencia contribuía con percusión de manos y pies. Los ritmos se entrelazaban en remolinos de tres contra dos, de seis contra cuatro. Era de esas músicas que convocan y atrapan.

Los cantos de la música ortodoxa etíope moderna, o *zema*, se atribuyen a un sacerdote de Axum del siglo VI llamado Yared, de quien se dice que aprendió la música de los pájaros. Yared escribió su primer cantoral en el antiguo idioma etíope de la liturgia, el *ge'ez*. En el siglo XV, la Iglesia desarrolló su propio sistema de notación musical llamado *melekket*, que sigue una compleja serie de reglas nemotécnicas para indicar el tono y el ritmo. En los días de celebración, los fieles decoran sus canciones sagradas con palmas y florituras espontáneas que provienen de siglos anteriores a los cantorales que formalizó Yared. Incluso en el culto devoto hay una soltura intuitiva e improvisada en las oraciones que, como los ornamentos para piano de Emahoy, desafían por completo la notación.

• • •

Después de que le negaran aquel visado, todo cambió. Emahoy dejó su vida en la alta sociedad y se replegó sobre sí misma. Se hizo monja, aunque no fue inmediatamente. Cuando ya se había recuperado lo suficiente de su huelga de hambre, buscó de nuevo trabajo en el gobierno y consiguió un puesto en la oficina de la escolta imperial. Durante un tiempo llevó una especie de doble vida. De día vestía ropa europea y trabajaba en una oficina. Al final de la tarde se ponía trajes tradicionales etíopes e iba a la iglesia de Medhane Alem. En esos años de transición no dormía mucho y no tocaba nada de música. A medida que se intensificó su devoción religiosa, empezó a trazar un plan. Después de dos años le dijo a su familia y a sus colegas que se iba a tomar unas vacaciones cortas. Preparó una maleta pequeña y se fue al norte, a la montaña sagrada de Gishen.

Amba Gishen es un lugar enormemente sagrado para los cristianos etíopes. *Amba* significa «meseta de laderas escarpadas» y «cima plana»; el paisaje etíope tiene muchas formaciones así, esculpidas por fisuras volcánicas, y Gishen es un ejemplo natural con forma de cruz. Durante siglos, la montaña se utilizó como prisión para la realeza. Según la costumbre, cuando un nuevo emperador etíope accedía al trono, sus rivales potenciales (entre los que se incluían sus hermanos e incluso sus propios hijos) eran encarcelados en la montaña hasta su muerte. Parece una precaución bastante draconiana, pero los 3000 años de estabilidad casi ininterrumpida no se construyeron sobre relaciones familiares de confianza. Hay otro reclamo en Gishen que la hace famosa. Allí estaban los tesoros del imperio etíope, incluida, según se dice, una de las reliquias más preciadas del país: el clavo de la mano derecha con el que fue crucificado Cristo.

La presencia de esta pieza de madera sagrada hace que el suelo de la montaña sea casi demasiado sagrado como para ser tocado. Cuando se unió a la pequeña comunidad de monjas y monjes que vivían en la pobreza en lo alto de la meseta, durmiendo en unas camas de barro dentro de unas pequeñas chozas a una altura de 3000 metros, Emahoy se quitó los zapatos como cuando iba a la iglesia. La forma en que me lo explicó revelaba que no quería faltarle el respeto —pisándola con los zapatos— a una tierra que era tan cercana a la misma sangre de Jesús.

—Por entonces —me dijo—, lo mío con la música había llegado a su fin. La dejé. Yo solo quería a Dios y la música sacra. Estaba muy contenta en la montaña de Gishen. Era como ser una ermitaña. Me quité los zapatos y me pasé los siguientes diez años descalza. Nada de zapatos, nada de música, solo rezar.

Emahoy tenía toda la intención de quedarse en Gishen hasta su muerte, pero su historia no termina en la montaña sagrada. Una década después, el arzobispo falleció y la comunidad de Gishen empezó a desmoronarse. Además, las plantas de los pies de Emahoy necesitaban asistencia médica. Tras diez años descalza a gran altura, su piel estaba gravemente agrietada. Volvió a su hogar familiar, su padre había muerto y su madre se había ordenado monja. Las dos mujeres coincidieron ahora como compañeras de casa.

La reincorporación a la vida urbana fue gradual y se produjo solo a través de la música. Emahoy no había tocado el piano en la década que transcurrió desde que dejó la ciudad, pero se sintió de nuevo atraída por el instrumento. También descubrió que había cambiado algo fundamental: ahora tendía a tocar sus propias improvisaciones, en lugar de las mazurcas de Chopin y las sonatas de Beethoven que habían sido su repertorio habitual. A menudo tocaba en mitad de la noche: su madre se despertaba para oírla descubrir nuevas melodías a las cuatro de la madrugada. Durante este periodo, Emahoy compuso una especie de vals rapsódico llamado *Mother's Love*. «Todo el mundo sabe cómo una madre sacrifica su amor por el bienestar y la felicidad de sus hijas», añadió luego en una dedicatoria. «¡Es así! El corazón de una madre es una fortaleza de amor». Me hablaba mucho sobre lo maravillosos que son los niños, aunque ella hubiese renunciado a la posibilidad de tenerlos.

En estas divagaciones nocturnas, empezó a surgir la voz compositiva única de Emahoy y hablaba de todas las vidas que ya había vivido. Compuso música para tocarla ella sola, a veces para cantarla. Sus piezas evocan la oración de una monja y el aislamiento sosegado de una ermitaña. Sus melodías recorren la escala pentatónica y los ornamentos itinerantes de las tonadas etíopes que cantaba en la iglesia. Su interpretación destila el virtuosismo de su formación como pianista clásica. Aunque parezca un tópico, ella misma se definía así: me dijo que su música alterna entre Oriente y Occidente, sencillamente porque sus referencias proceden de ambas direcciones. Igual que las últimas obras instrumentales de José Maceda, la obra de Emahoy es una amalgama multilingüe sin jerarquía. En *The Garden of Gethsemane*, empieza cambiando entre acordes mayores y menores, luego abandona la tonalidad diatónica y adopta el modo menor de la *tizita*.

Destacó que siempre canalizaba sus emociones a través del piano. «Mis problemas, mis alegrías, mi espiritualidad». ¿Cómo podía una monja eremita reconciliarse con la actuación ante el público, que a simple vista parece una acción inherentemente extrovertida? Fue pragmática en su solución. Cuando su hermana le pidió que pusiera música a una producción teatral de su escuela, ella se limitó a colocar un biombo y a tocar detrás de él. Algunos miembros de la iglesia no lo aprobaron, pero ella entendió que su música era su propia forma de oración. Se dio cuenta de que también le proporcionaba una plataforma para el cambio. Preocupada por la cantidad de niños que duermen en la calle, decidió grabar un álbum y donar los beneficios a organizaciones benéficas que trabajaran con la gente sin hogar. De nuevo, le pidió permiso a Haile Selassie para salir del país y grabar su primer disco. Esta vez le fue concedido.

En 1963, Emahoy viajó a Alemania. Su cuñado era embajador de Etiopía en Bonn y vivía cerca de la casa en que nació Beethoven. Estaba entusiasmada con el hecho de encontrarse tan cerca de uno de sus héroes musicales y luego escribió una pieza precisamente sobre eso, se llama *Homage à Beethoven*. Estuvo un mes en Alemania preparando los materiales para el álbum. Cuando lo tuvo listo, viajó a un estudio en Colonia y se sentó ante un piano que una vez tocó Mozart. La grabación resultante, *Emahoy Tsegué-Mariam Guèbru spielt eigene Kompositionen* («Emahoy Tsegué-Mariam Guèbru toca composiciones propias»), contiene cinco piezas que van desde el tierno swing *The Homeless Wanderer* («El errante sin techo») hasta las octavas estoicas y circunspectas de *The Last Tears of the Deceased* («Las últimas lágrimas del difunto»), o la grandiosa melodía y el acompañamiento ondulante de *The Mad Man's Laughter* («La risa del hombre loco»). Más tarde, en 1972, volvería a Colonia para grabar otro disco, pero para entonces el estudio había comprado un piano nuevo y la conexión no fue la misma.

• • •

Adís Abeba estaba en su edad de oro, con una tolerancia social y una expresión creativa boyantes. Excepto en la breve ocupación italiana entre 1936 y 1941, el país había desafiado al colonialismo durante tres mil años y su vida cultural tenía el porte de una fuerte independencia. Tras un golpe de Estado fallido y un movimiento estudiantil incipiente en 1960, el ya envejecido Haile Selassie soltó las riendas y la vida nocturna de la ciudad alzó el vuelo. En el ámbito musical, se fomentaban los sonidos nuevos.

En la década de 1940, Selassie viajó a Armenia y se quedó impresionado por la pompa y el orgullo de las bandas militares. De regreso a casa, exigió bandas propias e importó músicos armenios para formarlos. Los músicos con talento ascendieron en los rangos de esas bandas, tocaron instrumentos occidentales e improvisaron en sus propias escalas tradicionales. Un joven científico en ciernes, de nombre Mulatu Astatke, fue enviado a una escuela al norte de Gales por su familia adinerada, que quería que estudiara ingeniería aeronáutica. En su lugar, acabó en los clubs de jazz de Londres y Nueva York, probando qué pasaría si fusionara los lentos ritmos cruzados y las tradicionales inflexiones modales de Etiopía con las formas y la instrumentación del jazz. Envalentonado con los modelos de Miles Davis, John Coltrane y sobre todo con Duke Ellington, el propio Astatke se hizo director de banda y volvió a Adís Abeba en 1969 con vibráfonos, teclados eléctricos y pedales wah wah. Se topó con la resistencia de algunos puristas preocupados por la preservación de la integridad del sonido etíope, pero también encontró camaradería en el saxofonista Getatchew Mekurya, con su gran expresividad, y en los sobrecogedores cantantes amáricos Mahmoud Ahmed y Alèmayèhu Eshèté. Un joven productor discográfico llamado Amha Eshèté montó un estudio en el trastero de su casa y envió cintas a India para que las editaran. Había nacido el ethio-jazz.

No me queda claro cuánta de esa energía absorbió Emahoy. Parece que conocía y respetaba a Astatke y a Mekurya. Cuando mencioné sus nombres, asintió con cariño, como si se acordara de unos amigos y colegas muy apreciados. Pero sería una exageración sugerir que participó de manera regular en esta legendaria escena del jazz de los sesenta y principios de los setenta en Adís Abeba. Nunca publicó un álbum en el sello discográfico doméstico de Eshèté. Cuando el productor francés Francis Falceto empezó a reeditar grabaciones clásicas etíopes en los noventa con su extensa serie *Éthiopiques*, el volumen 21 fue el álbum que Emahoy autoeditó en Colonia. Ella misma insiste en que nunca fue una música de jazz ni de blues. Según me dice, sus influencias proceden directamente de la música clásica que estudió en Suiza y en El Cairo.

¿Y acaso importan las etiquetas? Lo que comparte Emahoy con Astatke y Mekurya es que todos fueron pioneros al crear nuevas maneras de contextualizar la música tradicional etíope. Ellos dos se interesaron por las formas jazzísticas y Emahoy por las clásicas. Más allá de eso, los géneros se empiezan a difuminar. Igual que José Maceda, Emahoy buscaba nuevas formas de alargar el tiempo, doblar el espacio, abarcar los continentes. Para mí, sus melodías impregnadas de verdad caminan como el blues, del mismo modo que mariposean y deambulan como un arabesco. Los ornamentos son filigranas, los acordes se mecen suavemente como canciones folclóricas; casi, pero no del todo. En Emahoy, nada es uniforme. No hay una métrica estricta, ni un pulso que se pueda fijar en la notación, ni fidelidad a ningún sistema único de escalas. Su música gira en torno a su propio eje.

• • •

La edad dorada de Adís Abeba llegó a un abrupto final en 1974, cuando una facción marxista-leninista del ejército etíope derrocó al imperio y proclamó una junta militar, lo que desencadenó una guerra civil que duraría casi treinta años. El Derg, como se conocía al gobierno, impuso un estricto toque de queda en la capital que acabó con la vida nocturna. El país entró en guerra con sus vecinos (Eritrea, Somalia) y aplicó unas políticas económicas ruinosas que provocaron la destrucción cuando llegó la hambruna de la década de 1980. Murieron de hambre 1,2 millones de personas y cientos de miles de etíopes se convirtieron en refugiados, lo que originó una nueva diáspora mundial. Se encarcelaba a los artistas y se ejecutaba a los disidentes. Muchos músicos huyeron del país.

Emahoy y su madre se quedaron en Adís Abeba y buscaron el exilio interior con la comunidad etíope de Jerusalén. Tras algunas idas y venidas iniciales entre Etiopía e Israel, Emahoy se afincó definitivamente en Jerusalén después de que su madre muriera en 1983 y desde entonces no ha vuelto a su país natal. Le dio uso a sus ocho idiomas y se convirtió en la primera mujer que trabajó como traductora para el patriarca de la Iglesia ortodoxa tewahedo de Etiopía.

Hasta veinte años después no puso un piano en su habitación de Debre Genet. Las más ancianas de la iglesia estaban confundidas con que Emahoy tocara, ya que el patriarca no acepta el piano ni el órgano como parte de la oración litúrgica. No tenían claro por qué una monja querría publicar álbumes no religiosos firmados con su propio nombre, con su foto en la carátula.

—Creo que siguen sin entenderlo —me dice Emahoy con una sonrisa y un brillo travieso en la mirada.

Lo entiendan o no, en la actualidad, a la entrada del monasterio hay una tiendecita en la que se amontonan copias de sus discos.

• • •

Un par de años antes de que yo conociera a Emahoy, ella publicó sus composiciones. Contó con la ayuda de dos músicos afincados en Tel Aviv: la temperamental improvisadora vocal y multiinstrumentista Maya Dunietz, y el director de orquesta, improvisador y voraz políglota musical Ilan Volkov. Emahoy quería que ambos la ayudaran a encontrar una forma de notación digital que pudiera captar lo mejor posible la inasible trama de su música. Les entregó una bolsa de plástico con páginas manuscritas sueltas y se pusieron manos a la obra.

Dunietz y Volkov se vieron obligados a tomar varias decisiones difíciles. Ruth Crawford tuvo que equilibrar precisión y accesibilidad en sus transcripciones de folk estadounidense, intentó captar los matices de las voces reales y fluidas sin encorsetarlas ni hacer una notación que fuese demasiado difícil de leer. Del mismo modo, Dunietz y Volkov intentaron mantener el espíritu libre de la interpretación de Emahoy, y al mismo tiempo reconocían que ninguna notación podía captar realmente su cadencia imponderable. El resultado, publicado en un precioso volumen que incluye una docena de obras para piano, ha permitido que otros pianistas recorran con sus propios dedos los singulares paisajes musicales oníricos de Emahoy.

Ahora hay otra urgencia. Emahoy quiere compartir más música suya. Me contó que tenía la intención de sacar un álbum nuevo, señalando los casetes y las cintas de bobina abierta apiladas en su piano. Por desgracia, algunas de esas cintas contienen canciones que grabó en varios idiomas a finales de los sesenta y que nunca se han publicado. Parecía agobiada con la idea de digitalizar el material, por no hablar de negociar contratos con las discográficas desde su cama. Pero está claro que quiere que el mundo escuche esas canciones.

Emahoy me dijo que nunca quiso ser famosa, que quería que su nombre estuviera escrito en el cielo, no en la tierra. Admitió que la conexión que tiene la gente con su música significa mucho para ella.

—Quizá soy como Chaikovski —me dice con una sonrisa triste—. Él tampoco creyó en su música. Pero a la gente le gustaba.

Antes de irme por última vez, me cogió la mano. No tenía mucha fuerza, pero había algo en su agarre que era inconquistable. Me pidió que fuera fuerte al ir por la vida. «Que no te digan que no. Lucha por la igualdad». Esas fueron sus palabras de despedida.

Else Marie Pade (1924-2016)

Pionera de la música electrónica en Dinamarca: verdad, trauma y cuentos de hadas

Cuando era adolescente, encarcelaron a Else Marie Pade por hacer explotar cabinas telefónicas. Fue durante la Segunda Guerra Mundial y Pade trabajaba para la resistencia danesa. En la pared de su celda dejó grabada una melodía. También la castigaron por ello, pero nunca olvidó aquel fragmento de melodía que se le ocurrió durante su reclusión, y más tarde lo convirtió en una de sus primeras canciones.

Para Pade, el sonido iba antes que todo lo demás, era su sentido más agudo. Cuando era niña en los años veinte, a menudo tuvo que guardar reposo en la cama por distintas enfermedades y experimentó el mundo a través de los ruidos que se colaban por su ventana. Cuando la enviaron a un campo de internamiento logró conservar la cordura porque se concentró en la música que escribiría cuando volviera a ser libre. Y cuando la liberaron se convirtió en la pionera de la música electrónica en Dinamarca. Trabajó como productora en la corporación danesa de radiodifusión (DR) y allí creó algunas de las obras electrónicas más atrevidas y psicológicamente penetrantes del siglo XX. Compuso bandas sonoras para los cuentos infantiles más oscuros, artesanías de voces dentadas para sirenas maltratadas a partir de tonos sinusoidales y grabaciones deformadas. Desmenuzó trozos del archivo radiofónico para hacer sinfonías de ruidos urbanos. Transformó la electrónica pura en constelaciones nocturnas resplandecientes.

Lo que distingue a Pade no tiene mucho que ver con las tecnologías que usó. Había innovadores por todo el mundo que estaban llegando simultáneamente a las mismas técnicas de la música concreta y la música electrónica. Para Pade, la mecánica de las grabadoras y los generadores de sonido nunca fue lo importante; de hecho, apenas pudo utilizar el equipo del estudio. No la dejaban, porque nunca tuvo una formación de ingeniera de sonido. No le quedaba otra que recurrir a colegas hombres para que se ocuparan de ese aspecto. No: lo que la distingue es su vívida imaginación. La manera en que usaba métodos nuevos para expresar la música de su mente. El cuidado con el que escuchaba, lo ingenuamente que hurgaba en sus propias visiones y recuerdos, y cuántas de esas visiones y recuerdos estaba dispuesta a compartir con nosotros. Virginia Woolf escribió acerca de estar en contacto con la cosa en sí, con el «átomo», y no con la cáscara exterior. Eso es lo que hace la música de Pade: aprovechar lo más íntimo, carnal y fantástico. Sus sonidos adquieren una fuerza vital indomable y las verdades oscuras de su trabajo la dejan a ella, y a nosotros, al descubierto. Ella demuestra una entrega total. No se guarda nada. A pesar de los lúgubres demonios que sobreviven en los recovecos de su mente, la música de Pade rezuma un encanto jovial por el mero hecho de que tales sonidos sean posibles.

• • •

Crear música fue un acto tan interno, natural y esencial que, según Pade, su instinto se remontaba a cuando tenía tres meses. Su nombre de nacimiento fue Else Marie Haffner Jensen y nació el 2 de diciembre de 1924 en la ciudad de Aarhus, en la costa este de la península de Jutlandia, en Dinamarca. Su padre era vendedor de cosméticos. De niña, enfermaba con frecuencia, y se quedaba postrada a causa de una dolorosa enfermedad en los riñones llamada pielonefritis. Las bronquitis intermitentes también se sumaron a su lista de padecimientos. Su madre le cantaba para aliviarla, lo que funcionaba bien hasta que por casualidad llegaba a una tonalidad menor. Luego Pade se acordaría de la canción «Det er hvidt herude» («Está blanco ahí afuera») como una de las más hirientes: cuando la oyó, la pequeña Else Marie empezó a gritar. Su madre estaba intrigada e intentó de nuevo lo de cambiar de mayor a menor, y viceversa. Al parecer, la niña lloraba cada vez que la tonalidad se oscurecía y sonreía cuando se iluminaba. Y así continuó su historia familiar.

Tanto la mala salud como las largas temporadas confinada en casa se prolongaron hasta la adolescencia. Igual que Robert Louis Stevenson, compensó los periodos de postración con una desenfrenada imaginación. Pade empezó a fijarse en los sonidos que se colaban en su habitación procedentes del resto de la casa o del mundo exterior. Saboreó todos los ruidos y, en su mente, embelleció sus sentidos. Recuerda que su día empezaba con «esponjas salpicando y goteando en el lavabo; el silbido de la tetera; los pájaros, que también cantaban cuando no llovía a cántaros; diversos pasos, palabras amables». Empezó a categorizar los sonidos como música. Escuchaba acordes y ritmos cruzados en los pasos de los transeúntes de la calle Marstrandsgade, en el cloqueo de las gallinas de un vecino y en las gotas de lluvia que repiqueteaban contra el cristal de la ventana, que cambiaban de ritmo en función de la estación.

Más tarde lo describiría así:

> Aprendí rápidamente que algunos de los sonidos aparecían en un momento particular del día, en un orden particular, y todos los días. También aprendí que, durante el día, el sol podía hacer que los pájaros cantaran, mientras que la luna no podía hacer que las estrellas dijeran nada, aunque parecía que querían. Centelleaban. Lo único que se podía escuchar de noche eran los reclamos de los pájaros, el quejido del viento, el maullido de los gatos y las sirenas de las ambulancias de vez en cuando. Entonces decidí otorgar algunos sonidos a las estrellas. Reproduje unos sonidos minúsculos y agudos con los labios, y el hombre en la Luna, a quien estaba convencida de haber visto, me devolvió una sonrisa; una sonrisa amable y sincera.

La realidad se fundía con la ficción en su imaginación. La radio le hacía compañía constantemente e interiorizó las voces de los locutores hasta el punto en el que empezaron a narrar los cuentos de hadas que se sucedían en su cabeza. Al tratarse de Dinamarca, esos cuentos no solían ser muy reconfortantes. Sirenas con la cola cortada y sin voz. Niñas cerilleras que mueren congeladas en la calle. Esquirlas de cristal abriéndose camino entre los corazones de chicos y chicas. Pade sentía sus miedos. Lloró con *La reina de las nieves*, *El compañero de viaje*, *Las zapatillas rojas*.

—Estos y otros muchos personajes de cuentos se hicieron amigos míos —dijo—. Lo que veían ellos, lo veía yo; lo que escuchaban ellos, lo escuchaba yo; donde fueran ellos, allí iba yo...

Su madre le enseñó el gusto por la ópera y los libros. Su padre le traía puzles y juegos de cartas. El mejor de todos era un juego que consistía en un tablero de cristal con hoyuelos y abalorios de colores brillantes que se podían colocar en patrones complejos. Pade tenía sinestesia, ese don neurológico de asociación sensorial cruzada gracias al cual las armonías pueden adoptar colores y las formas pueden tener uno u otro sabor. Cuando pensaba en las constelaciones del cielo nocturno, oía voces. Cuando veía abalorios, oía armonías.

—Pensaba que esas canicas relucientes decían algo; o, más bien, que cantaban algo. Pero ¿el qué?

La enfermedad del riñón se le curó cuando tenía trece años y disfrutó de un par de años vivaces de adolescencia. Sus padres le pagaron unas clases de piano con una inspiradora profesora llamada Karen Brieg. Consiguió un trabajo en la biblioteca local y conoció a un chaval que tocaba en una banda. Se compraba discos de jazz y aprendió ella sola a tocar al estilo stride de Nueva Orleans. Se incorporó a un cuarteto de jazz, The Four, que luego se expandió a sexteto y se llamó The Blue Star Band. Tocaban en bailes escolares y en clubs juveniles. Sus padres perdían la paciencia: todas esas clases de piano tan caras, ¿para acabar tocando stride?

El 9 de abril de 1940, Pade se politizó. Podía determinar el momento exacto: el día en que Alemania invadió Dinamarca y los tanques nazis atravesaron las llanuras para ganar un punto de avituallamiento en su ruta hacia Noruega. Pade tenía quince años. «Se despertó en mí una justa indignación que traspasó todos los límites —dijo—. Me parecía increíblemente cobarde que un país gigante ocupara un país pequeño que no le había hecho ningún daño a nadie». Tomó las calles. Escupió a los soldados alemanes y estos la persiguieron. Consiguió escapar subiéndose a un tranvía en su huida a la casa de su profesora de piano, que la reprendió por ser tan chapucera. Brieg le dijo que si pretendía ser una rebelde, que al menos lo hiciera bien. En un escupitajo no hay gloria alguna. Brieg la invitó a unirse a una resistencia formada solo por mujeres y capitaneada por una experta en explosivos cuyo nombre era Hedda Lundh. Y así fue como Pade se especializó en hacer explotar cabinas telefónicas con cartuchos de dinamita.

En el grupo se infiltró un espía. Hubo chivatazos. Algunos luchadores de la resistencia masculina asociada fueron enviados a campos de concentración en Alemania. El 13 de septiembre de 1944 arrestaron a Pade, con diecinueve años, junto con otras mujeres del grupo de Lundh, y fueron encerradas en la prisión de la Gestapo en Aarhus. Para ocultar su identidad familiar dio un apellido falso: Wagner. La interrogaron y le dieron una paliza hasta dejarla inconsciente. Cuando se despertó de nuevo en su celda, escuchó ruidos que luego describiría como los elfos y los trols de sus cuentos de hadas, que venían para hacerle compañía.

Lo que también le vino a la cabeza en el tiempo que pasó en la celda fue una melodía. Una cosita simple, de una o dos líneas, pero cogió una hebilla de su liguero y grabó en la pared de la celda cuatro compases; más adelante, estos se convertirían en el inicio de una canción llamada «Du og jeg og stjernerne» («Tú, yo y las estrellas»). Se trata de un tema de *schlager*, una canción pop con una letra suya que tiene un toque agridulce.

El día que se fue, la negra noche
El manto de soledad del prisionero, la estrella suave,
El ángel que es blanco, la voz cerca de mis oídos.

No hay nada inherentemente destacable en esos cuatro compases, tampoco hay nada de particular con respecto a la canción en que se convirtió. Lo que es destacable es la necesidad de Pade de escribirlos y lo que ocurrió después, cuando se descubrió el vandalismo. Pade vivió y revivió el momento auditivamente, del mismo modo en que había vivido buena parte de su vida. «Un *collage* sonoro de gritos y chillidos, las pisadas de las botas, el ajetreo de las cadenas, los portazos y el tintineo atroz de las llaves...».

La castigaron por el vandalismo de su celda, claro, pero uno de los guardias de la Gestapo actuó con amabilidad secreta. Le trajo papel pautado, una pluma y un pastel. «*Ich bin ja auch Musiker*» («Yo también soy músico»), le explicó el guardia. Le dijo que le recordaba a su hija, a quien había perdido en Hamburgo. Pade describió así la entrega del paquete: «Me quedé mirando la etiqueta casi como en trance: compasión, así en la guerra como en la paz».

Finalmente la enviaron a un campo de internamiento llamado Frøslev, un lugar gestionado por el Estado danés en un intento por apaciguar a los nazis y evitar que los daneses fueran deportados a campos de concentración. En Frøslev estuvieron recluidos unos 12 000 prisioneros entre 1944 y el final de la ocupación alemana en 1945. La mayoría eran presuntos comunistas, homosexuales o activistas de la resistencia. Algunos no se salvaron, sino que fueron enviados al sur y nunca se les volvió a ver. Las condiciones en Frøslev no eran las peores. Se les daba comida a los detenidos. Se filtraban noticias cifradas. La madre de Pade le escribió en clave para darle actualizaciones codificadas sobre el movimiento de resistencia danés. Luego Pade se enteró de que su padre había viajado 175 kilómetros desde Aarhus para visitarla, pero una vez allí no lo dejaron entrar.

Había bastante camaradería entre las compañeras prisioneras del bloque H17, que era solo de mujeres. Allí estaba Karen Brieg, su profesora de piano, y entre las dos organizaron actuaciones.

Representaron *El sueño de una noche de verano*. Brieg hizo los arreglos musicales para el coro en tres partes y Pade compuso las canciones en su papel pautado. Les puso nombres como «El marinero, la chica y el gatito», que se convertiría en un pequeño éxito cuando se estrenó como sencillo después de la guerra. En su vigésimo cumpleaños, las mujeres del bloque H17 hicieron una modesta colecta para que Pade pudiera estudiar música cuando terminara la guerra. Le preguntaron cómo era capaz de mantenerse de tan buen humor.

—Porque en realidad no estoy aquí —respondió—. Estoy en el futuro, escribiendo música.

• • •

Else Marie conoció a Henning Pade cuando ambos estaban detenidos en Frøslev. Se casaron después de la guerra, en octubre de 1946. Y, fiel a la promesa que hizo en su vigésimo cumpleaños, se matriculó como estudiante de piano en la Real Academia Danesa de Música, pero la Academia no permitía que sus estudiantes estuvieran casados, así que mantuvo su relación en secreto y se inscribió como asistente doméstica de Pade. Tuvieron dos hijos, Morton y Mikkel, mientras Henning Pade ascendía en la corporación pública danesa de radiodifusión (DR) hasta convertirse en jefe de programas; y allí mismo contrataron a Else Marie para un puesto subalterno.

Hay una agria ironía en el hecho de que forzaran a Else Marie a hacerse pasar por asistenta: el trabajo doméstico nunca fue uno de sus puntos fuertes. «Sus hijos se avergonzaban», me dijo su biógrafa, Andrea Bak, a quien conocí en Copenhague una tarde de verano en la que el cielo tenía un tono azul blanquecino.

A ella no le importaba el aspecto de sus hijos, su ropa. Uno de los hijos se acuerda de que sus calzoncillos solían ser más largos que sus pantalones cortos, así que asomaban por debajo. En el colegio se burlaban de ellos. No lo tuvieron fácil. Querían a alguien que se encargara de ellos como una madre normal. Eso sí, era una casa popular entre los demás niños porque se podía saltar en el sofá.

Fue una pianista excelente, pero no le gustaba actuar. Se bloqueaba en el escenario. Prefería componer, profundizar en sus mundos sonoros interiores, y dio clases particulares con tres figuras potentes del ámbito musical danés: Vagn Holmboe, Jan Maegaard y Leif Kayser. Surgieron tensiones entre su familia y su trabajo. Un profesor le dijo que debía escoger entre «la tierra y el cielo», cosa que hizo en cierto sentido: escogió el cielo, el sonido celestial de las estrellas y de criaturas marinas legendarias. En la década de 1950, los entrevistadores la criticaban de soslayo. «¿Qué pasa con sus hijos? —le preguntaban los periodistas—. ¿Comen todos los días?». El periódico *Aarhus Stiftstidende* le preguntó: «¿Cómo se unen el arte y la cocina?», a lo que Pade respondió que a ella a veces se le quemaban las patatas. Un entrevistador llegó a la conclusión de que, debido a cómo sonaba la música de Pade, no le apetecía probar sus albóndigas.

• • •

Para entender el contexto de la música de Else Marie Pade, hice una excursión al parque de atracciones. Más específicamente, fui a un lugar llamado Dyrehavsbakken, o simplemente Bakken, que es el parque más viejo del mundo. Está en medio del bosque, al norte de Copenhague, donde se descubrieron unos manantiales naturales en el año 1583. Las multitudes no tardaron en ir para ver las aguas y los artistas no tardaron en acudir para entretener a las multitudes. Con el paso de los siglos, se talaron los árboles y se construyeron trenes fantasma y coches de choque. Ahora hay un cine en 5D y puestos que venden unas enormes jarras de cerveza Tuborg y perritos calientes de color rojo brillante. Pade vivió cerca de Bakken en los cincuenta y le encantaba el batiburrillo sensorial del lugar. Absorbió lo que ella llamó su «mundo sonoro abigarrado, alegre e inconfundible», deambuló entre el tintineo de las montañas rusas y los cabarés, que le recordaron a las escenas del mercado del estridente ballet *Petrushka*, de Stravinski.

En 1952 escuchó en la radio danesa un programa sobre el compositor francés Pierre Schaeffer y sus emergentes técnicas para transformar la vida cotidiana en ingredientes compositivos mediante la llamada «música concreta». En palabras de Schaeffer, «el sonido es el vocabulario de la naturaleza». La idea poseía un sentido obvio para Pade. Desde que tenía uso de razón, había estado dando forma mentalmente al mundo sonoro que la rodeaba mediante la creación de bandas sonoras.

En una visita que hizo a Bakken en 1953 tenía la cabeza aún en ebullición tras descubrir a Pierre Schaeffer en la radio el año anterior. Se le ocurrió la idea de hacer una película sobre el parque de atracciones. La película tendría una banda sonora experimental a través de la cual ella misma podría probar esas técnicas de manipulación de cintas propia de la música concreta: cortar, acoplar, doblar. Le propuso la idea al por entonces moderno departamento de televisión del canal público danés, donde le dieron luz verde.

En el verano de 1954, le dijeron que fuera a conocer a los técnicos en la puerta roja, enfrente de Dyrehavsbakken, para preparar el primer día de rodaje.

—Llegó un camión enorme del canal, lleno de gente —rememora—. Y los saludé, pero no se pararon. Me devolvieron el saludo y siguieron —continúa Pade, que por entonces parecía muy joven. Tenía veintinueve años, pero podía pasar por la mitad. Era pequeña. Tuvo aspecto de niña durante toda su vida—. No se imaginaban que la chica de la puerta era la persona con la que iban a trabajar todo el verano. Corrí hacia ellos, nos presentamos y nos reímos un poco por el malentendido.

Me acuerdo de cuando tenía veintitantos años y trabajaba como crítica musical de un periódico, de todas las veces que un hombre del público negaba con la cabeza cuando tomaba mi asiento. «Perdone —decían siempre—. Ese asiento está reservado para el crítico».

Pade continuó, armada con cámaras y camarógrafos, y un equipo de sonido e ingenieros que lo manejaban. Se puso a rodar *En dag på Dyrehavsbakken* («Un día en Dyrehavsbakken»), una película de media hora que, en esencia, trata de una excursión al parque de atracciones. Ella y su equipo grabaron durante el verano y principios del otoño. Insistió en que el sonido iba antes y los elementos visuales, después, lo que era una petición rara y osada de alguien que no había trabajado antes en televisión. Se pasaron los meses de invierno editando, acelerando y ralentizando el audio, probando cómo se escuchaban los sonidos al reproducirlos más altos o más bajos, o hacia atrás.

En dag på Dyrehavsbakken no es un documental. Es un triunfo oscuramente travieso de la disonancia entre la vista y el sonido, un triunfo de la disociación misteriosa. Pade se vuelve pícara. Vemos un tiovivo lleno de payasos y arlequines, pero no los escuchamos. Vemos unas piernas sueltas de cabaré bamboleándose sobre una puerta, imagen que se vuelve el doble de macabra cuando Pade le pone el sonido de un bebé llorando. Las montañas rusas se zambullen en los ecos retardados de los gritos. La gente se revuelca por el suelo movedizo de la casa del terror, con caras de pánico, al son de las sirenas antiaéreas. Una escena tiene lugar en las cocinas, donde se cortan coliflores, filetes y se emplatan langostas al son de un zumbido vocal distorsionado y en bucle. Un hombre gordo bebe cerveza con el sonido de los abucheos de la multitud. Se ve un arma disparándose, pero no oímos el disparo. Cae una lata, pero solo oímos carcajadas. Cuando un payaso cierra las puertas al final del día, oímos unos murmullos abatidos. Pade liga cada escena a un subtexto macabro y estremecedor: un astuto experimento sonoro. Hizo *En dag på Dyrehavsbakken* en los albores de la era televisiva y la obra es un truco de prestidigitación intersensorial.

Sesenta y seis años después, paseo por el parque de Bakken en una despejada tarde de agosto. El plan era venir aquí con Jacob Kirkegaard, un productor de música electrónica que trabajó de cerca con Pade al final de su vida; me propuso que nos uniéramos e hiciéramos un montaje nuevo de Bakken en su honor. Esa misma mañana, Jacob me escribió para decirme que se había levantado con dolor de garganta, así que me fui sola a Bakken y grabé una serie de sonidos que luego le envié a él. De alguna manera, la excursión en solitario me vino bièn, igual que mi peregrinaje para ver los abedules de Ustvólskaya en Pavlovsk. Este era el equivalente en Pade, para ver su mundo sonoro abigarrado y alegre. Me atraían los rincones del parque de atracciones, cualquier sitio en el que encontrara chillidos y gritos especialmente extremos. Me quedé junto a una atracción de péndulo que tenía la forma de un enorme pulpo morado y que giraba al ritmo de «I Want It That Way», de los Backstreet Boys. Pensé en cómo *En dag på Dyrehavsbakken* capta la extraña amenaza del lugar, ese deliberado desenfreno al borde del miedo. Hay una especie de insensatez tremenda en el hecho de que un parque de atracciones esté abierto durante una pandemia. Tal vez hubiera algo igualmente perverso y peligroso en el hecho de que la generación de Pade se asustara por voluntad propia y hasta el olvido en una década de guerra. Y así es precisamente: esa es la mordaz disyunción que logra Pade en su música.

• • •

Como símbolo nacional, Hans Christian Andersen es complicado. Es justo decir que no era exactamente el chico casto que sale en los libros de historia. Nació en una familia pobre en 1805, fue el bardo más célebre de Dinamarca y tradicionalmente se lo considera más puro que la pureza, más blanco que la nieve, y es cierto que nunca se casó ni, al parecer, tuvo relaciones sexuales, pero veía a prostitutas en París, aunque solo para hablar con ellas. Probablemente era bisexual y desdibujó las normas de género en sus cuentos mediante la creación de personajes femeninos aventureros y príncipes apuestos con defectos y lados sensibles. Su obra está plagada de una cruda crítica social, que convierte a los pobres en héroes y a los príncipes altaneros en tontos. Andersen publicó sus historias bajo el simple título de *Cuentos de hadas*, y pronto abandonó la etiqueta «para niños» porque reconoció que sus fábulas salvajes y entreveradas de verdad eran para todo el mundo.

Algunos de los cuentos —como *Skyggen* («La sombra»), una alegoría protojunguiana en la que la sombra de un hombre acaba por esclavizarlo y ejecutarlo— son tan oscuros que pocos padres se arriesgarían a leérselos a sus hijos en la cama antes de dormir. Quizá el más problemático de todos sea *Den lille Havfrue* («La sirenita»), publicado por primera vez en 1837. Hay torturas, autolesiones y una profunda melancolía existencial en este cuento de Andersen sobre una sirena que hace un pacto funesto con una bruja del mar. La sirena accede a que le corten la lengua y la cola en dos, dando lugar a un par de piernas enclenques, a cambio del amor de un príncipe humano que apenas se fija en ella cuando se pone de pie al llegar a tierra firme. Cuando era niña, Else Marie Pade sentía el dolor de la sirenita como si fuera el suyo propio.

En 1955, la corporación danesa de radiodifusión le pidió a Pade que compusiera la música para una nueva grabación de seis cuentos de Andersen, y ella supo de inmediato el tipo de destello trágico que debía evocar. Como ella misma anotó, sabía cómo convocar a «enanos y gigantes, las flores danzantes y las hojas temblorosas de los árboles dorados y plateados». Así como las cosas más oscuras. Cuando se puso a hacer la banda sonora de *La sirenita* sabía que tenía que ir directamente al corazón brutal de la misma. Quería sonidos con cicatrices profundas que comunicaran la dislocación y el anhelo, el exilio y la belleza descuartizada.

En palabras técnicas, dividió la banda sonora en pasajes de música concreta y de electrónica pura; una metodología mezclada que eludía las facciones ideológicas del amplio mundo de la nueva música imperante en la época. En París estaba la escuela de Schaeffer de música concreta (música hecha con grabaciones manipuladas de eventos acústicos) y en Colonia, el laboratorio de Stockhausen de música electrónica (música hecha completamente mediante la síntesis sonora). Pero Pade era un verso libre. Alejandro Madrid señalaba que los compositores de la periferia tenían una cierta libertad y Pade, como mujer que operaba en aislamiento desde los márgenes del norte de Europa, era una extraña. Era libre de escoger. Entonces, ¿por qué no usar ambas tácticas? La amalgama arrancaría luego en Japón, América, Rusia y demás. Al mismo tiempo, Bruno Maderna y Luciano Berio estaban elaborando cócteles en su Studio di Fonologia Musicale de Milán. Pero seguía siendo una mezcla rara y atrevida.

Para representar el mundo humano que deseaba la sirena, Pade troceó fragmentos del archivo radiofónico. Una canción popular de *Les contes d'Hoffmann*, una canción italiana del siglo XIII, un trozo del *Petrushka* de Stravinski. Mezcló grabaciones de risas y campanas de iglesia. Para el reino submarino utilizó técnicas rudimentarias de cintas —reverberación, retardo, repetición en bucle— para crear las burbujas y el borboteo, acordes espeluznantes que parecían flotar a la deriva. Estuvo ocho meses haciendo experimentos para conseguir los sonidos adecuados. Intentó invocar una tormenta eléctrica, según anotó en su diario: «Se intenta producir un relámpago: se rompe papel, que provoca unos crujidos cuando se acelera. Termina por cortocircuitar el micrófono y hacer un bucle de cinta del sonido».

Lo más difícil de conseguir fue la voz desfigurada de la sirena. Para ello quería una combinación de la noble voz de la soprano Elisabeth Schwarzkopf y el filo dentado de una sierra. No existía un sonido como ese en ningún archivo de grabaciones, así que se dirigió al gran edificio de la DR, a una sala de la tercera planta llamada Lab. III. Allí se presentó a sí misma al técnico jefe de la emisora, un ingeniero de sonido afable, de nombre Holger Lauridsen, que era a su vez un importante innovador en la tecnología del micrófono estéreo. Tras escuchar con atención su petición, Lauridsen se levantó, encendió un oscilador, toqueteó algunos botones. «AHORA SÍ —recuerda Pade— que cantó la sirena como cantan las sirenas». El sonido resultante es exquisitamente triste. Es una voz espeluznante, humana y no humana, empapada de una belleza destinada al fracaso. Pade lo incluyó en el archivo de la DR como H, de *havfruesang* («canción de la sirena»).

• • •

Esta es la lista del equipo técnico que había en el Lab. III de la corporación danesa de radiodifusión, anteriormente conocida como Statsradiofonien, en 1955:

Generador de barrido modulado con modulador web
Generadores de ondas de sierra y cuadradas
Generadores de ruido blanco
Generador de frecuencia o velocidad
Generador de pulso
Modulador cruzado
Modulador en anillo con retroalimentación
Filtros de octava y de un tercio de octava
Filtro que se usa en piezas de radio para la distorsión de las voces humanas, etc.
Máquinas de reverberación
Placa de reverberación
Cámara de reverberación
Muelle de reverberación

Grabadores de cintas de una o dos pistas
Reproductor de discos

• • •

Cuando el *Ulises* de Jame Joyce se publicó por primera vez en danés en 1949, Pade leyó la novela en tres días. El carrusel de personajes, las tangentes enrevesadas, las sacudidas y los registros que fluctúan entre la porquería y la gracia; las estrategias de Joyce tenían para ella mucho sentido. También ella tejió sus propias experiencias entre los contornos sonoros de una ciudad (su Copenhague era el Dublín de Joyce). Ella también transgredió las fronteras entre lo público y lo privado, entre lo elegante y lo burdo, entre lo real y lo medio fantaseado. Como Joyce, ella lo cuenta todo con verdad emotiva e ingenio. Como Joyce, Pade nos deja entrar hasta el fondo, hasta lo más incómodo que hay al fondo del todo.

La novelista Ali Smith describe la sinfonía léxica del Dublín de Joyce como «hacer una epopeya eterna a partir del transcurrir de un único día corriente». Y eso es precisamente lo que hace Pade al usar trozos de archivo radiofónico y varias grabaciones suyas en su *Symphonie magnétophonique* de 1958. La obra es una osada sacudida de *collage* sonoro que condensa veinticuatro horas de la capital danesa en un poema sinfónico de veinticuatro minutos. Es un divertimento auditivo por la ciudad, un retrato travieso, aterrador, empañado y valiente de un día en la vida. Copenhague es la pieza central, fresca y animada de esta película para los oídos. Se nos ofrece un recorrido sonoro por las calles, una postal de ruidos.

La obra comienza en un sueño. Parece casi feliz, quizá un poco triste. A lo lejos se escucha el repique de campanas en el ayuntamiento. La alarma de un despertador nos traslada de sopetón a una mañana radiante. El bostezo en armonía. Pincelada de semicorcheas. Enjuagues, escupitajos, calentamientos vocales en la ducha, el silbido del agua hirviendo. Sorbos de café, portazo, pies que martillean escaleras abajo. En la calle hay ruido de trenes, tranvías y timbres de bicicletas. En la oficina, un repiqueteo de máquinas de escribir y llamadas telefónicas. A la hora de comer hay cuervos en el parque, un organillo y un boletín de noticias hecho añicos. Tras las compras de la tarde va el té, los niños en el parque y el tráfico de la hora punta. Por la noche, la banda sonora de los restaurantes son los discos de calipsos y fuegos artificiales en los Jardines Tivoli (el segundo parque de atracciones más viejo del mundo, después del de Bakken). Luego viene la oscuridad y ahora el mundo no parece tan amable. Escuchamos *flashbacks* de bombas, soldados, sirenas, gritos. Por fin, la respiración se ralentiza y late el corazón. Se puede sentir la brisa, el canto de una alondra. Y vuelta a empezar.

Edgard Varèse hizo algo no muy distinto cuando introdujo una orquesta con sirenas y bocinas de niebla en *Amériques*, su obra pionera. El público odió la pieza cuando se estrenó en 1926, con Leopold Stokowski como director de la Orquesta de Filadelfia en el Carnegie Hall. Hubo abucheos y silbidos. Los críticos la declararon un motín, que era precisamente la idea, porque la vida moderna parecía un motín y Varèse se encargó de participar en él; dijo que su objetivo era «abrir de par en par el mundo musical y dejar que entrase el sonido, todos los sonidos». La *Symphonie magnétophonique* obvia la orquesta por completo y va directa a la raíz.

Lo que más me sobrecoge del magistral *collage* sonoro de Pade no es la mecánica de la grabación. Eso ya se había hecho antes; por ejemplo, lo hizo Halim El-Dabh en El Cairo cuando tomó prestado el equipo de la Radio Oriente Medio para grabar a mujeres en una antigua ceremonia religiosa, y luego manipuló los sonidos para crear su trabajo pionero con cintas, *The Expression of Zaar*. Fue la primera pieza de música concreta, cuatro años antes que Schaeffer y una década antes que Pade. Lo más extraordinario con respecto a la *Symphonie magnétophonique* es su carácter íntimo. De un modo tremendamente palpable, hay una protagonista en el corazón de esta resonancia urbana. Se lava los dientes, canta en la ducha. Es ella quien nos lleva de la mano para enseñarnos sus manías cotidianas y sus recuerdos dolorosos. Quien nos acerca al latido de su corazón, a su respiración que se ralentiza, que nos hace preguntarnos si podría ser la nuestra propia. Mientras *Amériques* ponía el foco en la cacofonía descarada de Nueva York y *The Expression of Zaar* desentrañaba un ritual colectivo con riguroso detalle, la *Symphonie magnétophonique* personaliza la narración. Realmente el tema no es Copenhague, sino una mujer que vive en esa ciudad su atribulada vida, con la escucha siempre atenta. Como Ustvólskaya, Pade no oculta nada en su reportaje musical. Ambas nos confrontan con sus brutales fragilidades e insisten en que consideremos las nuestras propias.

...

En 1958, Pade viajó a Bruselas con tres compañeros de la corporación danesa de radiodifusión: Erik Schack y Mogens Andersen, del departamento de música, y el técnico Sven Drehn-Knudsen. Iban a la Expo del 58, en la que presenciarían una edición escandalosa, durante la que:

a) alguien vandalizó el manuscrito original del *Requiem* de Mozart, arrancándole las esquinas en las que Mozart escribió las que supuestamente fueron sus últimas palabras;
b) la Unión Soviética culpó a los estadounidenses de robar la maqueta del Sputnik;
c) el comité organizador de la nación anfitriona de alguna manera consideró apropiado montar un zoo humano en el pabellón del Congo Belga, e importó a personas reales para que posaran como «primitivos» en un *village indigène*;
d) el embajador mexicano movió algunos hilos para encontrar un escenario adecuado en el que exponer los quince pianos metamorfoseadores de Carrillo.

Else Marie, Erik, Mogens y Sven hicieron cada uno sus propios recorridos por las exposiciones. En el famoso Pabellón Philips, escucharon el *Omaggio a Joyce* de Luciano Berio y el *Poème électronique* de Varèse, emitido a través de cientos de altavoces que instaló el arquitecto Le Corbusier y el compositor y arquitecto Iannis Xenakis. Pade conoció a Pierre Boulez y a Karlheinz Stockhausen, con quien entabló una amistad duradera. Lo que más la entusiasmó de su visita fue el planetario, en el que se podía reclinar y escuchar la música que salía por los altavoces de sonido envolvente. Al contemplar el centelleo del cosmos, sentía como si detrás de cada estrella hubiera un altavoz. De niña ya había descifrado el parloteo de las constelaciones. Ahora tuvo de nuevo la sensación de que el mundo material apenas estaba a la altura de su imaginación.

A su regreso en Copenhague, Pade dibujó siete círculos en una hoja de papel cuadriculado. Cada uno está salpicado con una constelación de siete notas. Esa es la partitura. Las notas se tocan en orden, en bucle. Después de que se

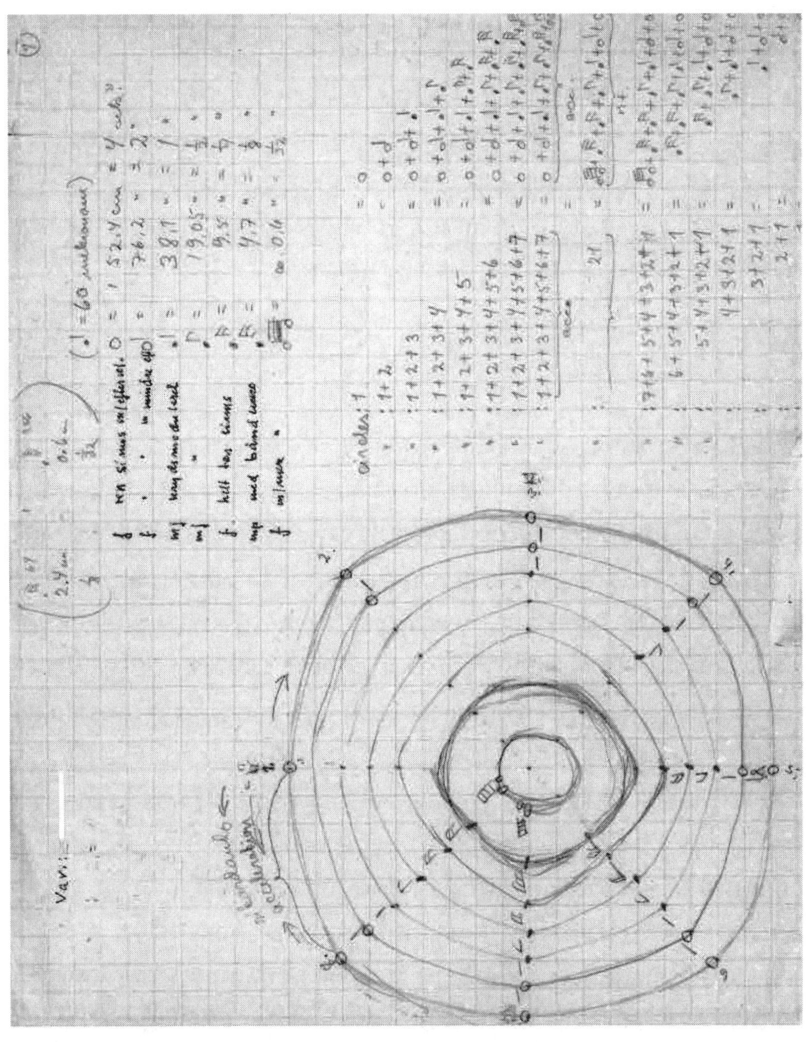

hayan oído las primeras notas del círculo, suena el segundo círculo, pero al doble de velocidad. El tercer círculo dobla otra vez la velocidad; y así sucesivamente, con círculos que se van añadiendo y que crean patrones estroboscópicos y centelleantes. La música aterriza al tiempo que despega, uno a uno los círculos empiezan a desvanecerse hasta que el cielo se vuelve a poner oscuro. Pade le puso a la pieza el nombre de *Syv cirkler* («Siete círculos») y dijo que quería que la música se moviera como las estrellas. Con su misterio y su clarividencia, su carácter meticuloso y —como de costumbre— muy personal, *Syv cirkler* fue la primera obra danesa de música puramente electrónica.

...

Cuando la terminó, Pade envió *Syv cirkler* por correo a un planetario de San Francisco en el que el pícaro artista sonoro Henry Jacobs montaba espectáculos multimedia en su Vortex, «teatro del futuro». También presentó la pieza para que la emitieran en la serie *Música en la era atómica*, una secuencia de programas experimentales inspirados en la Expo del 58. Pade formó parte del grupo organizador, que programó música de Schaeffer, Boulez, Stockhausen, Nono, Cage, Xenakis, Kagel, Takemitsu y Berio. Ella misma aportó tres de sus primeras obras: *Syv cirkler*, *Symphonie magnétophonique* y *La sirenita*, con una duración de cuarenta y dos minutos y la inconfundible narración de la actriz Ellen Gottschalch.

Fue un hito en la historia musical de Dinamarca, aunque no todos los oyentes estaban dispuestos a abrazar la llamada «era atómica» si esta iba a parecerse de algún modo a los ruidos que salían de sus radios. La serie provocó una «avalancha de llamadas», recordaba Pade más tarde. «Mesas redondas, críticos que expresaron su desaprobación y hordas de personas que soltaban sus opiniones, en las que exhibían su comprensión literaria de *El traje nuevo del emperador*». Knudåge Riisager, compositor y a la sazón director del *alma mater* de Pade —la Real Academia Danesa de Música—, respondió a *Syv cirkler* con una especial indignación. En una crítica feroz, escribió que le parecía una pieza «nauseabunda» y sostenía que le hacía sentir «físicamente incómodo». Y peor aún: dio por sentado que había algo «peligroso» en el mecanismo de la música, que le recordaba a los discursos de Hitler durante la guerra. Esto remite a *Hoy mismo* y el escándalo de los peces suicidas.

Pade nunca se llevó muy bien con sus compañeros compositores daneses, aunque sí con algunos ingenieros de sonido de la DR. Algunos de los técnicos reconocían su visión e hicieron todo lo que estaba en sus manos para ayudarla. A cambio, ella los trataba con respecto; sabía que su sonido dependía de la pericia de ellos. Pero echaba en falta un círculo creativo más amplio. Cuando volvió de su estimulante viaje a Bruselas, ella y el ingeniero de sonido Holger Lauridsen cofundaron un grupo de estudio llamado Aspekt, cuyo objetivo era construir un espacio seguro para hablar de ideas vanguardistas. Organizaron proyecciones de películas experimentales y producciones de teatro del absurdo. Hablaron sobre el futuro del teatro radiofónico. Pade invitó a Stockhausen para que hiciera una presentación al grupo, a lo que accedió: habló de su controvertida misa *Gesang der Jünglinge*, en la que la incorpórea voz de un niño cantor se funde en un aura de tonos sinusoidales; la integridad de la historia de la música sacra diluida en el mantra de la nueva música electrónica de Stockhausen. Sobre todo, el compositor alemán se ganó el cariño de los daneses al elogiar el estudio y situarlo al mismo nivel que las instalaciones de la famosa sede de la Orquesta Sinfónica de la Radio (WDR) en Colonia.

Al parecer, Pade siempre tuvo sentimientos encontrados hacia su país y su arraigado conservadurismo cultural. La DR nunca apoyó de pleno un taller radiofónico, aunque a Pade le dieron permiso para experimentar una vez acabada su jornada laboral. Su posición, alejada de los centros europeos de la música con cintas y la experimentación electrónica, le permitió esquivar el dogma y crear sus propias mezclas, pero su biógrafa, Andrea Bak, me dijo que Pade describió Dinamarca como «un lugar pequeño para la mente» y animó a Bak a que se fuera a Nueva York precisamente para «liberar su mente». Else Marie asistió a los cursos de verano de Darmstadt y estuvo en contacto estrecho con Stockhausen, incluso cuando este saltó al estrellato. En 1991, él le envió una postal navideña monísima con unos pentagramas hechos a mano que tenían la forma de un árbol de Navidad. «A la encantadora Else Marie Pade —escribió, con un corazón en lugar de la palabra "encantadora"—, con electrónico afecto».

• • •

El matrimonio Pade se disolvió en 1960. El músico y destacado columnista danés Henrik Marstal, que escribió un minucioso libro sobre la obra de Pade, conjeturó que la relación no duró, en parte, por lo que él describe como «un desajuste» en las expectativas domésticas.

—Henning venía de una parte rica de la ciudad; Else Marie no podía o no quería mantener la casa limpia —me dijo Marstal—. A ella le costaba acordarse de cocinar. En su lugar, componía, organizaba fiestas y tenía *affaires*, por lo visto con su profesor Vagn Holmboe y luego tal vez con Stockhausen, aunque estas son puras suposiciones. Vivía como una bohemia y, en la época, eso no se ajustaba del todo a las expectativas de una ama de casa honorable de Copenhague.

Dos años después del divorcio, los dos hijos fueron enviados a un internado.

Quienes de verdad la conocieron cuentan que fue una persona introvertida y con una gran imaginación, alguien con una percepción extraña, cuya mente operaba fuera de los asuntos prosaicos, como olvidarse las patatas en los fogones. En el trabajo se ponía nerviosa y reticente, y de repente soltaba una fuerte risotada. En los setenta la operaron de cáncer de garganta, lo que le dejó un hilo de voz fino y chillón. A menudo llevaba ropa amarilla. Andrea Bak la describe así:

> Una persona muy poco común, muy ligera. Diferente a cualquier otra persona que yo conozca. Por su sinestesia, hacía conexiones que yo no entendía. Era muy intuitiva con la gente. Nunca juzgaba a una persona por lo que decía, sino por cómo la miraba a ella a los ojos. Creo que era clarividente. Su hijo la describe como si fuera una alienígena.

• • •

El juego de los abalorios es la última novela del escritor alemán Herman Hesse. Se publicó en Suiza en 1943, después de que Hesse fuera denunciado en Alemania por ser antifascista. La novela es una crónica de un futuro mejor. Hesse se imagina el año 2400 y una institución educativa cuya labor consiste en rescatar los valores decentes de entre los restos del siglo XX. El «juego de los abalorios» en sí es una especie de ceremonia intelectual, como un ajedrez o un Tetris complejo, una utopía smetakiana que conecta toda la sabiduría y naturaleza humanas en una especie de armonía brillante y universal. (Hesse se quedó embelesado con la teosofía a comienzos del siglo XX). Dejando a un lado el hecho de que este juego inventado desemboca en unas consecuencias fatídicas y que todos los maestros son hombres, a Pade le encantó la novela; sobre todo la forma en que se entrelazan música y filosofía, ciencias y artes. Como niña sinestésica, había mezclado los sonidos de la calle con sus narraciones interiores de cuentos de hadas y radioteatro. Con su propio juego de abalorios, el que le había traído su padre cuando estaba enferma en la cama, tenía en su tablero un universo de patrones complejos y armonías relacionadas. «Cuando mis experimentos sonoros empezaron a cohesionarse y a convertirse en composiciones —reflexionaba—, me sorprendió el segundo *déjà vu* de mi vida: los sonidos que emitían los altavoces tenían los mismos colores* que los abalorios de cristal de mi juego de infancia. Mi imagen sonora mental se había hecho realidad».

En 1960, el año en que Else Marie se divorció de Henning, ella volvió a aquel juego de infancia que era su favorito. Inspirándose en Hesse, escribió *Glasperlespil I* y *II*, un par de obras volátiles, ligeras, místicas, espaciosas. Hay doce notas. Cada una tiene su propia cualidad sonora: algunas punzantes, otras pálidas, otras acuáticas, huecas, con forma de gong. Hay que visualizarlas como si fueran canicas individuales, y en el despliegue de la música como si las canicas de colores se desplazaran entre patrones, una a una, fila a fila, hasta que el tablero de cristal se llenaba. El término para la música que se construye a partir de una serie predeterminada de notas es «serialismo», que se ganó la reputación de frialdad emocional debido a los dogmas de sus primeros artistas-estrella. Varèse, que nunca fue fan de esta técnica compositiva, llamó al serialismo integral un «endurecimiento de las arterias» y consideró «una gran tragedia que Schönberg, tras haber

* En el original, *tone colours*. En música, «timbre» y «color» son términos equivalentes para referirse a la cualidad del sonido. *(N. del T.)*

liberado a la música de la tonalidad, haya buscado refugio en un sistema». El *Glasperlespil* de Pade es serialismo, pero en su forma más hechizante y celestial. Nos introduce en su órbita fantástica, en su intuición de que cada color tiene su propia voz secreta. Stockhausen entendió lo maravilloso que había en ello; en sus conferencias, utilizó *Glasperlespil* como ejemplo de lo caleidoscópico que podía ser el serialismo electrónico siempre que estuviera en buenas manos.

Mucha de la música de Pade está relacionada con las estrellas, los cuentos de hadas o los colores. *Lyd og lys* («Sonido y luz») es una obra de 1960 en la que se imagina una nota que se precipita por el espacio como un cometa. Ella lo describe, de un modo bastante mágico, como un «ballet para reflectores y altavoces». Su partitura visceralmente demoníaca para una obra escolar de radio del *Fausto* de Goethe (1962) es un palimpsesto fantasmagórico de treinta y un minutos. Se conjuran múltiples mundos mediante la acumulación de frecuencias altas sobre otras muy bajas. Hay *leitmotivs* astrales para los amantes y —en un golpe de subversión sublime y castrante— una grabación deformada de un caniche que se queja a Mefistófeles. Las brujas que vuelan a su reunión anual en Brocken están representadas con unos silbidos tremendos que hacen un barrido en los altavoces de izquierda a derecha. En cuanto a la escena de amor, de repente todo se vuelve tierno, suaves sábanas de pulsaciones medias y susurros. El precioso sonido ronco de los osciladores analógicos amplía la sensación de erotismo. Es un romance eléctrico, que se expande con alegría y parsimonia.

De hecho, esa sensualidad descarada está presente en toda la obra de Pade. Está en los paisajes oníricos de su *Symphonie magnétophonique*, en el éxtasis herido de *La sirenita*, en un ballet para televisión llamado *Græsstrået* («Briznas de hierba») y escrito para percusión, piano, violín y electrónica. La propia Pade tocó la parte de piano preparado de la grabación, que se televisó en 1965 en Nordvision con bailarines del Ballet Nacional de Dinamarca. La narración continúa con una brizna de hierba que se levanta y retoza en una celebración báquica de las alegrías de la naturaleza. Se unen a la danza pájaros, mosquitos y mariposas. Pero si todo esto te parece demasiado pastoral, espera y verás. No es una escapada a un prado primaveral. Pade hace una síntesis electroacústica de los instrumentos con unos efectos rotundamente abrasivos; la naturaleza es salvaje y amenazadora, con dientes que muerden. En un clásico golpe mágico de Pade, reserva la electrónica pura para el baile del amor, un efímero *pas de deux* elíseo bajo las estrellas.

• • •

En 1970, Pade creó su última obra maestra. *Se det i øjnene* («Afróntalo») es la última de una serie de cuatro obras llamada *Fire radiodigte*, de ocho minutos de duración y brutalmente catártica. De una manera muy fragmentaria pone música a un feroz poema político de Orla Bundgård Povlsen leído por el actor Peter Steen, que repite constantemente la frase «Hitler no está muerto». Pade musicaliza las palabras con un tambor implacable. Con pavor, escuchamos grabaciones distorsionadas de la propia voz de Hitler, fragmentos del dictador espetados a toda prisa. Pade crea unos bucles de sonidos implacables. Se enfrenta a sus demonios. A medida que el poema se rompe y finalmente se detiene en la palabra «Hitler», la propia voz del dictador comienza a cobrar fuerza. Al girarse hacia nosotros, le concede la última palabra a la multitud.

Más o menos en la misma época en la que escribió *Se det i øjnene*, Else Marie Pade sufrió una especie de crisis nerviosa. No podía dormir por las noches. Unas imágenes de la guerra de Vietnam que vio en televisión le provocaron palpitaciones y ataques de ansiedad. Habló con un psicólogo, que le dijo que estaba experimentando un trastorno postraumático conocido como «síndrome de los campos de concentración», que empezó a aparecer entre los supervivientes de la Segunda Guerra Mundial.

Según me dijo Henrik Marstal, tras la ocupación alemana del país, en Dinamarca había una actitud generalizada de «mantenerlo debajo de la alfombra. Dejarlo estar. No mencionarlo». Se refiere a lo que, según él, es la forma colectiva que tiene Dinamarca para afrontar el trauma. «Quizá —continúa— no se considera digno admitir que las cosas son dolorosas. En los setenta no hubo mucha reconciliación aquí en Dinamarca». Morten, el hijo de Pade, le dijo a Marstal que no recordaba una sola vez en su infancia en la que sus padres —ambos fueron detenidos en Frøslev— hablaran sobre cómo vivieron la guerra.

El psicólogo de Pade le dijo que tendría que dejar su trabajo en la radio, lo que finalmente hizo en 1976. Se mudó a una especie de vivienda tutelada y se convirtió al catolicismo, atraída por sus doctrinas y misterios. Vivió en reclusión. Escribió un puñado de piezas en alabanza a la Virgen María, compuso para voz y música electrónica. En las últimas décadas del siglo XX compuso poco, en 1980 escribió una obra sacra llamada *Syv billedsange om Teresa af Avila* («Siete canciones ilustradas sobre Teresa de Ávila») y en 1984, *Efterklange*

(«Reverberación») *I*, *II* y *III* para percusión. Escribió prosa y poesía, a veces con el pseudónimo de Christian Sand; escribió textos y libretos religiosos. En 2008 completó el cancionero *Pas på os*, cuyo subtítulo es «Un libro ilustrado de oración y meditación para niños de todas las edades».

• • •

Henrik Marstal «redescubrió» a Pade a inicios del siglo XXI, junto al musicólogo Ingeborg Okkels. Marstal es prudente y entrecomilla el verbo «redescubrir» al decirlo. Hablamos en el jardín de su casa, en un pueblo a las afueras de Copenhague. Hasta hace un par de semanas vivían en la ciudad, pero se mudó aquí con su familia y todavía no muchos muebles en la casa, así que nos sentamos fuera, en una mesa que está al sol y en la que tomamos café y comemos pasteles de canela. Marstal tiene en brazos a un niño graciosísimo mientras me narra la cronología de sus encuentros con Pade.

En 2001 estaba trabajando en un libro sobre la historia de la música electrónica y por casualidad conoció al nieto de Pade en una cena. El encuentro le llevó a una entrevista que se publicó en *Dansk Musik Tidsskrift* (Revista de Música Danesa), lo que le llevó a un artículo, lo que le llevó a un documental radiofónico, lo que le llevó a reeditar y remezclar la música de Pade. Surgió una comunidad de seguidores especializados pero entusiastas. Un número selecto de músicos de electrónica y vanguardistas de la nueva generación se hicieron partícipes de la historia de la compositora: la consideraron un símbolo perdido, una «dulce señora mayor con una vocecita divertida», como dice Marstal, burlándose del estereotipo. Varios artículos la aclamaron como la «abuela» de la música electrónica o, como en un titular del 2003 en el tabloide danés *Ekstra Bladet*, «technoabuela». El productor musical Thomas Knak, un destacado artista danés que ha trabajado con Björk, tenía la sensación de que se había desenterrado un patrimonio olvidado. En 2002, Knak dijo: «Parece que es la abuela de todos nosotros, los músicos de electrónica. Pero es bastante divertido, porque hasta hace poco ninguno de nosotros sabía que teníamos una abuela».

A Marstal no le sorprende la manera en que se ha encasillado a Pade. Le parece que los músicos electrónicos daneses quieren apostar por ella porque aporta un cierto peso y credibilidad a lo que hacen.

—Empezó a pasar en el mundo de la electrónica durante los noventa —sostiene—. Se les empezó a tomar en serio: el *mainstream* consideraba «serios» a artistas como Underworld o Aphex Twin. Igual que a gente como Daphne Oram, Éliane Radigue, Else Marie Pade, que resultaron ser útiles como intelectuales periféricas e inventoras del género.

Señala que Dinamarca es el país que adoptó el relato de Christian Andersen sobre el patito feo como parte integrante de su psique nacional.

—Es la historia que todo el mundo quiere oír todo el rato —dice, negando con la cabeza—. La de que tenemos una vida muy dura, pero que nuestra bondad interior brillará finalmente —explica. La historia de Pade, con su infancia enferma y el papel que desempeñó en la resistencia, y luego sus años prácticamente en silencio hasta ser «redescubierta» de mayor. Y continúa—: La historia es tan buena que gente que ni siquiera tenía la intención de escuchar sus obras quería formar parte de un pedazo de la saga.

Marstal sí había escuchado en profundidad los trabajos de Pade y muchos de ellos los consideraba una forma de *Trauermusik* («música de funeral»).

—Tenía un gran sentido del humor —apunta—. Y hay mucho humor en la música. Pero el trauma profundo está por todas partes.

Pade murió el 18 de enero de 2016 a la edad de noventa y un años. Hacia el final de su vida, la demencia había ocupado su maravillosa mente. Su funeral tuvo lugar en Sankt Andres Kirke, en Ordrup, al norte de Copenhague, en una tarde de invierno amarga y fría. El velatorio fue en un restaurante chino cercano. Entre cafés y rollitos de primavera, alguien tuvo la cuestionable idea de poner una de las grabaciones de Pade como música de fondo. Cuando sonó *Se det i øjnene*, un oficinista bajó corriendo de la agencia inmobiliaria que había arriba. Se quejaba de que la música se escuchaba por el suelo y había confundido las repeticiones con techno.

Durante el funeral de esa misma mañana, Morten, el hijo de Pade, cantó algunas canciones que su madre había escrito en Frøslev. Cuando el micrófono dejó de funcionar de repente en medio de la liturgia y unos ruidos extraños empezaron a sonar por los altavoces de la iglesia, la gente se miró entre sí con asombro.

—Parecía como si alguien hubiera cogido el micrófono y lo hubiera tirado a un acuario —dice Andrea Bak, soltando una sonrisa al recordarlo—. ¡Todos pensamos que era ella! Que nos estaba saludando desde el cielo.

Marstal se refiere a este incidente como el último gesto de Pade de hechicería electrónica. Fue como si solo así, en ese momento, días después de su muerte, por fin se despidiera y se retirara de los escenarios como ilusionista musical.

La historia de Pade va sobre una artista que lidia con el dolor recurriendo al sonido en busca de consuelo. Sobre una mente innovadora que aprovecha la tecnología de la nueva música para narrar y liberar, para contar los cuentos más escalofriantes, para rezar. Su música era resistencia. No estaba contenida entre los parámetros sonoros existentes. Como todas las mujeres en este libro, no se limitaba a hacer los sonidos que supuestamente tenían que hacer las mujeres. Sus recuerdos estaban salpicados de unos profundos traumas de guerra y transformó el papel de la compositora en el de documentalista, hechicera y confesora. Sus experiencias suenan a verdad para mucha gente de su generación y ella les habla con una voz atribulada y honesta. Precisamente por eso tenemos que escuchar lo que tiene que decirnos.

Al otro lado del Atlántico, otro compositor hizo música como acto de resistencia. Pero mientras Else Marie Pade se volvió hacia dentro para expresar la pena y la gloria, Muhal Richard Abrams abrió las puertas de par en par.

Muhal Richard Abrams (1930-2017)

Una tradición tan vasta como la naturaleza: el despertar en el South Side de Chicago

Es el acto de apertura del festival Composers Now de Nueva York en 2017 y alguien invita a Muhal Richard Abrams a subirse al escenario. Lleva una chaqueta de terciopelo y unos pantalones marrones. Se acerca tranquilamente hacia el piano, pero no se sienta. En su lugar, se agacha detrás del instrumento, lo rodea e inspecciona un dispositivo de grabación que apunta al interior de la tapa. «Un momentito», le dice al público sin prisa alguna. Tiene ochenta y seis años. Morirá ese mismo año. Mira el reloj y se dirige de nuevo hacia el teclado, donde finalmente se sienta. Vuelve a mirar el reloj, y luego toca una nota grave con una convicción poco ceremoniosa y precisa. Con los ojos cerrados, escucha cómo decae la nota, comprueba de nuevo su reloj y empieza.

Lo que arranca es una pieza improvisada llamada *Four+*. Abrams toca con la cabeza inclinada, el cuerpo inmóvil, solo levanta un poco los hombros de vez en cuando mientras sus manos acechan las teclas. Las frases llegan a raudales, la ejecución es errática y decidida. Se detiene en la octava inferior y se lanza hacia arriba. Sus dedos trepan por el teclado como si estuvieran escalando un acantilado a toda velocidad. Siempre vuelve a esa nota grave. Ese núcleo. El pianista Jason Moran, que estudió con Abrams, describe cómo su profesor le animaba a llevar sus ideas hasta el final. Si empiezas un gesto, ¿por qué parar? Síguelo. Persíguelo. Mira a ver dónde te lleva el compromiso total.

Las últimas actuaciones de Abrams podían llegar a inducir al trance. Solían durar cerca de una hora. En esta ocasión, se limita a once minutos, pero aun así a partir de esa única nota inicial hace aparecer como por arte de magia una cordillera rocosa entera. A pesar de toda su metodología —y tenía una rigurosa metodología—, siempre había un espíritu de aventura grandioso y sólido en su forma de tocar.

—Era una fuente de curiosidad —me dijo uno de sus amigos de toda la vida.

Abrams compuso obras orquestales, de cámara, de electrónica y para piano, y todas son un gran trabajo de exploración. Publicó docenas de álbumes en solitario y en grupo, como pianista y como director de bandas. Su fraseo tiende a dar sacudidas y sus melodías suelen ser erráticas, lo que confiere a su sonido una angulosidad pronunciada. Quizá te hayas dado cuenta de que he evitado usar la palabra «jazz». Es porque él también lo hacía. Abrams podía tocar hard bebop y blues cuando quería, con un sentido del swing que era algo ácido, tenso y a sacudidas. También escribió música que se inscribe en la tradición clásica, un linaje que abarca a sus compañeros compositores afroamericanos Olly Wilson y Hale Smith tanto como a Chopin, Rajmáninov y Scriabin.

Lo que comparten todas las obras de Abrams es la forma en que abordaba una idea —a veces era una sola nota, a veces un pequeño patrón improbable—, que exprimía hasta el final. En este sentido, compartía el compromiso total de Galina Ustvólskaya, a pesar de que su *ethos* era intensamente comunitario en comparación al de Galina, que era solitario. Pero sí: lo que hacía era seguir una idea, alimentarla, convencerse o, en caso necesario, buscar su núcleo potencial. Y tenía que ser original. «Nada de *licks*», les decía a los miembros de su banda. Esa era una de sus únicas consignas creativas. Nada de clichés, nada de muletillas, nada de chulerías. «No quiero que nadie toque patrones, no quiero que nadie toque *licks*».

• • •

«No era, cómo decirlo, una de esas personas cariñosas», me dice Leonard Jones. Me cuenta cómo conoció a Abrams. Corría el año 1964 y Jones, que entonces era un joven bajista recién salido del ejército estadounidense, acudió a una sesión musical de lunes por la noche en el South Side de Chicago.

Al principio, la Experimental Band se reunía en el C&C Lounge (cuyo nombre venía de los propietarios: Chuck y Claudia). Más adelante, las reuniones se trasladaron a un centro de servicios sociales en un robusto edificio de ladrillo rojo, que fue la primera construcción que diseñó Frank Lloyd Wright. El cartel de músicos incluía algunas de las mentes más creativas del Medio Oeste o de cualquier lugar y, otras noches de la semana, se podía encontrar a los mismos músicos encabezando los carteles de clubs de jazz y bares de blues de todo el país. Pero este conjunto particular de los lunes nunca actuó ni hizo ninguna grabación comercial. Se reunían para ellos mismos.

Jones recuerda entrar a la sala de ensayo sin tener ni idea de lo que estaba pasando. Ocho o diez músicos hablaban con seriedad sobre cuestiones de estructura armónica y desarrollo motívico. Recuerda que le presentaron al director de la banda: un hombre esbelto y de aspecto serio llamado Richard Abrams («Muhal» era el apodo con el que se le conocía, pero eso fue más adelante). Abrams tenía entonces treinta y cuatro años; Jones, trece años menos. Los dos hombres se dieron un sobrio apretón de manos. No era una de esas personas cariñosas. Después de unos cuantos ensayos, Abrams invitó a Jones a su apartamento, que, según descubrió Jones rápidamente, era una puerta de entrada a nuevos modos de pensar.

Abrams y su esposa Peggy vivían en un minúsculo piso en el sótano de South Evans, justo al lado de Cottage Grove Avenue, el epicentro del explosivo y creativo barrio de South Side. Las habitaciones estaban pintadas de color púrpura y atestadas de libros, partituras y músicos. Siempre había músicos en casa de Peggy y Muhal. El saxofonista Roscoe Mitchell, diez años más joven que Abrams, había entrado en el grupo gracias al batería Jack DeJohnette, que pasaba regularmente por allí después de la escuela secundaria para dar clases informales de teoría musical. El saxofonista Joseph Jarman, que más tarde se unió a Mitchell en el Art Ensemble de Chicago, describía el entusiasmo de Abrams por la pintura, la astrología, la herbología y por todo tipo de música. «Era como si hubiera encontrado a un maestro», dijo Jarman.

Jones pronto se convirtió en un habitual. Me mira con curiosidad mientras describe la escena.

—¿Sabes qué es el marrubio? —pregunta, apoyándose en la palabra con un lento énfasis.

—No lo sé.

—Es una hierba muy amarga. Muhal la preparaba y nos sentábamos en su cocina a beber marrubio y a hablar de todo. Así desarrollábamos todo tipo de ideas.

En aquella época, ninguno de estos músicos (ni Abrams, ni Mitchell, ni Jarman, ni DeJohnette, ni Jones) tenía acceso a un estudio formal de música experimental. A principios de los años sesenta, en Estados Unidos, no había estudios de jazz, de improvisación musical o de electrónica. Con la Experimental

Band, Abrams y sus compañeros organizaron su propio laboratorio de los lunes por la noche en el que probaban, ensayaban y se adentraban en nuevos sonidos, todo ello sin público. Cada semana, los músicos llevaban nuevas composiciones y, frente al resto de la banda, explicaban las ideas que había tras su trabajo. Si algunos miembros no sabían leer partituras, desarrollaban un lenguaje alternativo para que todos pudieran entenderlos. Incluso si alguien no se consideraba compositor, en la Experimental Band pronto se convertía en uno.

Los talleres de los lunes por la noche acabaron convirtiéndose en la Association for the Advancement of Creative Musicians (AACM), fundada oficialmente en 1965 por artistas que casualmente vivían en el mismo barrio y que creció hasta convertirse en uno de los colectivos más importantes de la historia de la música. La vanguardia de la AACM en el South Side de Chicago quería hacerse cargo de su propia música. Querían controlar cómo la hacían, cómo sonaba, dónde la tocaban y cómo se etiquetaba. Se negaron a permitir que su capacidad de expresión se viera limitada por estereotipos raciales, se negaron a que se les dijera que un músico negro con un saxofón solo podía existir dentro de un género estilístico llamado «jazz». La AACM desafió a la vigilancia de fronteras entre el jazz y la música clásica, y sus miembros desafiaron las actitudes raciales reductoras en torno al estilo y la forma, la instrumentación y las referencias. Por ello, a menudo, fueron rechazados desde todos los frentes. Demasiado negros para ser clásicos, demasiado vanguardistas para ser negros. De todos modos, ellos siguieron mezclando los géneros en su música.

Para los miembros de la Experimental Band, la composición era una declaración radical. Es decir, no solo la música que hacían era radical —pues lo era sin duda—, sino que también lo era el proceso fundamental, el acto de componer. Escribir una música desafiante era un gesto provocador. Un gesto de igualdad, una afirmación del derecho a elegir el modo de expresión de cada uno. Crear el tipo de sonidos excéntricos que hacían era un verdadero nivelador racial. Los lunes por la noche, este grupo de pioneros eludía la exclusividad de los géneros simplemente para equiparse con las herramientas técnicas necesarias e introducirse de lleno en ellos.

Había una sinergia salvaje y paradójica entre este grupo de personalidades obstinadas que se unían para garantizar que todos podían ser ellos mismos. Y el hombre que estaba en el centro de todos ellos —el hombre que inició nada menos que un movimiento— se negó a hacer de gurú. Quien quisiera estar en la banda de Muhal, lo que tenía que aportar por encima de todo era a sí mismo.

• • •

El siglo XX tuvo muchos gurús de la nueva música. Iconoclastas. Fundaron escuelas e instituciones, estudios, salas, festivales, grupos y métodos teóricos. Estos hombres —porque eran siempre hombres— poseían un carisma magnético, una seriedad sobrecargada y una órbita de aficionados. Podemos citar algunos: Schönberg, Boulez, Schaeffer, Cage, Britten, Cardew, Glass. Algunos de ellos, como Stockhausen o Sun Ra, evangelizaron espiritualidades cósmicas, dietas y códigos de vestimenta. Su huella en la historia de la música es indeleble. Sus historias se han contado una y otra vez.

Muhal Richard Abrams dejó su huella de forma profunda y expansiva, y también tenía todos los ingredientes para hacer de gurú si lo hubiera deseado. La autoridad silenciosa, la espiritualidad oculta, el té de hierbas. Tenía una escuela, sentía devoción por un denso tratado pedagógico, el don de la retórica. Practicaba yoga y era vegetariano en el Chicago de los años sesenta, y también era autodidacta en la interpretación de los signos de las estrellas y las cartas del tarot. Investigó sobre astrología, numerología y sobre las sectas místicas secretas del rosacrucismo.

—Todo el mundo quería hablar con él —me cuenta George Lewis, el trombonista, compositor y académico nacido en Chicago que ha escrito una monumental historia de la AACM—. En casa de Muhal el teléfono no para de sonar. La gente le pide consejos, ideas, lo que sea.

El trompetista y compositor Taylor Ho Bynum describe cómo conoció a Abrams, años más tarde, cómo el músico mayor se acercaba al *backstage* en los conciertos y ofrecía a sus compañeros «una especie de bendición». Al final, dice Bynum con una sonrisa, «tenía un aire de sabio total».

La composición intrépida ya tenía asegurada su posición en el Medio Oeste. Estaba Ruth Crawford, cuya mente se abrió cuando se trasladó a Chicago a principios de los años veinte y descubrió a Scriabin y la teosofía a través de las reuniones bohemias organizadas por su profesora de piano, Djane Lavoie-Herz. También estaba Florence Price, que dejó su estado natal de Arkansas a finales de los años veinte, cuando los ataques racistas, incluidos los linchamientos cotidianos, hicieron que la vida allí fuese imposible. Price se instaló en Chicago, donde su *Primera sinfonía*, que se estrenó en 1933 bajo la dirección de Frederick Stock, fue la primera obra de una mujer afroamericana interpretada por una orquesta de primer orden.

También estaba Herman Poole Blount, alias Le Sony'r Ra, también conocido como Sun Ra, que ya voló hasta Chicago en 1946 por los caminos del espacio.* Afirmaba haber sido el primer hombre negro en el espacio, llegando a la órbita antes que los cohetes. Decía que, mientras estaba allí, había tenido un encuentro extraterrestre en el que los alienígenas de Saturno le dijeron lo que urgía su música para los terrícolas. Sun Ra produjo cientos de discos inclasificables, en los que probó de todo, desde los primeros sintetizadores hasta la improvisación cósmica de las *big bands*. Era un futurista ardiente que tenía sus raíces, como Abrams, en el jazz, pero había una diferencia fundamental entre ellos: si estabas en la banda de Sun Ra, en su Arkestra, tenías que someterte a la visión de Sun Ra; Abrams insistía en lo contrario. Era un líder exigente, un compositor con curiosidad, un pianista extremadamente fino en su forma de tocar, un investigador de espiritualidades alternativas. Pero se negaba a actuar como el gran maestro.

—No era como estar en algunos grupos —dice Lewis, riéndose— en los que como poco tenías que aparentar ser místico si querías llegar a formar parte de la banda...

Es una contradicción intrigante, esta prédica del pensamiento enfáticamente autónomo. Pero ese es exactamente el *ethos* que permitió la aparición de algunos de los músicos más progresistas de los Estados Unidos modernos. Roscoe Mitchell, Amina Claudine Myers, Anthony Braxton, Joseph Jarman, Henry Threadgill, George Lewis, Wadada Leo Smith, Nicole Mitchell: la lista de asociados de la AACM rebosa individualidad. Es una antijerarquía, una antítesis de la estructura

* En el original, *spaceways* hace referencia al álbum *We travel the spaceways,* de Sun Ra. *(N. del T.)*

orquestal convencional que sitúa al director de orquesta como dios, a los principales líderes como su mensajero y a las bases como su rebaño. Según Jack DeJohnette, «Muhal fue la inspiración» porque «nos ayudó a ser nosotros mismos».

• • •

La madre de Richard Abrams, Edna, era de Tennessee. Su padre, Milton, de Alabama. Edna y Milton formaban parte de los millones de afroamericanos que dieron la espalda a los antiguos estados confederados con la esperanza de encontrar trabajo e igualdad en el norte industrial. Trajeron consigo canciones embebidas de verdad desde el sur bañado por el sol. «Mientras la segregación creó el blues —escribe Mike Rowe en su estudio sobre el sonido icónico del blues de Chicago—, la migración difundió el mensaje».

En la década de 1930, el South Side de Chicago era un barrio casi exclusivamente negro, hasta el punto de que el denso entramado de calles en torno a la avenida Cottage Grove recibió el apelativo de Bronzeville. El saxofonista Henry Threadgill recuerda que Bronzeville era cultura «en estado puro». Lo que realmente le abrió los oídos fue la mezcla de comunidades de inmigrantes que había en toda la ciudad de Chicago; dice que allí había polacos, italianos, alemanes, irlandeses, apalaches, serbios. Todos los gustos estaban representados en las emisoras de radio locales. Para otros, fue la concentración de diversos sectores de la sociedad negra lo que hacía de Bronzeville una ciudad tan efervescente. Según el bajista Malachi Favors, el barrio tenía «la mayor sección de entretenimiento del mundo».

Richard Lewis Abrams nació en Bronzeville el 19 de septiembre de 1930, fue el segundo de nueve hermanos. Era un niño duro, ágil y callejero, astuto y rápido. Se le daban bien los deportes. Su primera escuela fue un lugar llamado Forrestville. Allí se dio cuenta de que los relatos oficiales pueden acabar fácilmente con todo un pueblo. «Forrestville era una escuela pública estándar —le dijo Abrams a George Lewis—, basada en la narrativa histórica de los blancos. No se mencionaba en absoluto a los negros en la historia, ni siquiera a George Washington Carver. Se estudiaba a personajes como Colón o Américo Vespucio. En el ámbito musical se estudiaba la música de Gluck y gente así». Abrams fue expulsado de Forrestville por faltar a clase y meterse en peleas. Lo enviaron a un reformatorio en el que los niños eran aún más duros, pero, al menos, los profesores negros enseñaban una versión de la historia en la que también se incluía el legado negro. En casa, Edna Abrams le enseñó el poder del autodidactismo, fomentando en su hijo el amor por la pintura, el cine y la literatura. Todas las semanas iba a clases de piano en la YMCA con el joven Richard a cuestas para mantenerlo lejos de los líos.

Abrams no podía escapar de la música. Estaba presente en cada esquina de Bronzeville, en cada ventana que se dejaba entreabierta. En las calurosas noches de verano, los clubs de jazz de la calle 43 abrían sus puertas y Abrams, aún demasiado joven para aventurarse a entrar, se quedaba en el umbral. Se hizo con una educación musical a través de artistas como Dinah Washington, Nat King Cole, Muddy Waters, Howlin' Wolf, Sun Ra y su Arkestra. Chicago era el lugar en donde confluían los caminos de Estados Unidos. Todos los que hacían giras por el país pasaban por la ciudad, y todos los artistas negros que pasaban por la ciudad tocaban en esos bares del South Side.

A los dieciséis años, Abrams se había contagiado irremediablemente. Trabajó en una imprenta del centro de la ciudad para ahorrar y comprarse un piano. Aprendió él solo a afinarlo y dio clases con una pianista que conocía de la iglesia. Se matriculó en la Metropolitan School of Music, pero aprendía sobre todo en el trabajo: clubs de blues, reuniones sociales de la iglesia, espectáculos. Su formación más habitual tenía lugar a todas horas de la noche y del día en el Cotton Club, donde había sesiones rápidas y furiosas de bebop todas las noches y hasta altas horas de la madrugada. Más adelante, Abrams contaba una anécdota sobre un profesor de la Metropolitan School. Este profesor sabía que el joven Abrams ya estaba llamando la atención en el Cotton Club. Con la intención de obtener información de su prodigioso alumno mientras mantenía su propio estatus, el profesor se inventó una situación en la que un «amigo» no sabía muy bien la progresión de acordes del estándar de jazz *April in Paris*. ¿Cómo lo tocaría Abrams, le preguntó el profesor? Abrams dejó la escuela poco después y confió en los mentores que le ofrecía el escenario.

La primera grabación que se conoce de Abrams se remonta a cuando tenía veintitantos años: un álbum de 1957 con el grupo MJT+3 en el que participaba el trompetista Paul Serrano. Se trata de un tema de tres minutos llamado *No Name*, coescrito con el pianista Walter *King* Fleming, en el que el sonido de Abrams es ya inconfundible. Esos acordes ácidos, ese alarde angular. El modo en que su introducción mantiene la tensión durante ocho severos compases, cuando finalmente rompe la melodía, cómo la mano izquierda añade un cromatismo mordaz mientras la derecha azota como una cobra. Abrams siempre tocaba así, con aplomo y proporción elegantes. Llevaba su estilo al límite, hasta que parecía que estaba a punto de explotar.

• • •

El astrofísico Neil deGrasse Tyson dijo en broma que lo bueno de la ciencia es que es verdad, creas o no en ella. Abrams se sumó al rigor científico de la música, pero también apostaba por la parte expresiva. «Estamos ante algo que es intuitivo a la par que científico —dijo, en referencia a lo que él creía que era la esencia de la composición musical—. Es una combinación de ambas cosas».

Una de las primeras y más destacadas influencias de Abrams fue un polímata ucraniano llamado Joseph Moiseyevich Schillinger (1895-1943). Hoy en día, si se menciona este nombre en un aula de graduados en música, prácticamente nadie sabrá quién es, pero durante la primera mitad del siglo XX, una metodología compositiva llamada «sistema de Schillinger» abrió muchas mentes musicales de jóvenes estadounidenses. Schillinger —compositor, teórico, profesor, inventor, pensador antisistema y canalla— tuvo como alumnos a Benny Goodman, George Gershwin y Glenn Miller. A principios de los años treinta trabajó con el inventor Léon Theremin y el compositor Henry Cowell en la promoción de la primera caja de ritmos de la historia, el audaz Rhythmicon, que podía reunir varios ritmos complejos a la vez. Schillinger concebía la música como un proceso puro. Sospechaba que la tecnología acabaría sustituyendo a los intérpretes humanos y durante un tiempo sus teorías fueron muy populares; incluso llegó a tener una escuela con su nombre, la Schillinger House School of Music de Boston, hasta que su legado cayó en desgracia y la institución se rebautizó como Berklee.

Schillinger podía ser un iconoclasta gruñón. Era propenso a hacer interrupciones durante las conferencias. Tenía poca paciencia con el canon musical ortodoxo: decía que Beethoven era «vulgar», que Chopin era un «contrapuntista fracasado» y que Bach representaba el punto más bajo de «aquello que llaman música clásica europea». Disfrutaba de humillar a respetados académicos pidiéndoles que adivinaran quién había escrito una determinada obra y revelando después que, en realidad, la obra la había escrito él utilizando su propio sistema. Lo que me parece especialmente interesante es que propuso un antídoto contra el mito del genio. Contribuyó a que nos olvidemos de la imagen romántica de un compositor de alto nivel arrebatado por la inspiración, cuya música brota de él como si se tratara de una auténtica alquimia divina. Schillinger abogaba por la planificación metódica, la geometría y los bloques de construcción modulares preestablecidos (algo parecido a Lego), que, si se seleccionan sabiamente, deberían producir ritmos y narrativas lógicas. Consideraba que su enfoque científico para la producción artística era la ingeniería.

B. B. King fue un auténtico devoto de esta teoría, como también lo fue Charles Stepney, que fue arreglista de la casa Chess Records de Chicago y trabajó para Muddy Waters y Earth, Wind & Fire. Stepney fue quien le enseñó a Abrams el sistema de Schillinger en 1957. Abrams había abandonado recientemente las clases de música y buscaba un marco teórico a través del cual desarrollar su estilo. Lo cautivó la idea de una metodología rigurosa que, según Schillinger, podía aprender cualquiera y podía aplicarse a cualquier música. La idea era que cualquier material que el compositor eligiera, por humilde que fuera, podía generar más material. El compositor Earle Brown se convirtió a este nuevo método, pues quedó impresionado por el alcance de Schillinger no solo en los géneros musicales, sino en las demás disciplinas artísticas.

El sistema se podía aplicar a las artes visuales, al cine, a la literatura, a la danza, y tanto a la música electrónica como a la acústica. Para Brown, entraba de lleno en la multimedia contemporánea. Ese alcance interdisciplinario también atrajo a Abrams, que ya era pintor y pronto se convertiría en un explorador de la música electrónica.

El manual teórico completo de Schillinger se publicó póstumamente en 1946 en dos volúmenes gigantescos bajo el título *The Schillinger System of Musical Composition* (SSMC). Evidentemente, hubo escépticos. Algunos criticaron este método por considerarlo demasiado mecánico: ¿dónde estaba el alma? ¿Dónde está el futuro del genio artístico? Pero Abrams quedó seducido por la esperanza que auguraba este trabajo. Se compró un ejemplar del voluminoso SSMC, de 1640 páginas, y lo estudió con detenimiento. Según George Lewis, «en todos los lugares a los que acudió durante los cuatro años siguientes, Abrams tenía siempre a mano esos dos enormes tomos».

El elemento fundamental del sistema de Schillinger es que funcionaba como un factor de igualdad. A Abrams le aportó la ciencia para demostrar que la composición pertenecía a cualquiera que estuviera preparado para aprender las técnicas y aplicarlas, para demostrar que no había ningún derecho innato, ningún don heredado y, por tanto, ninguna exclusión hereditaria. Para el compositor Henry Cowell, el sistema de Schillinger ofrecía posibilidades. Escribió: «Un enfoque positivo de la teoría de la composición musical [...], en vez de las reglas ceñidas por las prohibiciones, limitaciones y excepciones». Y esto es extrapolable al ámbito social.

Lo que Abrams aprendió en esos libros tuvo una enorme influencia en su forma de componer, de tocar y de enseñar durante el resto de su vida. El batería y compositor

John Hollenbeck, que se refiere a Abrams como una gran influencia, me envía un correo electrónico con un recuerdo de su primer encuentro con Abrams en el Centro de Artes y Creatividad de Banff, en las Montañas Rocosas de Canadá. Era el año 1988. Según recuerda Hollenbeck:

> El gran momento que cambió mi vida fue la conferencia que dio Muhal [...]. Se basó principalmente en un pequeño punto que dibujó en la pizarra. Preguntó a TODOS qué era ese punto hasta que obtuvo la respuesta que buscaba: ese punto era o podía ser cualquier cosa... y ese punto era o podía ser el comienzo de un tema. ¡¡¡La cuestión es que puedes empezar a escribir un tema con CUALQUIER COSA y solo necesitas esa ÚNICA cosa para empezar a desarrollar un tema!!! Esta filosofía compositiva me cambió completamente la idea que tenía sobre la composición y por eso hablo de Muhal cada vez que doy una conferencia o un taller sobre composición. ¡Este ha sido mi principal método compositivo desde entonces!

Un ejemplo fascinante de ese efecto duradero en Hollenbeck es su homenaje a Abrams, una hermosa obra para conjunto de dieciocho piezas titulada *R.A.M.* No comienza con un punto, sino con cinco. Un pequeño y sencillo tema, solo el esbozo de una tríada mayor, a la que se unen varios instrumentos y que se van desarrollando para formar una maraña elástica. Se retuercen, se estiran y se enredan, para luego explotar en algo entre el swing y el grito de la tierra. La pieza me recuerda a una maravillosa frase de George Lewis en que describe a la AACM como una «inestable polifonía de voces».

• • •

El movimiento Black Power cobró fuerza durante los primeros años de la década de 1960. Sus activistas reclamaban con decisión solidaridad y autosuficiencia. Sabían que la igualdad iba a requerir mucho más que unas simples políticas de integración. El 21 de febrero de 1965, Malcolm X fue asesinado mientras se preparaba para dirigirse a la Organización de Unidad Afroamericana en el salón de baile Audubon de Manhattan. Tres meses después, la AACM se fundó en torno a las mesas de las cocinas del South Side de Chicago. George Lewis ha escrito sobre las reuniones iniciales con un detalle apasionante, a menudo minuto a minuto.

> Abrams, [Jodie] Christian, [Philip] Cohran y [Steve] McCall enviaron postales a la flor y nata de los músicos afroamericanos de Chicago, anunciando una reunión que se celebraría el 8 de mayo de 1965 en la casa de Cohran en el South Side, en la calle 75 Este, cerca de la avenida Cottage Grove. Abrams grabó esta reunión y las siguientes en su grabadora portátil Sony (que era de bobina abierta), y los debates grabados dejan claro que el objetivo de la reunión era la formación de una nueva organización de músicos.

Lewis hace hincapié en que el acto de organización era en sí mismo un acto de resistencia, un rechazo frontal a «la sabiduría convencional que considera que la improvisación en general, y los productos de la música negra en particular, carecen de estructura y son insensibles a las preocupaciones históricas o formales». Abrams presidió la primera reunión según una agenda establecida en esas tarjetas postales, y como era un director de banda concienzudo, se aseguró de que todas las voces presentes tuvieran la oportunidad de ser escuchadas.

Hubo opiniones discrepantes, discusiones acaloradas. Por supuesto que las hubo: se trataba de una reunión de individuos exaltados y con el tiempo se produjeron dimisiones, riñas, renuncias.

—No creas que los primeros años de la AACM fueron un camino de rosas —me advierte Taylor Ho Bynum—. Había un montón de gente muy brillante, a veces con muy mal genio. Eso es lo que hizo que el papel de Muhal fuera especialmente importante: el ser capaz de reunir a una comunidad con personalidades y estéticas tan distintas, y comprender que todo su trabajo se vería fortalecido en el momento de tocar juntos.

A finales de mayo de 1965, el nuevo colectivo había adoptado un nombre. A Abrams, aficionado a la numerología, le alegró especialmente que las iniciales AACM se resolvieran en 9 (1+1+3+13=18; 1+8=9), que en términos numerológicos es el resultado más alto posible. «Hay que estar a la altura de una vibración como esa», caviló.

¿La AACM solo aceptaba miembros negros? Esta cuestión se planteó en una de las primeras reuniones generales. Algunos músicos abogaron por una afiliación que no tuviera en cuenta el color de piel. Otros defendieron lo contrario. Abrams tomó la palabra, explicando su apoyo a una organización solo para negros en un tono que Lewis comparó al de un predicador evangélico. Tres años más tarde, la revista *DownBeat* preguntó directamente a Abrams si la AACM tenía algo que ver con el Black Power: «Sí —respondió—, puesto que queremos ser los dueños de nuestros propios destinos, ser nuestros propios agentes y tocar nuestra propia música».

En agosto, la AACM había acordado un manifiesto de nueve puntos.

> Cultivar jóvenes músicos y crear música de alto nivel artístico para el público en general, a través de la presentación de programas diseñados para magnificar la importancia de la música creativa.
>
> Crear una atmósfera propicia para los esfuerzos artísticos de las personas con inclinaciones artísticas, llevando a cabo un taller con el objetivo de reunir a los músicos con talento.
>
> Llevar a cabo un programa de formación gratuito para jóvenes aspirantes a músicos.
>
> Contribuir económicamente a los programas del Abraham Lincoln Center, 700 E. Oakwood Blvd., Chicago, Il., y a otras organizaciones benéficas.
>
> Ofrecer una fuente de empleo para los músicos creativos.
>
> Dar un ejemplo de alto nivel moral para los músicos y elevar la imagen pública de los músicos creativos.
>
> Fomentar el respeto mutuo entre los artistas creativos y los comerciantes musicales (agentes de contratación, managers, promotores y fabricantes de instrumentos, etc.).
>
> Mantener la tradición de los músicos cultos heredada del pasado.
>
> Estimular el crecimiento espiritual de los artistas creativos mediante recitales, conciertos, etc., a través de la participación en programas.

Obsérvese que el mantra de la AACM es la composición, o, como se menciona en el primer punto del manifiesto, la «música creativa». Hubo largos debates sobre la definición de este concepto, y algunos miembros se sentían molestos porque los músicos no se tomaban tan en serio como los compositores. «No excluimos a nadie —aseguró Abrams—. Puede que no seáis Duke Ellington, pero tenéis ideas, y ahora es el momento de ponerlas sobre la mesa. Despertaos. Este es el despertar que está a punto de producirse».

La cuestión era que la AACM se estaba formando a sí misma mediante una narrativa histórica. Al situar la música escrita como uno de los ejes de su manifiesto, lo que pretendían los miembros de la asociación era que sus voces fueran escuchadas y se mantuvieran dentro del linaje de la composición de vanguardia. Como me dijo Lewis, «lo que intentan es abrir un espacio en el que puedan existir. Realmente lo que está en juego es el derecho a existir». En 1967, un grupo de artistas entre los que estaba Jeff Donaldson engalanaron el Muro del Respeto de Chicago con héroes afroamericanos. Donaldson escribiría más tarde en su Manifiesto de AfriCOBRA: «Esperamos que la definición inteligente del pasado y la identificación perceptiva en el presente sirvan para proyectar la dirección que debe tomar la nación en el futuro; búsquenos ahí, porque es ahí donde estamos».

En 1967 la AACM abrió oficialmente su escuela del South Side con Roscoe Mitchell como primer decano. Como preparación, Abrams inició un riguroso régimen de formación para todos los futuros profesores. Se reunían los miércoles por la tarde y hacían ejercicios teóricos juntos. Cuando se inauguró la escuela, se impartía el sistema de Schillinger los sábados a las diez de la mañana. Leroy Jenkins dirigía, con su violín, una clase de niños de diez años. Allí estaba Lester Bowie con su trompeta, dando una clase de viento metal. Anthony Braxton, repasando los fundamentos de armonía, Amina Claudine Myers ensayando con las voces, Roscoe Mitchell dirigiendo el viento madera. Y Abrams introduciendo a los alumnos al arte de hacer música con los ingredientes más humildes. Las actuaciones de la AACM podían incluir pinturas faciales, máscaras, danza, teatro, improvisación y extensas composiciones de ensemble. Algunos críticos se escandalizaron por lo que consideraban como la «muerte de las estructuras de acordes», porque las actuaciones de la AACM no solían incluir muchos cambios estándar de acordes.

También fue el año en que Abrams adoptó el nombre de Muhal, ajustando su identidad para acercarse más a la cultura negra. Y del mismo modo que «AACM» estaba cargada de energía numerológica, la elección de su nuevo nombre también tenía un significado especial en este ámbito.

M = (13; 1+3=) 4, U = 3, H = 8, A = 1, L = (12; 1+2=) 3

4 + 3 + 8 + 1 + 3 = 19

1 + 9 = 10

1 + 0 = 1

El número uno. El pionero, el eterno principiante.

Un año más tarde, Abrams publicó *Levels and Degrees of Light*, su primer disco como director de banda. La portada era un cuadro suyo: un paisaje desértico, una mujer con el cuerpo rojo llevando un símbolo de Venus, una escalera hecha de retazos y que desciende a la tierra a través de una puerta de jeroglíficos rosacrucianos. «Muhal Richard Abrams, un nombre que infunde respeto», decía la nota de presentación. «Es eminentemente sabio». Las grabaciones se hicieron en dos sesiones, un día de julio y otro de diciembre. «My Thoughts Are My Future» es un encantamiento premonitorio seguido de un aullante dúo entre el saxofonista Anthony Braxton y el batería Thurman Barker. «The Bird Song» es una extensión de la *spoken word* cósmica (poeta David Moore) y largos minutos de inmersión en armónicos espaciales dirigidos por Leroy Jenkins al violín. Las cuerdas galácticas se funden con el trino de los pájaros, uno de los primeros trucos de la producción de estudio, en el que Abrams ya utilizaba una sutil electrónica para fusionar su música con el mundo natural. El tema que da título al álbum se abre con una voz sin palabras cantada por Penelope Taylor sobre una lluvia de platillos. Luego entra Abrams, no con el piano, sino con un lamento en el clarinete. No era un clarinetista brillante, pero esa no era la cuestión. Inherente a este multiinstrumentalismo está la idea de que el aprendizaje nunca termina, que la música es siempre un trabajo que está en proceso. Abrams se esforzó por alcanzar la excelencia durante toda su vida, pero nunca perdió el contacto con lo que significaba ser un principiante. En las notas del disco se niega a explicar su música, pero dice lo siguiente: «Lo que hay aquí es lo que somos y lo que esperamos ser».

• • •

Abrams comenzó a explorar la electrónica propiamente dicha en 1972. Se matriculó en la nueva Governors State University, que había fundado un programa de estudios en jazz en los suburbios de Chicago. Richard McCreary, un compositor que acabó convirtiéndose en pastor pentecostal, equipó un estudio con un nuevo ARP 2500 —el sintetizador modular preferido de Éliane Radigue— y Abrams aprendió por sí mismo la novísima programación informática a medida que se iba desarrollando: BASIC, Forth, Max. La tecnología se cuela en sus grabaciones de forma a veces sutil, otras veces en primer plano. Por ejemplo, el sonido psicodélico de *Think All, Focus One* es un «valle inquietante sonoro que rebosa tecnología», según las propias palabras del pianista y estudioso de Abrams, Marc Hannaford. Este señala el modo en que Abrams juega con la idea del hombre frente a la máquina:

cómo establece una polifonía de alegre equilibrio y luego la infiltra con la desafiante humanidad del flujo y la fluidez de la improvisación. Como siempre, Abrams se niega a que lo encasillen. *Think All, Focus One* no es ni totalmente eléctrico ni es totalmente otra cosa. Es más bien un diálogo entre el presente y el futuro digital.

Le pregunté a George Lewis por qué Abrams y tantos otros miembros del AACM se pasaron al mundo de la electrónica con tanto entusiasmo. El propio Lewis pasó bastante tiempo en el IRCAM, el epicentro de la tecnología musical de París, y durante décadas llevó a cabo una labor pionera en música generada por ordenador y en inteligencia artificial. «Oh, sí —asintió—. Fíjate en la electrónica de la música de Muhal. Hay una razón por la que se lanzó a ese mundo». De entrada, hay factores como la exploración tímbrica, el juego de colores y las paletas sonoras ampliadas. Quizá el sonido electrónico tiende un puente hacia el reino de lo sobrenatural; tal vez se trate de ese valle inquietante al que se refiere Hannaford. Pero Lewis también sugiere un significado más amplio. «Se resistía a la idea de que la afrodiáspora fuera, en su esencia, no tecnológica. Así que como parte del ejercicio uno aprende a ignorar eso». Una vez más, Abrams ofrece una forma de resistencia mediante la práctica.

La elección en torno al tipo de producción sonora que uno está socialmente autorizado a practicar está íntimamente ligada a un pesado simbolismo histórico. En su obra *Listening to Nineteenth-Century America*, Mark M. Smith analiza cómo el control del sonido tiene ya un largo precedente en las estructuras de poder de los Estados Unidos. «Los terratenientes se esforzaron en disciplinar los paisajes sonoros de las plantaciones insistiendo en la quietud e intentando circunscribir los sonidos de los esclavos», escribe Smith. «En la mayor parte de los casos, los dueños de las plantaciones, antes de la guerra civil de los Estados Unidos, consiguieron lo que querían de los esclavos: canciones que se cantaban y sonidos que se hacían en momentos y lugares apropiados». Y, sin embargo, la esencia de la resistencia de los esclavos, según Smith, «residía tanto en cantar canciones (la información importante podía transmitirse a través de las palabras) como en la habilidad de los esclavos para dominar su propio sonido».

Abrams estaba decidido a controlar los sonidos que hacía y cómo los hacía, incluido su amplio trabajo con la electrónica. Sin embargo, cuando murió en 2017, el obituario del *Washington Post* insistía en que «el señor Abrams no experimentó mucho con la música electrónica, pues prefería el sonido acústico tradicional del piano». Al igual que Ustvólskaya, Abrams fue un artista al que no supieron enmarcar, ni siquiera después de su muerte.

• • •

Desde luego, Abrams fue una persona socialmente radical. Su predisposición a la espiritualidad oculta, su tenaz resistencia al *statu quo* de lo que debería ser un compositor intelectual daban fe de ello. A través de decenas de álbumes estaba constantemente reinventando su sonido, pero eso era solo para seguir en consonancia con el espíritu innovador que había heredado de Duke Ellington, John Coltrane, Ornette Coleman y muchos otros que habían desafiado las restrictivas normas del jazz durante décadas. A principios de los años noventa, en el álbum *FamilyTalk,* Abrams incluyó un tema dedicado a sus ídolos del bebop. Lo llamó «DizBirdMonkBudMax (a Tribute)». Su visión del empoderamiento colectivo se basó en el legado de líderes negros del jazz estadounidense: en figuras mentoras que iban desde King Oliver a Jelly Roll Morton, de Charlie Parker a Count Basie. Todos ellos tenían aprendices a su cargo, pues insistían en que todos debían asumir su parte de agencia creativa.

Quizá Abrams está considerado más bien como un tradicionalista radical. Junto con José Maceda, compartió un profundo respeto por el pasado y la creencia en un futuro bien arraigado. Su radicalismo no estaba basado en una pulsión iconoclasta para hacer borrón y cuenta nueva, sino en honrar varios legados profundos que implican algún tipo de experimentación. Realmente, era más bien una cuestión de esencia. Su forma de rendir homenaje a la herencia era la experimentación. Le encantaban los pianistas clásicos de ragtime y stride. Leonard Jones me cuenta con cierta veneración la vez que él y Abrams peregrinaron para conocer al pianista de ragtime Eubie Blake en 1979: «Fuimos a una firma de libros y allí estaba sentado Eubie. El hombre tenía los dedos más largos que jamás había visto. Los dos le dimos la mano. Tenía casi cien años».

El propio Abrams tenía unos dedos especialmente arácnidos, capaces de explorar y cazar, de tejer redes en contrapunto y de lanzarse a los extremos del teclado. Entre sus héroes estaban los titanes del piano romántico: Serguéi Rajmáninov, Vladimir Horowitz, Sviatoslav Richter. También le gustaba la destreza y el atletismo del stride: Art Tatum, Phineas Newborn, James P. Johnson, Willie *The Lion* Smith, Luckey Roberts. Jones recuerda a Abrams en su casa, durante sus últimos años, siempre sentado al piano tocando estándares para entretenerse. El movimiento a la deriva de la canción

«Oh! Look At Me Now» era uno de sus favoritos. «Y desgastó sus discos de Hank Jones —dice Leonard Jones, con una sonrisa—. Ponía tantas veces esos discos de 78 que apenas les quedaban surcos».

En 1975, una década después de fundar la AACM, y con varios y complejos álbumes de ensemble a sus espaldas, Abrams lanzó un disco en solitario llamado *Afrisong*. En él se puede apreciar su talento musical lateral en toda su idiosincrasia holística. «Infinite Flow» es una bruma espiritual que se convierte en un *boogie woogie*. «Peace On You» es una invocación en clave menor. «Roots» es un alegre homenaje a los maestros del stride en el clásico swing espasmódico de Abrams. El último tema de *Afrisong* es «The New People», cuyo nombre hace un guiño a los «recién llegados» a la escena del South Side (incluido George Lewis). Es un estremecedor estudio disonante y fracturado que suena tan dentado como un trozo de hielo al romperse contra el metal. Y todo esto está incluido en el título *Afrisong*, que pone de manifiesto la herencia cultural. Tomando prestada una frase rotunda del saxofonista Julius Hemphill, «la tradición en la música afroamericana es tan vasta como todo lo que hay en la naturaleza».

Tayler Ho Bynum me lo explicaba así, tomando como referencia la actitud neoconservadora del trompetista Wynton Marsalis, que se ha autoproclamado guardián de la historiografía del jazz. Según Marsalis, el jazz termina donde termina el swing, lo que niega a los artistas más experimentales el derecho a su propia herencia. En palabras de Bynum:

> Todo el mundo habla del movimiento neoconservador, Wynton Marsalis y los suyos, como si fuera el primero en volver al jazz primitivo. Pero Muhal y la AACM ya tocaban en la década

> de 1960. Estaban indagando en los rags de Joplin y de Jelly Roll Morton. Se remontaron muy atrás. Investigaron la historia y prehistoria de su música. La contemplaban para aprender, para empaparse de ella y expandirla, no para mantenerla inmutable. Tal es la profundidad de su veneración por el pasado, el presente y el futuro.

Abrams se sintió capacitado para marcar sus propios puntos de referencia a través de ese pasado, presente y futuro mediante una miscelánea de tradiciones, todas honradas, todas progresivas. «Básicamente —dijo— somos músicos. Es la música. Aprecias tus raíces y las expresas, pero no estás limitado por ellas».

• • •

El 4 de febrero de 1977 se publicó en *The New York Times:*

> La Junta de Estimación de la ciudad de Nueva York votó anoche la aprobación de un controvertido plan para utilizar la mayor parte del problemático complejo de apartamentos Manhattan Plaza, cerca de Times Square, como viviendas para personas que se dedican a las artes escénicas.

Esta simple declaración anunciaba uno de los proyectos inmobiliarios más emocionantes que había presenciado la ciudad de Nueva York hasta la fecha. Se construyeron dos bloques de apartamentos de cuarenta y seis pisos en Midtown, entre las calles 42 y 43 y la novena y la décima avenida. En un principio se habían concebido como inmuebles de primera categoría para aspirantes a la clase media, con vistas al río Hudson, balcones espaciosos y habitaciones amplias. El complejo contaba además con una pista de tenis y una piscina olímpica en lo que entonces se conocía como Hell's Kitchen; hoy en día un agente inmobiliario te dirá que aquello es Clinton, pero a principios de los años setenta este era todavía uno de los barrios más duros de Manhattan. Nadie compraba esos nuevos y elegantes apartamentos. Lo que acabó ocurriendo es digno de un estudio acerca de la renovación urbana a escala mundial.

El gobierno federal compraba los bloques que nadie quería y los declaraba viviendas de protección oficial. Los dueños de los comercios locales estaban horrorizados, pues imaginaban que una nueva afluencia de residentes de clase trabajadora sería perjudicial para el barrio y ahuyentaría al público de la vecina Broadway. Al final fue el productor de Broadway, Alexander H. Cohen, quien dio con la solución: si Manhattan Plaza va a ser para los pobres, dijo, «hagamos que sean nuestros propios pobres. Tiene que convertirse en el dormitorio de los actores».

El 70% de los alojamientos estaba reservado para los artistas, con un alquiler fijado en el 30% de sus ingresos. El Manhattan Plaza se convirtió en un refugio para músicos, bailarines, actores y cómicos. Samuel L. Jackson trabajó allí como portero en los primeros años mientras hacía audiciones para obras de teatro en la Negro Ensemble Company. Fue, según reflexionaba él, una «educación neoyorquina muy dinámica: trabajando desde las once hasta las siete de la mañana en el Manhattan Plaza». Alicia Keys creció en uno de esos bloques. Larry David ideó la serie *Seinfeld* junto con Kenny Kramer, que vivía en el mismo piso. No era raro toparse con Charles Mingus, Dexter Gordon, Tennessee

Williams o (más tarde) Marin Alsop en las puertas giratorias del Plaza.

Muhal Richard Abrams se trasladó a Nueva York en 1976, siguiendo la tendencia general hacia el este que hicieron suya muchos de los miembros de la AACM de Chicago. Henry Threadgill, Julius Hemphill, Amina Claudine Myers, Steve McCall, Lester Bowie, Kalaparusha Maurice McIntyre, George Lewis... Todos ellos abandonaron el Medio Oeste por esa misma época. Querían seguir creciendo artísticamente. No pudieron resistirse al ritmo, al impulso, al intercambio y tal vez por encima de todo al potencial de ingresos que les ofrecía la ciudad de Nueva York. Leonard Jones ayudó a Abrams a trasladar su piano en un trayecto de mil trescientos kilómetros al este. «Entre los dos transportamos este piano de Chicago a Nueva York —me cuenta Jones—. Solo nosotros dos. Lo cargamos en un remolque y lo llevamos a Nueva York». El *Village Voice* anunció la llegada de Abrams, quien llegó a fundar una sección neoyorquina de la AACM, como «la cresta de la ola de los inmigrantes recién llegados de Saint Louis, Los Ángeles y, sobre todo, Chicago».

Abrams y su familia se mudaron al Manhattan Plaza cuando el complejo era completamente nuevo, en 1977. Según el trompetista Lester Bowie, los miembros de la AACM «lo supieron antes que los tipos de Nueva York, y eso fue lo que molestó en Nueva York». Cuando Jones necesitó un lugar para alojarse, la familia Abrams lo acogió hasta que consiguió su propio apartamento en el Manhattan Plaza. Jones lo recuerda como un lugar muy animado. Recuerda que, a menudo, se encontraba con la actriz Gloria Grahame en el ascensor y que «los músicos se reunían y formaban la Manhattan Plaza Big Band. Los músicos del edificio, Chico Freeman, Muhal, Walter

Bishop Jr..., formaban la banda con la que ensayábamos». Llegó a conocer a Russell Procope, clarinetista en la orquesta de Duke Ellington, y con frecuencia desayunaba con Roger *Ram* Ramírez, uno de los compositores de «Lover Man».

Jones y Abrams eran madrugadores. Incluso cuando actuaban regularmente en el club Sweet Basil del Greenwich Village —podía ser un trío con Steve McCall, un cuarteto con George Lewis, un quinteto con Henry Threadgill— al día siguiente se levantaban a las seis de la mañana.

—Muhal se enteró de que Vladimir Horowitz paseaba temprano por Manhattan —cuenta Jones—. Así que nosotros también nos levantábamos temprano, íbamos a la calle 42, nos tomábamos un café y un donut, íbamos a la avenida Lexington y esperábamos a ver si nos cruzábamos con Horowitz en uno de sus paseos —continúa. Nunca se lo encontraron, pero siguieron con su rutina—. Sí, esos paseos se convirtieron en algo muy nuestro.

Una noche, mientras actuaban en Sweet Basil, Leonard Jones se dio cuenta de que un grupo de bajistas se había congregado al fondo del bar. Lisle Atkinson y Reggie Workman estaban entre ellos.

> Dejamos de tocar esa canción y Muhal dijo: «Eh, Jones». Y yo le respondí: «¿Qué, Richard?». Él dijo: «Mira, fíjate en la parte de atrás. ¿Ves a todos esos bajistas?». Miré y vi a todos esos tipos chungos. Quiero decir, ¡eran unos tipos realmente chungos! Y dijo: «Jones, han venido a escucharte. Toca tus cosas. No toques nada que no puedas tocar. Han venido a escucharte a ti».

Unos días después de que habláramos, recibí un correo electrónico de Leonard Jones:

> Un aspecto de Muhal sobre el que me gustaría decir algo y que creo que no se mencionó lo suficiente en nuestra conversación fue su relación con la familia. Era, en el más amplio sentido de la palabra, una persona familiar. Creo que ese carácter suyo era el resultado de sus propias relaciones familiares, ya que era uno de nueve hermanos que crecieron en la década de 1930, lo que, desde mi punto de vista, es difícil para cualquier familia, pero aún más para una familia negra en Estados Unidos. A pesar de que apenas conocí a la mayoría de su familia, sabía que su vínculo con ella era muy fuerte, y muy probablemente ese vínculo se mantuvo cuando formó su propia familia. Como dije antes, tuve la suerte de vivir en mis propias carnes lo que significaba formar parte de su familia durante un breve periodo de tiempo y fue una lección de humanidad que no he olvidado.

• • •

Taylor Ho Bynum, en la actualidad profesor en el Dartmouth College de New Hampshire, asegura que *The Hearinga Suite* cambió su vida cuando se lo enseñó, a los doce años, un mentor especialmente lúcido. *Hearinga* fue el álbum que Abrams publicó en 1989, poco más de una década después de dejar Chicago. Este disco de dieciocho piezas es de un resplandeciente grupo de músicos de la AACM y de la escena neoyorquina, músicos directos e improvisadores libres, blancos y negros, del centro y de los suburbios, todos representados en el álbum. Todo esto a pesar de las supuestas grandes divisiones de la ciudad. La suite constituye un manifiesto sorprendente y de muchas capas. Un ballet cromático y arremolinado, un aprendiz de brujo psicodélico de intercambios de ensemble cálidos, plagado de trinos, atiplados y sinuosos. Hay guiños a la amplitud de miras de Charles Mingus y a los expansivos arreglos de acordes de Gil Evans, pero nadie había compuesto una música para *big band* como esta. Abrams también incluye un momento privado en el segundo tema, «Conversations With the Three of Me», que abre con unos misteriosos acordes de piano, similares a los que podría haber hecho Messiaen en tanto que invocan reinos místicos a través de unas densas nubes armónicas. Luego pasa a un sintetizador que centellea y borbotea. Es un guiño cómplice a sus propias dimensiones plurales; de las cuales no consideró que tuviera que limar ninguna de sus aristas para que encajaran con el resto.

Las obras «clásicas» que compuso Abrams a partir de los años ochenta no supusieron un gran salto estilístico o formal respecto al resto de su música. Utilizan los mismos elementos, los mismos métodos que había estado explorando desde la década de 1960. La única diferencia práctica era el tipo de conjuntos que los interpretaban, ahora eran orquestas en vez de *big bands*, cuartetos de cuerda en lugar de cuartetos de jazz de improvisación. Compuso tres cuartetos de cuerda, un quinteto para voz, piano, arpa, violonchelo y violín, una obra atonal casi expresionista para barítono y cuerdas. Escribió un cuarteto de saxofón extraordinariamente intenso y compacto (lo grabó el grupo Rova a finales de los años noventa) y un trío de cuerda llamado *Strings and Things*. Escribió para orquesta sinfónica, obras como *Transversion I op. 6*, interpretada por la Orquesta Sinfónica de Detroit, y *Folk Tales '88*, interpretada por la Orquesta Filarmónica de Brooklyn. Compuso para el sensacionalmente llamado «zoomoozophone», un instrumento cuyo inventor, Dean Drummond, describió como «un metalófono de treinta y un tonos por octava». ¡Chúpate esa, Carrillo!

El propio Abrams nunca tuvo reparos en aunar su faceta de improvisador y de compositor. Al fin y al cabo, sabía que solo estaba haciendo lo que otros habían hecho durante siglos. «Los grandes compositores improvisaban mucho —le dijo al periodista Frank J. Oteri en 2016—. Todos ellos. Se nota mucho cuando tocas su música. No es solamente mecánica. Rajmáninov se sentaba al piano y tocaba sus ideas. Estoy seguro de que lo hacía. Y luego decía: "Bueno, voy a transformar esto en un tema"».

Abrams improvisaba y componía todos los días. Su antiguo alumno Jason Moran habla del archivador rebosante de nuevas ideas que su maestro guardaba en la habitación en la que daba clases en su apartamento del Manhattan Plaza.

—Sí, era un hombre que componía todo el rato —confirma Leonard Jones—. Estabas viendo la televisión y, de repente, desaparecía. Se iba al piano. Tocaba esa pequeña frase que acababa de escuchar en la tele y empezaba a desarrollarla. Días más tarde se convertía en una composición completa.

John Hollenbeck, que también vivía en el Manhattan Plaza, recuerda haber visto a Abrams atravesar esas famosas puertas giratorias.

—Siempre que lo veía parecía estar ensimismado y me imaginaba que estaba componiendo —me cuenta Hollenbeck—. Era mejor no molestarlo.

No me ha resultado fácil elegir qué obras de Abrams destacar aquí. Hay demasiados puntos de entrada. Debo mencionar su *Étude op. 1 n.º 1* con su melodía de *walking bass* lacerado. Debería mencionar su *Piano-Cello Song*, en la que el contrabajista Dave Holland interpreta una áspera elegía para violonchelo sobre un fondo de acordes de piano apagados y almizcleños. También debo mencionar toda la panoplia de estilos que hay en el álbum *Think All, Focus One*, y las visiones astrales de *Mergertone*, una obra recóndita para orquesta y electrónica grabada por el director Petr Kotik y la Filarmónica de Janáček.

Debo mencionar también el *Piano Duet #1*, estrenado por Ursula Oppens y Frederic Rzewski, una pieza de majestuosidad comprimida y nocturna. Me recuerda a Béla Bartók y a la magia terrenal de su música nocturna, pero hay algo inconfundible de Abrams en la forma en que la música parece que es improvisada, parece que los dos intérpretes entran y salen de la armonía. La forma en que sus manos se estiran en configuraciones retorcidas y aterrizan en enredos, y luego se extraen y se ponen en marcha en una persecución sigilosa. Hay una urgencia en la forma en que las cuatro manos exploran, una inquietante búsqueda instintiva. El estilo es incontenib lemente cromático; es como si Abrams quisiera apretujar las notas del piano para hacer la polifonía aún más apretada, aún más destilada, entonces de repente gira una esquina y nos lleva a un lugar de un misterio disperso y encantador. Abrams dijo que las dobles octavas al unísono en la tercera parte de la pieza son un guiño al último movimiento del *Segundo concierto para piano* de Chopin. Ahora, cada vez que vuelvo a Chopin escucho a Abrams en las alegres cascadas y rapsodias, en la destreza de los contoneos y en la forma rondó que sigue dando vueltas como el blues.

Todas estas piezas de Abrams merecen ser más conocidas. Merecen ser interpretadas por su originalidad, su habilidad forense y su espiritualidad expansiva. Merecen grabaciones que les hagan justicia. Pero aunque Abrams es muy venerado en el mundo del jazz, su nombre sigue siendo desconocido dentro de la infraestructura que permitiría tales grabaciones e interpretaciones. Esa es exactamente la división contra la que luchó toda su vida.

• • •

George Lewis me cuenta una historia apócrifa sobre una ocasión en la que Duke Ellington dio una advertencia a Dizzy Gillespie: «Dizzy —dijo Duke—, el mayor error que cometiste fue dejar que llamaran a tu música bebop, porque desde el momento en que le ponen nombre a algo, ya le están poniendo una fecha final».

Lewis escribe sobre el significado racial de las etiquetas y el género con una enorme profundidad y dignidad. Os animo a leer su historia de la AACM, *A Power Stronger than Itself*, y el capítulo nueve en particular, para obtener un relato detallado de la política musical contemporánea en el Nueva York de los años setenta, donde las etiquetas tenían un verdadero peso. Los sellos determinaban quién se llamaba qué, quién era el guardián, y las implicaciones para todo, desde las oportunidades de financiación, el acceso a los locales y a la cobertura mediática hasta el derecho de un músico a reclamar una historia cultural. Lewis me puso un ejemplo concreto. Cuando estudiaba en la Universidad de San Diego, invitó a Abrams a California para que trabajara con sus alumnos.

—Conseguimos que el nuevo conjunto musical del departamento tocara una de las piezas de Muhal y alguien del grupo comentó alegremente que era la primera vez que tocaban jazz —me contó Lewis.

La cuestión es que dicho tema no era jazz. Si la misma música la hubiera compuesto un compositor blanco, a este estudiante no se le habría pasado por la cabeza que aquella música no pudiera pertenecer al género «nueva música» o «clásica contemporánea» o «vanguardista» o «moderna».

—Eso es lo que pasa con la raza —explica Lewis—. Que te puede dejar sordo.

Abrams no tenía ningún problema con el jazz. Amó y celebró sus raíces jazzísticas en todo momento. Se resistió a las etiquetas sobre todo porque, para él, solo había una disponible. Marc Hannaford escribe sobre Abrams y su rechazo a las definiciones binarias. Bajo/alto, Dionisio/Apolo, electrónico/acústico, improvisación/composición, jazz/clásico, principiante/maestro, individual/colectivo; puede que el mayor legado de Abrams fuera encontrar la manera de tenerlas todas a la vez. Desmontó esas contradicciones. El eterno estudiante, el espiritualista científico, el cabecilla evasivo.

La historia no suele poner en los titulares a los que favorecen que pase algo, a los que trabajan en equipo, a los que están entre bastidores y facilitan lo comunitario. Para que quede claro: esta historia no trata solo de cómo Abrams apoyó a otros, sino sobre la manera en que su perdurable influencia tiene que ver tanto con cómo dio ejemplo con su actitud como con la apasionante música que hizo. En realidad, la música y la actitud son inextricables. Conforman un todo. Abrams se mueve entre dos aguas, eludiendo la definición. Encarna el pensamiento individual y colectivo, una mezcla del *ethos* intensamente inclusivo de José Maceda y Walter Smetak y los aspectos íntimos y personales de Else Marie Pade, Éliane Radigue y Emahoy Tsegué-Mariam Guèbru.

Así lo resume Leonard Jones:

—Lo que pasa con Muhal es que su individualidad tenía mucho gancho —me cuenta—. Y la gente se iba con él.

Éliane Radigue (1932)

Occam Ocean: en busca del sonido dentro del sonido

Una de las frases favoritas de Éliane Radigue es del poeta simbolista francés Paul Verlaine. Este, en su poema «*Mon rêve familier*» describe a *une femme inconnue qui n'est, chaque fois, ni tout à fait la même/ni tout à fait une autre* («una mujer desconocida que nunca es del todo la misma/ni del todo otra»).

Radigue vive en esa transición perpetua. Le encanta la modulación lenta, larga. Su música vive en un estado de quietud y de flujo constante; cuanto más lenta sea la velocidad del cambio, mejor. No le interesa tanto el sitio al que llegar como el hecho de desenterrar cualquier riqueza sutil que haya en el camino. Es una maestra de la transitoriedad, una reina del intersticio. Ella misma sostiene con desdén que su técnica se reduce a un simple continuo; un proceso periódico que recurre al «*fade in, fade out, cross fade*». Empleó precisamente ese proceso en sus primeras y majestuosas obras electrónicas. Y lo sigue aplicando a las series de colaboraciones instrumentales que lleva haciendo desde el cambio de milenio.

Su simplicidad es de lo más engañosa. Radigue compone una música asombrosamente gradual que está siempre en movimiento. Su arte está lleno de contradicciones. Es una música que florece en una región interior encantada en la que los sonidos son escasos y volátiles, espirituales y arraigados, narrativos y abstractos. Trabaja de manera intuitiva y su intuición ha perfilado siempre su procedimiento meticuloso, su electrónica quisquillosa, las propiedades físicas inherentes a la producción de sonido. Dice que siempre busca el sonido dentro del sonido; en un reino de parciales, armónicos y subarmónicos. Es decir, no busca ninguna nota fundamental corriente que se pueda tocar en el piano, sino la nebulosa intangible que conforma el aura de las notas.

Radigue encontró por primera vez estas sonoridades interiores e ilusorias en los sesenta a través de las artes oscuras de la música concreta, la manipulación de cintas y la retroalimentación de los altavoces. En la década de 1970, se interesó por la ronca resonancia de los sintetizadores analógicos, a la que estuvo enganchada durante las tres décadas posteriores. Ahora deja que un selecto grupo de instrumentistas —a los que ella llama sus *chevaliers d'Occam*— busquen junto a ella sonidos secretos; a sus intérpretes, por cierto, les exige un nivel de precisión y una paciencia que son física y mentalmente extremas. Imaginemos, por ejemplo, mantener el brazo en alto en una posición exacta, moverlo muy poco a poco, durante una hora o más. A la mayoría de nosotros nos empezaría a doler el brazo al cabo de un rato, o bien perderíamos la concentración en unos pocos minutos. Pero a la banda de caballeros espectrales de Radigue, no. En cuanto a lo que exige al cuerpo completo, comparte con Ustvólskaya un intenso instinto de inmersión, pero su música tiene tanto de sutil como la de Ustvólskaya de brutal.

Quizá lo más estimulante de Radigue es que sabe lidiar con el tiempo. En su *Trilogie de la mort*, una meditación inmensa sobre la muerte y la trascendencia, comprime tres horas en un instante. De alguna manera provoca la sensación de estar tanto en el presente como en el infinito. Su ritmo de transición es de una lentitud pasmosa, pero la acción empieza a brillar una vez que empiezas a percibir dicha transición. Rhodri Davies, un fantástico arpista improvisador y uno de los *chevaliers* en los que más confía Radigue, me ha hablado sobre la interpretación de su música y sobre la sensación de «despertar» de repente mientras toca; no es un relato muy diferente al de la pianista que olvidó donde estaba mientras tocaba una pieza de Pascale Criton en un piano de Carrillo. Davies me contó que, de repente, al final de la pieza de Radigue, toma consciencia de la sala y del público. A menudo no se da cuenta de cuánto tiempo ha estado «ausente». De algún modo, el tiempo ha implosionado y explotado al mismo tiempo.

Nada de esto ocurre si la atención se pone a mariposear. Para escuchar la música de Radigue hay que bajar el ritmo para acoplarse al suyo y escuchar de forma genuina. Si consigues dejarte absorber por él, te espera un viaje envolvente. Consiste en algo así como dejar los ojos descansar en un lugar discreto del oscuro cielo nocturno para poder luego, de repente, atisbar el tenue resplandor de la aurora boreal.

• • •

La primera vez que fui a visitar a Radigue abrió una botella de champán y yo rompí una copa. Acabábamos de terminar una larga entrevista que se emitiría antes de unos conciertos con sus trabajos que organizó la Orquesta Sinfónica Escocesa de la BBC. Fue a la cocina a por unas copas y unos *pretzels*, aunque a sus ochenta y tres años no tenía fuerzas para descorchar la botella —«¡Quién sabe dónde podría acabar el tapón!», me dijo con una sonrisa—, así que me la dio para que lo hiciera yo. Ahí fue cuando la entrevista empezó de verdad. O, más bien, cuando cambió de sentido y fue ella quien empezó a hacer las preguntas.

Estábamos en su apartamento de la rue Liancourt, en el *arrondissement* 14 de París, un distrito plagado de charcuterías y tiendecitas que está cerca de Montparnasse. Radigue vivía en ese mismo bloque desde los setenta. A través de las ventanas se veía el cielo invernal, de color pizarra. Dentro, el estudio estaba lleno de pañuelos de seda y retratos familiares en los que aparecía ella rodeada de niños, nietos y bisnietos. En las paredes había colgadas unas obras de resina que había hecho su exmarido, un artista llamado Arman.

La sobrecogedora singularidad del mundo sonoro de Radigue cobró un sentido nuevo cuando la conocí en persona y me contó su historia vital. Es una mujer que parece haber sabido siempre lo que quiere, tanto en su música como en sí misma. Y el aspecto crucial: una mujer que, para conseguir saber lo que quería, tuvo la convicción de pasar meses, años e incluso décadas practicando la paciencia como si esta fuera un deporte de riesgo. Durante treinta años trabajó sola en la música electrónica. Le gusta bromear con que su gato —que, según dice, era bastante exigente— era su único ayudante en el estudio.

—Quería escuchar una música en particular —me cuenta—. Y, para escucharla, tenía que hacerla. Era tan sencillo como eso.

Otra cosa sobre ella en la que me fijé es que traza una inteligente línea en la que deja clara su templanza.

• • •

Éliane Radigue nació en París en 1932 y creció en la rue Lingerie, cerca de los antiguos mercados de Les Halles. No le gustaba mucho el bullicio del centro de la ciudad —conserva el feo recuerdo de que le silbaban por la calle cuando era una niña—, pero sigue siendo *toujours parisienne*, me dice con una sonrisa. No venía de una familia de músicos, pero un tío abuelo bastante astuto le regaló un abono para los conciertos vespertinos del teatro de Châtelet, donde, desde las localidades baratas de los gallineros más altos, estiraba el cuello para alcanzar a ver y empezar a pulir lo que sería un duradero gusto por las obras de Mahler, Beethoven y Ravel. De hecho, estos siguen siendo los compositores que más escucha; aunque no lo parezca, ya que su propia música está en los márgenes de la forma, el sonido y el silencio.

Siempre tuvo su propia manera de escuchar. Como a Ustvólskaya, le encantaba sentarse debajo del piano cuando alguien lo estaba tocando; como a Walter Smetak, le encantaba absorber la resonancia completa del instrumento en el cuerpo. En cuanto a sus habilidades pianísticas, no había un piano en la casa familiar, pero dio clases particulares con una amable profesora, Madame Roger, que vivía en el bloque contiguo. Radigue nunca tuvo la intención de ser pianista profesional, pero lo que más le transmitió Madame Roger fue el amor por la manera en que se construye la música. Radigue se aprendió la vida de los compositores (Beethoven, Mahler), las cosas que inspiraron las partituras de estos, los métodos básicos para hacer música a partir de los elementos que había en ellas. Incluso cuando su madre dejó de pagarle las clases porque eran demasiado caras (o tal vez porque estaba celosa de la devoción que le profesaba su hija a su querida profesora), Madame Roger continuó enseñándole música en secreto.

La situación en casa era tensa. Los padres de Radigue estaban preocupados por el espíritu libre que parecía estar adoptando su hija. Cuando terminó el instituto en el verano de 1950, la enviaron al sur, a la *Côte d'Azur*, para que pasara un tiempo «corrigiendo su carácter» con un grupo de amigos de la familia. Lo que desde luego no debía hacer Radigue era enamorarse de un estudiante de arte radical en Niza, y menos aún quedarse embarazada. Era todavía una adolescente y, lo que es peor, no estaba casada, una situación nada fácil de gestionar en una familia francesa conservadora de los años cincuenta. Pero no se marchó a París con el rabo entre las piernas. He aquí otra de las sabidurías de Radigue: «Cuando se trata de asuntos importantes, en la vida las cosas van siempre bien cuando se toma una decisión real». Se quedó en el sur y se casó con Armand Fernández, que más tarde se desharía de todas las letras de su nombre, excepto las cinco primeras, para crear su nombre artístico. Arman y Radigue tuvieron tres hijos en los años siguientes y la maternidad se convirtió en parte esencial de su ser.

Antes de la Segunda Guerra Mundial, el Mediterráneo francés era el sitio de recreo de las estrellas de cine y los literatos. «Un lugar soleado para gente sombría» fue como lo describió W. Somerset Maugham. Bertolt Brecht, Aldous Huxley, Jean Cocteau y Vladímir Nabokov eran habituales; por allí se paseaba Pablo Picasso en un Hispano-Suiza amarillo hasta que su cuadro *Pesca nocturna en Antibes* de 1939 marcó el fin de una era. Once años después, que estuvieron plagados de destrucción, Radigue llegó a esa costa de posguerra, que contaba entonces con una escasa actividad artística de vanguardias. Estaba decidida a hacer toda la música que pudiera, así que se apuntó a un coro y se matriculó en el conservatorio local, en el que aprendió a tocar el arpa. Por las noches iba al mar a bañarse, porque durante el día no había en la playa ninguna mujer embarazada.

Arman se dedicó a fomentar ideas junto con un pequeño grupo de intelectuales de Niza, en el que estaban el pintor Yves Klein y el poeta Claude Pascal. Ese era el tipo de gente afín a Radigue. En 1949, Klein interpretó un acorde mantenido durante veinte minutos seguido de veinte minutos de silencio, y lo llamó *Symphonie Monoton-Silence*. Y él mismo fue el padrino de los hijos de Arman y Radigue. Los domingos por la mañana se reunían en el Parc de la Californie y debatían sobre cómo los artistas podían percibir y representar la vida cotidiana. Años más tarde, se conoció al grupo como École de Nice, y más tarde aún, como «nuevo realismo».

Radigue y Arman vivían en un pequeño apartamento junto al parque, que estaba también junto al aeropuerto. Radigue ponía a menudo su escucha a deambular. En casa, al cuidado de tres niños pequeños, se ponía en sintonía con el murmullo del tráfico aéreo. En el aeropuerto de Niza había por entonces seis vuelos diarios de ida y vuelta, y ella medía las horas en función del timbre de cada modelo de avión. Empezó a escuchar música dentro del zumbido de aquellas hélices: pedales, contrapedales, ritmos cruzados. «Los paisajes sonoros de la región de Niza eran inagotables», describió años después en un ensayo titulado *Le temps n'a pas d'importance* («El tiempo no tiene importancia»), y no se refería solo a los grillos de Provenza y al canto de los pájaros.

Y luego tuvo una epifanía. De hecho, fue precisamente la misma epifanía que experimentó Else Marie Pade, y en el mismo año, lo que quizá no sea tan sorprendente: ambas mujeres escuchaban maravillas sonoras en su día a día, así que por supuesto que estaban igual de entusiasmadas con la idea de descubrir un método para transformar esa cotidianidad en música. Una mañana como cualquier otra en su cocina de Niza, Radigue estaba al cuidado de los niños mientras escuchaba Radio France. Escuchó por la radio unos sonidos metálicos inesperados, chillidos, soplidos y pistones. Era Pierre Schaeffer con sus *Étude aux chemins de fer*, una sinfonía de ruidos de ferrocarril. Ruedas en la vía del ferrocarril, silbidos, campanas, martillos, chirridos de frenos: ese *Étude* fue toda una emancipación del ruido. Era música hecha a partir de los sonidos de la calle moderna, todos ellos ahora disponibles como ingredientes para ser mezclados en capas y bucles, y empalmados para crear una obra de arte sonoro. Radigue recuerda perfectamente la reacción que tuvo aquella mañana. Recuerda que exclamó: «*Alors, voilà!*» porque, para ella, la idea tenía todo el sentido. Una vía libre para coger cualquier cosa y encontrar el valor sonoro dentro de ella: es lo que ya hacía cuando escuchaba los aviones. El hecho de escuchar la música concreta de Schaeffer en la radio no hizo más que confirmar que podía aprovechar legítimamente esos sonidos y, a lo que resultara de ello, llamarlo música.

No mucho después de aquella revelación en la cocina, Radigue conoció a Schaeffer en un concierto en París. Ella le contó la manera en que escuchaba y le explicó su opinión acerca de la vida interior del sonido. Él la invitó a su Club d'Essai en la *rive gauche* de París. El estudio había sido un centro de actividad radiofónica de la resistencia en tiempos de guerra y ahora era un pujante laboratorio de música electrónica frecuentado por futuros pesos pesados del género, como Luc Ferrari, François-Bernard Mâche y Pierre Henry. Y Éliane Radigue. Vivía aún en Niza, pero estaba dispuesta a hacer el trayecto de ida y vuelta de 700 kilómetros hasta la sede de Schaeffer, en la rue de l'Université; pronto se convirtió en una asidua del Club d'Essai.

Esos fueron los años de aprendizaje de Radigue. Se hizo ayudante de los dos Pierres —Schaeffer y Henry— y, como becaria, se encargó del laborioso trabajo de cortar y empalmar unas enormes bobinas de cinta magnética. Aprendió las técnicas del montaje sonoro y de la mezcla. Después de extensas jornadas recortando cintas con las tijeras, se pasaba horas y horas en el estudio, donde probaba la maquinaria hasta altas horas de la noche. Sus propias visiones creativas se fueron profundizando, se hicieron más largas, más extensas que las que hacían sus jefes. No siempre se quedaban impresionados cuando les enseñaba sus experimentos. Pero ella continuó, impertérrita. La búsqueda de nuevos sonidos la estimulaba. En 1956 volvió a utilizar su apellido de soltera por primera vez desde que se casó, y empezó a dar conferencias sobre las técnicas y las filosofías de la música concreta.

La vida doméstica reclamaba su atención. Cuando sus hijos eran muy pequeños podía dejarlos y recogerlos de la casa de sus padres en París mientras ella estaba en el estudio. Cuando ya estaban en edad escolar y empezaban a estar más ligados a Niza, se complicaron los escamoteos. Estar fuera tanto tiempo no le salió gratis. Dejar a sus hijos tan a menudo con Arman y un canguro joven le suponía un esfuerzo considerable. Una solución obvia era la de continuar con sus experimentos sonoros más cerca de casa, pero para ello debía tener acceso a un estudio y, a pesar de que llevaba una carta de recomendación de Pierre Schaeffer, la rechazaron en la Maison de la Radio de Niza. Los motivos se pueden resumir en misoginia, como reflexionó más tarde Radigue con un frío desapego.

—Claramente —concluye—, el director valoró mi anatomía por encima de mi talento potencial.

Los dos Pierres tuvieron una infame pelea en 1958. Henry estaba resentido con el trabajo que había hecho para Schaeffer sin que este le hiciera el debido reconocimiento; Radigue se puso del lado de Henry y Schaeffer cortó el contacto con ambos durante casi una década. El reencuentro de los Pierres se debió en última instancia a Radigue —que organizó una cena en 1967—, pero, hasta entonces, la ruptura le impidió seguir con sus experimentos en cualquier sitio. Atrapada entre dos egos de la electroacústica en París y sin acceso a un estudio en Niza, le arrebataron las máquinas que necesitaba para seguir profundizando en su búsqueda del sonido dentro del sonido. Enfrentada, igual que Crawford, a la «batalla de la carrera contra el amor y los niños», dejó de trabajar durante casi una década, durante la cual se dedicó a tocar el piano y criar a sus hijos.

• • •

Durante una de nuestras primeras conversaciones, le pregunté a Radigue cómo era ser una mujer que trabaja en el entorno abrumadoramente masculino de la música experimental francesa de los años cincuenta y sesenta. Es importante destacar aquí que Radigue tenía y tiene una belleza natural despampanante. Hay una foto en particular, de mediados de los años cincuenta, que lo resume todo. En la imagen está en una playa, lleva un vestido verde lima sin mangas y tiene una caracola pegada a la oreja. Está bronceada, es rubia y resuelta. Estaba envuelta en la atmósfera que Godard y Truffaut querían encapsular en sus películas de la *nouvelle vague*, pero la magia se encuentra en la espontánea y completa concentración de Radigue en ese instante. Siempre le gustaba escuchar caracolas.

—Se escucha el sonido de la sangre —señala—. Tanto el cuerpo como el oído perciben el sonido. Bien lo saben los sordos.

Dice que nunca ha prestado demasiada atención ni a su belleza ni a su talento. Me contó que, mientras estuvo casada, se consideraba a sí misma «esposa de Arman» y no «Éliane Radigue, compositora». Tiene recuerdos de ir a la peluquería para asistir a sus inauguraciones en las galerías, pero no se solía esforzar más allá de aquello. Pienso en cómo Peggy Seeger se desesperaba con la inoportuna elección de calzado de su madre en una entrega de premios. Radigue no era una mujer abiertamente feminista, ni activista de ningún signo político. Cuando estallaron las protestas de Mayo del 68 en París, que desprendió una energía de repercusiones mundiales, Radigue estaba en un barco en el Mediterráneo preparando la representación de un trabajo de música experimental con cintas.

Entonces, cuando le pregunto sobre el hecho de ser una mujer en el Club d'Essai, me responde con el típico gesto galo de encogerse de hombros. Luego me cuenta una anécdota breve e irritante de un técnico que hizo un comentario sobre lo agradable que era tenerla en el estudio porque así el sitio olía bien. «¿Aquellos hombres? —pregunta, levantando una ceja—. Era todos muy machitos». El gesto de levantar la ceja no da muestras ni de diversión ni de resignación, sino de una vida en la que se han priorizado otros sitios en los que emplear la energía. Aunque ella misma admite que tanto Schaeffer como Henry solo la aceptaron como ayudante. Insinúa que, de haber revelado sus ambiciones como compositora, habría sido mucho menos bienvenida en los estudios.

Si algo define a Radigue es su determinación. Sabía perfectamente que enfrentarse a aquellos «machitos» le habría absorbido la energía, la habría distraído de su objetivo y habría puesto en peligro su acceso a los estudios y al equipo que necesitaba para hacer su música. Así que soportó esas dinámicas de la forma en que le pareció menos disruptiva en cada momento. Y aquí reside otro aspecto importante, otro de sus principios rectores: una filosofía conocida como «la navaja de Ockham», atribuida al fraile franciscano del siglo XIV Guillermo de Ockham, que sostenía que, entre varias opciones, la más simple de todas ellas suele ser la mejor.

Para Radigue, la navaja de Ockham es tanto una estrategia de supervivencia como un credo estético.

• • •

En 1963, a Arman le ofrecieron trabajar en una galería de Nueva York, y Radigue y los niños fueron con él. La ciudad supuso un despertar para los cinco. Aterrizaron en una comunidad de espíritus afines: el pianista David Tudor y el compositor John Cage, la coreógrafa Yvonne Rainer, el visionario músico James Tenney, a través de quien Radigue descubrió un mundo nuevo y radical de conciertos en *lofts* y *happenings* de Fluxus. Fue en Nueva York, en compañía de estos artistas que reescribían las normas, donde se dio cuenta de que la podían tomar en serio como compositora sin que se interpusieran su físico ni su ambición creativa. A medida que despegó la carrera de Arman, Radigue se fue dando cuenta de que ya no podía más con el rol de la mujer del artista. Puso fin al matrimonio en 1967, aunque mantuvieron la amistad hasta la muerte de él, en 2005.

A Radigue le encantaron esos primeros cuatro años en Nueva York, pero aun así volvía a París cada tres meses solo para pisar su tierra natal. No olvidemos que es *toujours parisienne*. Después de romper el matrimonio regresó a Francia con los niños. A esas alturas, llevaba ya casi una década alejada de todo trabajo con cintas, pero volvió a contactar con Pierre Henry, quien le pidió que fuera su ayudante en su nuevo estudio APSOME (Applications de Procédés Sonores en Musique Électroacoustique). El trabajo de Radigue consistía en dedicarle catorce horas al día a minucias técnicas no remuneradas para ayudar a que Henry montara su épica obra *Apocalypse de Jean*, una amalgama de narración electrónica y música concreta a escala de oratorio. Fue también el año en que Henry conoció a su segunda mujer, lo que se traducía en que su atención estaba a menudo en otra parte. Radigue se pasó horas y horas sola en el estudio. Y pudo retomar sus propias investigaciones sonoras donde las había dejado.

Después de un año en APSOME, le dijo a Henry que ya era hora de trabajar sola. Los hijos volvían a casa después del colegio y se encontraban a su madre en el salón elaborando unos bucles y lapsos salvajes con máquinas de cintas. Cuando su hijo mayor, Yves, le dijo que iba a dejar el arpa, Radigue le hizo una pieza de despedida titulada *Étude pour Harpe* (1968), que —en un acto de instrumenticidio propio de Annea Lockwood— consistía en colocar un micrófono dentro de la caja de resonancia del instrumento y, como broche final, hacer un glissando con una cuchilla de afeitar. Luego se arrepentiría de haber infligido tanta violencia en un instrumento que amaba, pero fue un alegato triunfal y contundente.

Fueron unos años de exploración para Radigue. Investigó el potencial efímero de la retroalimentación electrónica, probando el punto exacto de interferencia entre altavoces en el que emergen del ruido blanco unos preciosos sonidos.

La retroalimentación de los altavoces solía ser un campo descontrolado de estruendo y abrasión, pero Radigue se anduvo con cuidado y consiguió domar a la bestia. También se convirtió en una experta en la manipulación de cintas magnéticas y creó una serie de piezas electrónicas de una delicadeza arrolladora. La primera, *Jouet électronique* (1967) fue un juego de beats dilatados con mucha dulzura. La segunda fue *Elemental I* (1968), hecha a partir de un archivo personal de grabaciones (mar, viento, lluvia, desprendimientos) tomadas en Niza con una pequeña grabadora Stellavox. En *Labyrinthe sonore* (1970), el oyente desenrolla su propio hilo de Ariadna deambulando físicamente entre seis fuentes sonoras diferentes. Se adelantó veintiocho años a su época: *Labyrinthe sonore* se representó por fin en 1998, en el Mills College de California, con la participación de dos celebridades del sonido experimental estadounidense: Pauline Oliveros y Maggi Payne.

Al hacer música de la manera en que la hizo Radigue, el equipo podía estallar literalmente en cualquier momento.

—Cuando empecé con la electrónica —me cuenta—, antes de tener acceso a un sintetizador con efecto de retroalimentación, simplemente me movía muy despacio, sin acercarme ni alejarme demasiado del altavoz porque, de hacerlo, este habría explotado. Me encantaba probar los límites. De verdad que había un margen de maniobra muy pequeño.

De nuevo, una contradicción: toda esa delicadeza en medio de todo ese peligro. Aprendió a escuchar, a entender el lenguaje de la retroalimentación, a «empezar una conversación con ella». El enfoque que perfeccionó en esas diecisiete piezas terminó por definir la obra de toda su vida. Había encontrado su sonido dentro del sonido.

En 1970, gracias al apoyo del compositor Steve Reich, le ofrecieron a Radigue un año de residencia en la Universidad de Nueva York (NYU). Esta vez se mudó a un *loft* en el Bowery del East Village de Manhattan, que por aquel entonces era un núcleo vanguardista. Reich le pidió que lo ayudara con algunas partes vocales, pero ella lo rechazó. Ya tenía su propio trabajo. Actuaba todos los años en The Kitchen, un hervidero de sonido experimental en la calle Mercer, cerca de Washington Square Park. Actuó en centros de música vanguardistas por todo el país. En el *loft* de Phill Niblock en Centre Street, y en el CalArts y el Mills Collegue de California. Era amiga de Terry Riley y Maryanne Amacher, de Lauri Spiegel, Philip Corner, Charlemagne Palestine y Robert Ashley. Todos ellos intentaban darle un nuevo propósito al sonido y a la forma en que lo escuchamos. Quedaba con Reich y Philip Glass, que en ese momento todavía trabajaban juntos. Asistió a conciertos de Max Neuhaus en piscinas al aire libre y actuó en *happenings* en los que los artistas y el público iban completamente vestidos de blanco.

Radigue recuerda una conversación en particular que tuvo con Philip Glass en la que le contó que estaba interesado en los arpegios.

—¡Y mira tú por dónde! —exclama entre risas—. ¡Toda su música acabó estando hecha de arpegios! Pues a mí me interesaban las modulaciones y toda mi música está hecha de modulaciones. De la misma manera que no elegí el color de mi pelo, tampoco elegí la música que me atraía.

¿Qué le pasa a Radigue con la lentitud? Nunca ha escrito nada que sea rápido. La lentitud no significa inmovilidad, y siempre se ha opuesto a que sus trabajos se categoricen como «música drone»: la etiqueta es demasiado reductora, demasiado estática, está demasiado centrada en los fundamentales.

—Claro que necesitamos fundamentales —dice con ironía—. Los necesitamos para producir armónicos, pero estos son solo la base, igual que necesitamos algo en lo que sentarnos —me dice, dándole una palmadita al sofá que tiene al lado. Por encima de él podemos mover los brazos e inclinar la cabeza, por encima de él sucede la acción—. Una pieza está bien cuando un oyente se olvida de los fundamentales —añade—. Mis piezas empiezan muy suavemente para que los oyentes y los intérpretes tengan tiempo de adaptar el oído, para establecer los armónicos fundamentales con la solidez suficiente como para poder olvidarse de ellos por completo.

En su ensayo *Le temps n'a pas d'importance* equipara su música a una planta: «Nunca vemos a una planta moverse, pero siempre está creciendo». Le pregunto sobre esa cosa que hace con el tiempo, sobre su hechicería temporal, sobre la manera en que su música parece contraerse (en tanto que se centra en detalles minúsculos) y dilatarse (en tanto que se desarrolla durante muchas horas).

—Por naturaleza —me responde—, la lentitud es expansiva por naturaleza y, es más, nos permite escuchar de cerca.

Cita al director rumano Sergiu Celibidache, que dijo que cuando una orquesta va bien era capaz de ralentizar el ritmo, pero que cuando las cosas iban mal tenía que acelerar. Se lamenta de que los tempos de la música clásica actual sean por lo general más rápidos que cuando ella era joven. Destaca el segundo movimiento del *Concierto para piano y orquesta* en sol mayor de Ravel como el esplendor de la escritura lenta; con su mano derecha urdiendo una melodía nota a nota sobre unos estoicos acordes en el bajo.

—Siempre tiene esa ambivalencia —me explica—. Es exquisito porque la melodía gira sin parar. Siempre en movimiento, siempre en transición.

Ni tout à fait la même, ni tout à fait une autre.

Me habla de sus viajes durante sus años de juventud. Se enorgullecía de ser capaz de moverse por casi cualquier ciudad del mundo sin mapa.

—Excepto Venecia —me dice sonriente—. Venecia fue el único lugar en el que me he perdido, y fue una sensación increíble.

La modulación como equivalente musical a entregarse a las enmarañadas callejuelas de Venecia; es un pensamiento fascinante. Entonces, ¿qué pasa al final de cada una de las piezas? ¿Se disipa la sensación de dislocación una vez acabada la música, ese momento que describió Rhodri Davies sobre cuando la habitación vuelve a estar enfocada?

—Supongo que sí, que se disipa —concede.

Pero la transición, enfatiza, puede considerarse infinita.

• • •

A comienzos de la década de 1970, Radigue hizo tres descubrimientos esenciales. El primero fue cuando pudo conocer un sintetizador en Nueva York. Más concretamente, era el sintetizador modular analógico Buchla, que había montado el pionero de la música electrónica Morton Subotnick en la Universidad de Nueva York y que Radigue compartía con sus compañeros experimentalistas Laurie Spiegel y Rhys Chatham. A ella le gusta referirse a esa reunión con el sintetizador como «el principio de una gran aventura amorosa». Se pasó meses conociendo de cerca el instrumento, poniendo a punto lo que podía accionar, lo que podía hacerlo vibrar, encontrando sus sonidos más puros y la manera en que estos funcionaran bien en una sala determinada. Ya conocía a La Monte Young y su música de duraciones largas que mantenía los tonos hasta llevarlos a sus límites e incluso, podría decirse, más allá. Ya sabía que Alvin Lucier se estaba dedicando a hacer rebotar el sonido en unas obras emblemáticas, como su *I am sitting in a room*, que convierte cualquier acústica en un sitio de recreo sonoro. Por su parte, ella trabajó siempre sola.

Radigue compuso una pieza para el Buchla llamada *Chryptus* en la que se reproducen dos cintas con un lapso de tiempo para provocar unas pequeñas palpitaciones. El sonido es sutil e inexpresivo, el ritmo constante, el equivalente sonoro a un cuadro de Agnes Martin. El estreno tuvo lugar en el New York Cultural Center en abril de 1971, en un día tan lluvioso que los Mets tuvieron que interrumpir un partido inaugural en casa. Spiegel y Chatham acudieron a la actuación para ver lo que había conseguido sacar Radigue de la máquina que ellos también estaban probando. Al día siguiente, Chatham llamó a Radigue y le dijo que en principio había ido a la actuación solamente por cortesía, pero que se había quedado patidifuso.

El sintetizador se convirtió en la nueva mano derecha de Radigue y así continuó siendo durante los siguientes treinta años. Se llevó uno de ellos al otro lado del océano cuando regresó a París en 1971, compartiendo el camarote con las entrañas del instrumento. Esta vez no fue el modelo Buchla, sino un ARP 2500, que le encantaba por su voz especial, su siseo, su potencial brumoso, por el hecho de que era menos directo y metálico que el Moog o el Buchla. No se trajo el teclado: solo estaba interesada en los mecanismos internos de la máquina, con los que podía trastear «como si fuera un plato de espaguetis». Con el ARP descubrió que podía hacer unos sonidos más cálidos y envolventes que todo lo que había hecho antes con cintas. Cuando un amigo le preguntó en París si podía hacer un sonido «como el silencio de las estrellas» —un encargo que Else Marie Pade seguramente habría disfrutado enormemente—, Radigue cumplió con él encantada. Al principio se sintió casi tímida ante aquel aparato temperamental y se dirigía a él como «Monseñor», un título que se concede al alto clero de la Iglesia católica. Más tarde, cuando se fue haciendo cada vez más amable, se acostumbró a llamar al instrumento «Jules».

El segundo de sus descubrimientos esenciales ocurrió dentro de su propia cabeza. En 1974, Radigue estaba visitando a su hijo Yves, que era ahora un incipiente comisario de arte en Nueva York. Mientras charlaba con su nuera, Radigue se recostó en el sofá y se apoyó sobre una oreja. De repente se dio cuenta de que, aunque seguía viendo el movimiento de los labios de su nuera, ya no oía lo que decía. Resulta que tenía una lesión de nacimiento en el oído y que estaba parcialmente sorda. Radigue no entró en pánico: la enfermedad no era degenerativa. Y, además, sin saberlo, se había ido adaptando a su sordera parcial durante toda su vida. De hecho, lo veía como una ventaja. Su audición había moldeado su desarrollada escucha, su manera de interiorizar el sonido y la gran atención y cuidado que prestaba a la vida interior de cada nota.

El tercer descubrimiento tuvo lugar ese mismo año, 1974, en un concierto en California. Una pareja de franceses se acercó a ella después de la actuación y le dijeron que habían percibido una afinidad entre su música y la espiritualidad que profesaban. Eran budistas. Radigue no había tenido nunca la intención de componer música meditativa, aunque no discute la idea de que otros le hayan encontrado ese sentido. Pero tras aquel encuentro en California, ligó un marco espiritual a su presentimiento de que todo es transitorio. Cuando regresó a París, suspendió su calendario de actuaciones para los siguientes años y se dedicó a estudiar la religión; se pasaba seis días a la semana en un centro budista de Belleville. No hay que olvidar que Éliane no hace nada a medias. O en sus palabras: «Cuando se trata de asuntos importantes, en la vida las cosas van siempre bien cuando se toma una decisión real».

Entender la música de Radigue como una forma de meditación, ¿es un cliché? Ella misma se muestra reacia a que encasillen su obra en una espiritualidad abierta: «El sentido —insiste— siempre proviene de la vida del propio sonido». En cambio, describe la música y la espiritualidad como unas vías de tren, que nunca se tocan pero que están conectadas por el vehículo (es decir, nosotros mismos) que viaja sobre ellas.

Hay varias excepciones destacables. Una pequeña colección de trabajos en los que Radigue aborda temas explícitamente budistas. *Les Chants de Milarepa* (1983) construye un frondoso y amplio trasfondo por debajo de las voces del lama tibetano Kunga Rinpoche, que hace unos cantos hipnóticos, y del compositor Robert Ashley, que entona enseñanzas espirituales sobre la paciencia y la humildad en un discurso lento, frío, soporífero. En la baja resonancia de *Jetsun Mila* (1986), los tonos emergen y se desvanecen en una fascinante trama sonora que representa al yogui Milarepa del siglo XI y sus diez etapas vitales. En 1974, Radigue acababa de terminar la primera parte de su imponente *Trilogie de la mort* cuando su hijo Yves murió en un accidente de coche en España. Sumida en el dolor, se retiró a un centro budista en Dordoña. Muy poco a poco volvería a la segunda y la tercera parte de la trilogía, y la expansión de la música resonaría a una pérdida indescriptible a medida que iba incorporando textos budistas de peregrinación y trascendencia.

Radigue escribió sus obras maestras de la música electrónica para Jules, su sintetizador ARP. La trilogía *Adnos* (1974-1980-1982), *Les Chants de Milarepa*, la *Trilogie de la mort*. A medida que sus tempos se ralentizaban, su música se iba haciendo menos estática, se convierte en un flujo constante, como una aurora resplandeciente que contiene todo el tiempo del mundo. Su última pieza electrónica (hasta la fecha) es *L'Île re-sonante* (2000), cuyo nombre tomó del escritor renacentista francés François Rabelais. La pieza imagina el lago Bourget, al pie del macizo del Jura. Es el lago más profundo de Francia; en algunas zonas tiene más metros de profundidad que la montaña que está junto a él. En consonancia, *L'Île re-sonante* se sumerge en las profundidades con unas frecuencias tan bajas que, más que oírlas, se sienten. En la superficie, las vistas son extensas y románticas. En algún lugar del éter se eleva un sobretono agudo, un jirón de nube que se forma entre los picos.

• • •

Hoy por hoy, Jules no está en un lugar visible del apartamento de Radigue en Montparnasse. Su divorcio —la palabra que usa ella— tuvo lugar en la primera década del nuevo milenio. Dejó de componer para el ARP y para cualquier otro sintetizador. Desmontó a Jules y lo guardó en el sótano de su casa. Como se ha dicho, nunca hace nada a medias.

Pero no dejó de trabajar. Quien la animó en la siguiente etapa de su obra fue el bajista y artista francés Kasper T. Toeplitz, que presentó al estadounidense Phil Niblock a Radigue. Toeplitz convenció a Radigue para que compusiera algo que él pudiera tocar con el bajo eléctrico y el resultado fue una pieza llamada *Elemental II* (2003). Parece razonable que su siguiente etapa comenzara con una secuela de una de las primeras piezas de música electrónica que escribió. Tras toda una vida de trabajo en solitario, me confiesa que:

—[El trabajo en equipo lo] cambió todo. Me resulta extraño todo ese repentino interés por mí. Hace años algunos músicos me pidieron permiso para tocar mi música. Dije que no. No estaba preparada para abrirme. Y pensé que nunca me lo volverían a pedir. Estaba equivocada.

Después de Toeplitz, la llamó el chelista Charles Curtis. Como defensor pertinaz de la música de vanguardia que es, animó a Radigue para que abandonara la electrónica por completo y se pasara a la música acústica, cosa que hizo. Empezó a trabajar en lo que se convirtió en una gran trilogía para violonchelo y dos clarinetes tenores. Lo llamó *Naldjorlak: naldjor* significa algo así como unidad y *lak* es un término de respeto. *Naldjorlak I*, para chelo, está en la «nota lobo», que suele ser una pesadilla para los instrumentistas de cuerda. Es el lugar de la cuerda en el que la física del instrumento está desajustada, o tal vez demasiado ajustada: la vibración de la caja de resonancia del chelo y la vibración de la cuerda se amplifican mutuamente, por lo que el sonido se vuelve salvaje. Radigue los llama *sons sauvages* (sonidos salvajes) y, al igual que con sus trabajos con la volátil retroalimentación de los altavoces, vuelve a acercarse de puntillas al borde del volcán. Cuando se representó *Naldjorlak I*, Radigue se dio cuenta de que esta era la música que siempre había querido escuchar, pero nunca consiguió hacerla del todo con la electrónica.

—Qué experiencia tan extraña —reflexiona—. Tanto tiempo divagando para volver a lo que estaba ya ahí desde el principio: la perfección de los instrumentos acústicos.

En 2008 estrenó una serie de trabajos bajo el título *Occam*. Desde entonces ha ido creciendo hasta incluir decenas de piezas colaborativas en solitario y distintas configuraciones de ensembles pequeños. *Occam Rivers*, *Occam Deltas* y la iteración orquestal con final abierto *Occam Ocean*. Compara la serie con la colección *Canciones sin palabras* de Felix Mendelssohn.

—No hay letra, pero esas piezas cuentan unas historias muy profundas —me explica—. Y también me las cuento a mí misma. *Je me raconte des histoires*.

Detrás de cada una de sus obras hay una historia. Cada pieza nueva en la serie de *Occam* empieza con Radigue y un intérprete que viene a su apartamento para hablar del agua. Hablan sobre océanos, mares, lagos, ríos, cascadas. Ese es el punto de partida. Podría ser simplemente la esquina de un estanque: tiene que ser un lugar que tenga un significado determinado para el intérprete.

—Una música que está inspirada en un torrente enorme no sonará igual que una música inspirada en un pequeño manantial en la montaña —señala—. Me gustan los músicos y las músicas que escogen una imagen de su propio país: todos tenemos un lugar especial que tiene alguna relación con el agua. ¿Quién no ha meditado frente al océano, un río o una catarata? Por ejemplo, un músico estaba interesado en la imagen de un río subterráneo que mana de una cueva, forma una fuente profunda y desemboca en el mar. Esa fue la partitura de la obra.

Nunca sabremos qué obra es, porque Radigue no lo dirá. Ella guarda las imágenes en secreto porque no quiere que los oyentes empleen su energía mental en querer saber lo que se supone que ocurrirá a continuación. «El mejor público —sostiene— es el que se inventa sus propias imágenes durante la escucha». Una vez acordada una imagen entre el intérprete y ella, la escriben para darle una estructura a la música, y al resultado lo llama «partitura viviente». Su notación es oral y su lenguaje, visual. No es exactamente como hacer una fotografía porque la imagen sigue en movimiento. Acaso sería un holograma. Y las obras son para instrumentistas específicos, no para instrumentos. Radigue no quiere que las toquen músicos que no hayan trabajado con ella, a menos que la música se transmita de forma oral de un intérprete a otro. Incluso si ello implica que los trabajos se pierdan con el tiempo; que así sea, pues. Para ella, la integridad tiene más valor que la longevidad.

Con este sistema de trabajo cara a cara, componer para orquesta podría resultar complicado, así que Radigue empezó *Occam Ocean* con una fiesta. Puso comida y bebida e invitó a treinta músicos, que se distribuyeron en unos cojines desperdigados por el suelo de su apartamento. Después de ese primer encuentro, indicó a cada músico —no solo al director o los jefes de sección, sino a cada uno de los músicos— que la volvieran a visitar para trazar sus partes de forma colaborativa. Solamente está dispuesta a trabajar de esa manera.

—Lo primero que les pedía a todos era: por favor, haz unas ondas. Simplemente unas ondas. Con algunos de ellos supe que iría bien en pocos minutos. Con otros me llevó más tiempo —me cuenta. El proceso completo duró dos años. No sabe si volverá a escribir una obra orquestal—. Quizá un mar —se plantea—. Y ojalá muchos ríos más. Pero creo que solo puede haber un océano.

• • •

Volvamos a aquella visita a su apartamento de Montparnasse. Ha sido una entrevista larga, pero Radigue sigue teniendo ganas de hablar, aunque ya estaba harta de hablar de sí misma. Sirvió las bebidas y se recostó para escuchar. No le importaban las minucias. Lo primero que quiso saber fue si yo estaba contenta con mi trabajo. En aquel entonces trabajaba principalmente como crítica musical y le conté que, en realidad, todo aquello me parecía bastante estresante y conflictivo. Le confié mi latente sospecha de que los años de crítica habían empezado a moldear mi personalidad de un modo no del todo positivo. Me miró de manera inquisitiva. Me preguntó sobre mi familia, mis relaciones, si tenía ya hijos y si tenía la intención de tenerlos.

Me preguntó qué era lo que yo consideraba importante en la vida, asumiendo que (como ella) tendría una respuesta clara y directa. Estaba cansada después de hablar inglés durante toda la entrevista, así que se pasó al francés y yo me vi juntando frases que no usaba desde que era estudiante de música en Montreal. Me había dado cuenta antes de este fenómeno: al hablar francés soy más sincera, supongo que por necesidad, porque con mi escaso dominio de la lengua no tengo los matices necesarios como para ser cautelosa. O tal vez es porque asocio el lenguaje a una etapa despreocupada de mis veintitantos, en la que la sutileza no era mi prioridad número uno. Mi padre solía decir lo mismo sobre mi abuela irlandesa y la manera en que el lenguaje podía cambiarla en un instante. En inglés era recatada, una inmigrante luchando por sobrevivir durante la guerra en Londres. Pero en los años veinte había llevado una vida de glamur en París y, durante el resto de su vida, cada vez que hablaba francés se volvía vivaz, sofisticada y espléndida.

En todo caso, allí estaba, contándole a Radigue verdades como puños en respuesta a sus preguntas, hechas desde una perspectiva sumamente nítida. La franqueza repentina me provocó un colapso del sistema nervioso y en algún lugar del recorrido se me cayó la copa; y alrededor de mis calcetines se empezó a formar un charco espumoso de champán.

—¡Ahora sí que hemos tocado algo! —exclamó, riéndose y pasándome una bayeta.

Eso es lo que hace también la música de Radigue: escarba entre los recovecos mejor defendidos.

Al final, se interrumpió nuestra conversación de aquella noche. Yo tenía una entrada para un concierto al otro lado de la ciudad, en la nueva Philharmonie de París, adonde me dirigí bajo la estricta condición de informarla sobre la acústica del sitio. Debido a su frágil estado de salud, Radigue ya no sale mucho de su apartamento y a mí pareció desgarrador no poder llevarme conmigo a esta mujer que se ha pasado la vida entera investigando el sonido y los espacios. Según ella, los edificios son como caracolas en las que el público se coloca «como si estuviera dentro de la caja de resonancia de un instrumento»; por supuesto que estaba deseando saber cómo era estar dentro de la caracola más nueva y resplandeciente de París. Mientras me ponía el abrigo, me pidió que volviera.

—Nos queda mucho que hablar —me dijo.

La segunda vez que la visité en Montparnasse fui con un fotógrafo y Radigue parecía más cohibida. No disfrutó la sesión de fotos. Hizo un gesto en dirección a un andador que había en una esquina de la habitación.

—Es horrible —me susurró—. ¿No te parece que me hace parecer vieja?

—Para nada —le aseguré.

Ella llevaba un pañuelo azul a juego con sus ojos, parecía eléctrica.

Hay otro concepto importante en la serie de *Occam* de Radigue, una suerte de expansión vertiginosa que se produce cuando se intenta desentrañar la infinidad de las longitudes de onda magnéticas. Radigue lo describe como una especie de bañera sonora cósmica y, para ella, define el espíritu de toda la serie.

—Es similar al vértigo —dice, explicando la forma en que lo vivió por primera vez hace años, cuando tuvo la epifanía en un museo y se imaginaba todas las longitudes de onda rebotando de la Tierra al Sol y de ahí hacia otras galaxias—. Fue demasiado, no lo pude comprender. Me imaginé que estábamos todos bañándonos en un océano galáctico de ondas sonoras.

Me encanta la enormidad envolvente de esa imagen, que sospecho que es más o menos lo que Walter Smetak quería conseguir en su *Estudio Ovo*. El efecto exacto al sumirse en la música de Radigue. Me la imagino en Niza cuando estaba embarazada, nadando por la noche a escondidas en el Mediterráneo. Ahora nada en este inmenso océano de su mente, en el que los sonidos son una orilla remodelada constantemente por el chapoteo de las olas.

Radigue no es una loba solitaria de la calma al estilo slow-fi. Desde el punto de vista de su espiritualidad particular, comparte la intensidad de Ustvólskaya y Emahoy, de Sofia Gubaidulina y Arvo Pärt; y no porque sus obras se definan explícitamente por la fe, sino porque su atención inagotable hacia el proceso musical está estrechamente influenciada por su práctica meditativa. Es una minimalista profunda, original, un modelo a seguir para desarrollar la escucha atenta y concentrada. En un mundo cada vez más polarizado por voces que gritan mucho y que sostienen dogmas cada vez más rígidos, haríamos bien en apuntar hacia estas lecciones que indagan con una perspicacia tan asombrosa. Que indagan en busca del sonido dentro del sonido.

• • •

Hay otra compositora que indaga en la sutileza de los sonidos con una paciencia virtuosa y lúdica. Una compositora que le da la vuelta a la práctica compositiva convencional, a ese acto de organizar y acotar el sonido, por lo que se convierte en una... Bueno, a ver, intentemos llamarla así: una anticompositora.

Annea Lockwood (1939)

Sobre cómo atravesar ríos en Nueva Zelanda: aferrada a la serenidad

La pieza arranca con una persona que se aleja por un camino flanqueado de cedros en dirección a un pequeño claro en el bosque. En el claro hay dos hamacas. El sonido rebota en los árboles y cuelga de las ramas. En los *subwoofers* suenan las frecuencias más bajas. Oímos murciélagos, polillas tigre, terremotos, fuentes hidrotermales, el sol, pero no queda claro de dónde proviene cada sonido. Los árboles también participan. Los oyentes se tumban en las hamacas; estas son importantes, porque cuanto más relajado se esté, mejor se podrá escuchar. La pieza se llama *Wild Energy*, la hizo Annea Lockwood junto con el diseñador de sonido Bob Bielecki y es una muestra de la característica habilidad de Lockwood para conectar lugares, oídos, cuerpos, respiración y entorno natural.

Lockwood es una de las personas que mejor escucha en el mundo. Una de las que más admiran el sonido táctil. Su forma de concebir el sonido es lúdica, exultante, específica, subversiva, cercana, contundente y suave. Desde finales de la década de 1960, esta neozelandesa ha puesto en escena un buen número de obras sonoras situacionales, con mucha astucia y meticulosidad. A veces, sus obras consisten en una lenta decadencia de instrumentos. Otras, nos coloca junto al borboteo del agua en los torrentes de los ríos. En todas ellas analiza la manera en que el sonido está conformado por la naturaleza y por nuestros propios cuerpos y lo que, a cambio, el sonido puede hacerle precisamente a la naturaleza y a nuestros cuerpos. Según ella, el sonido es una transferencia de energía. Nos puede llevar, despertarnos, acompañarnos, dejarnos huella y entrar en sintonía con nosotros mismos. El sonido puede hacernos sentir. El sonido puede despertar un sentido de la preservación.

La primera vez que Lockwood representó uno de sus *Piano Transplants*, le hizo un cambio de imagen a un piano de pared viejo y destartalado. Colgó una botella vacía de *chianti* contra las cuerdas, que con su tintineo producía un efecto de glissando. Pegó un par de ojos de mentira en la caja de resonancia del instrumento y les puso rímel a las pestañas. Cuando tocaba un trémolo, las pestañas brillaban de manera seductora. Al tirar de un hilo, se accionaba un trenecito que corría arriba y abajo en las cuerdas graves, y cuando Lockwood pisaba el pedal izquierdo salían burbujas de unos labios de plastilina que había a un lado del teclado. Estipuló que quien tocara este piano permanentemente preparado tenía que elegir una melodía y repetirla como si fuera un cantante de bar estrafalario. Ella escogió «Lili Marlene» y la tocó en bucle.

Para su siguiente trasplante recurrió al fuego. Corría el año 1968. «Estábamos quemando banderas estadounidenses, símbolos políticos, el *statu quo*», rememoró luego Lockwood. Había recibido el encargo de componer una partitura para el coreógrafo Richard Alston. Aquella particular obra de danza, *Heat* («Calor»), nunca llegó a materializarse, pero Lockwood se tomó el encargo al pie de la letra y se propuso captar la esencia de la inmolación. Intentó grabar hogueras y chimeneas, pero por lo visto no conseguía alcanzar la temperatura deseada. Quería un sonido que abrasara, que fuera «realmente interesante desde el punto de vista sónico». Y si en el proceso se quemaba un símbolo de la domesticidad femenina, pues mejor que mejor.

Por entonces, el vertedero de Wandsworth Borough, al suroeste de Londres, tenía una zona reservada para los pianos de salón en desuso. Se estaban tirando muchos pianos a fin de hacer hueco en los salones para los televisores. Lockwood fue al vertedero, cogió uno de los instrumentos defenestrados y lo arrastró hasta el dique del Támesis, donde el poeta Bob Cobbing organizó un festival de artes escénicas. Se puso manos a la obra: envolvió unos cuantos micrófonos viejos en amianto para que soportaran las llamas el mayor tiempo posible, los conectó a una grabadora Uher de bobina abierta y los metió dentro del instrumento. Luego añadió una pizca de líquido inflamable y prendió una cerilla.

La muchedumbre se reunió alrededor de las llamas y hablaba con tanto entusiasmo que la grabación —que era el propósito del ejercicio— no salió bien. Al final, los espectadores se callaron y se quedaron hipnotizados contemplando el fuego. Las cuerdas vibraban, la madera crujía y las colas y barnices se derretían. El piano ardió durante más de tres horas. Cuando se apagaron los últimos rescoldos, Lockwood y un grupo de colegas artistas fueron a una carpa en la que organizaron una sesión espiritista para invocar el espíritu de Beethoven. Le preguntaron lo que pensaba sobre su actuación. Su respuesta no fue muy clara aquel día, pero al parecer en la cinta que se grabó se podía escuchar una extraña señal afirmativa cuando invocaron a «Ludi» por tercera y última vez. Me gusta pensar que Beethoven les estaba dando su aprobación fantasmal con un gruñido.

Annea Lockwood ha hundido pianos en unos estanques para ganado de Amarillo, en Texas (*Piano Drowning*, en el que se sumerge un piano blanco de cien dólares bañado en oro). Ha plantado pianos en unos elegantes jardines ingleses de Essex, en Reino Unido (*Piano Garden*, en el que varios instrumentos se colocan entre retoños de laurel y dedaleras). Ha invitado al mar a que rodeara las patas de un piano de cola que dejó abandonado en una playa en la línea de pleamar. Esa fue su obra *Southern Exposure*, que ideó en 1982, pero que no consiguió representar hasta varias décadas después en Fremantle, Australia. En ella, el piano en cuestión desapareció misteriosamente un día después de que lo instalaran, lo que provocó una llamada de socorro —con recompensa incluida— a cambio de un indicio sobre el paradero del piano. Finalmente, se entregó un grupo de mochileros. Habían «rescatado» de verdad al instrumento, al que creían abandonado: se lo llevaron al albergue en el que se alojaban para ponerse a restaurarlo allí mismo. El malentendido se aclaró y se volvió a poner el piano en la playa, donde al cabo de un tiempo una tormenta le destrozó las patas y llenó la caja de resonancia de arena y algas. Las notas, tocadas por el viento, la lluvia y los pájaros, siguieron sonando.

Los instrumenticidios estaban a la orden del día cuando Lockwood empezó su serie de trasplantes. Keith Moon hacía explotar baterías y Jimi Hendrix destrozaba guitarras. En 1968, se lanzó un piano desde un helicóptero ante 3000 espectadores en el estadio de Washington State. Cuatro años después, los estudiantes del MIT inauguraron algo que se sigue haciendo: un «lanzamiento de pianos» desde el tejado de su residencia, destruyendo de buena gana lo que consideraban un símbolo de la tradición musical. Para Lockwood, que era una pianista con talento, ese tipo de vandalismo demoledor nunca tuvo sentido alguno. A ella no le interesaba la violencia *per se* y tampoco los sonidos en bruto resultantes de la destrucción.

Lo que ella buscaba era lo opuesto: quería ver adónde podía llegar a través de la escucha atenta y la atención al proceso. Sobre todo buscaba sonidos que fueran lo bastante ricos y complejos como para provocarle una llamada de atención. Su presentimiento era que, si nos permitimos escuchar adecuadamente, si empezamos a sentir realmente un sonido en nuestros cuerpos, también podríamos empezar a fijarnos en la cosa que lo produce. Si tal cosa es un río, un gato, un barrio o un ser humano, tal vez empecemos a prestar atención a las fuentes de una forma nueva y más profunda.

Con sus *Piano Transplants*, Lockwood exploró el significado de dejar que los elementos —fuego, agua, viento, plantas, tierra— ejercieran su implacable voluntad sobre un instrumento que fue construido para obtener un control máximo. Lockwood trabaja con un arrojo inquieto y analítico. No me refiero a que no sea precisa, porque lo es, y muchísimo. Pero sabe cuándo y cómo dejarse llevar para ver qué pasa. En 2007 compuso una pieza llamada *Gone!* en la que unió unos cuantos globos de helio a una pequeña caja de música con forma de piano. El piano en miniatura salió del interior de un piano de cola y se puso a flotar libremente por todo el auditorio.

Estas son las partituras de sus tres *Piano Transplants*. La última de las indicaciones es mi favorita por su sutil pero completa entrega a los elementos: «No proteger contra las inclemencias meteorológicas, dejar el piano ahí para siempre».

Piano Burning

coloque el piano
vertical en un espacio
al aire libre con la tapa
cerrada

enganche globos
inflados por todas
partes

vierta un poco de
líquido combustible
sobre él y préndalo

toque lo que le
apetezca durante el
máximo tiempo que
pueda

Piano Drowning

encuentre un lago poco
profundo en un lugar
remoto; el lago debe
tener un fondo arcilloso
u otra forma sólida

deslice el piano y
déjelo en la orilla en
posición vertical
ánclelo (a un poste
con una cuerda,

por ejemplo) para
protegerlo contra
las tormentas

haga fotos cada mes
para ver cómo se
hunde poco a poco
(pocos centímetros
por año)

la costa del Pacífico es también
una buena ubicación; en este
caso, use un piano de cola y
ánclelo con mucha fuerza

Piano Garden

cave una zanja
inclinada y
deslice un piano
de costado

coloque el piano
entre árboles jóvenes

para que quede
semienterrado

plante árboles que
crezcan rápido y
plantas trepadoras
no proteja contra
las inclemencias
meteorológicas,

deje el piano ahí para
siempre

Womens Work, 1975

• • •

Annea Lockwood está sentada en la cocina de su casa, ubicada al norte del estado de Nueva York. Tiene ochenta y un años y el pelo cortado al rape, como Peggy Seeger. Lleva una sudadera de rayas azules y blancas. Es alta y esbelta, de movimientos ágiles y ojos brillantes. Le encanta conversar, tener la excusa para encontrar las palabras precisas para articular una determinada línea de pensamiento. Siempre habla con una sonrisa en los labios, incluso cuando repasa recuerdos dolorosos o conceptos espinosos. Se ríe mucho. A juzgar por las entrevistas en vídeo que le hicieron en los años sesenta, así es como ha sido siempre.

Detrás de su asiento en la mesa de la cocina hay un tablón de corcho repleto de números de teléfono y de horarios de trenes a Nueva York (un trayecto de una hora). En un lugar preeminente del tablón hay una foto de unas montañas. Los Alpes Neozelandeses. Su tierra natal.

Su nombre de pila es Anne y nació en Christchurch, Nueva Zelanda, en 1939. De niña se cambió la «e» de su nombre por una «a» en un gesto precoz de autodeterminación. Más tarde, cuando vivía al otro lado del mundo y le entró morriña, fue descubriendo poco a poco lo que los maoríes llamaban *pākehā*, es decir, sus orígenes de piel clara, y se arrepintió de no tener más relación con la población autóctona de sus islas. «Pues sí —me dice, suspirando—. Me habría encantado tener esa riqueza». Encontró una referencia a un espíritu femenino del Pacífico que se llamaba Ea y que se pronuncia como una «é», así que combinó esa deidad acuática con sus antiguos yoes, Anne y Anna, y se convirtió en «Annea». Anne-é-a.

La madre de Lockwood, Fergie, era una mujer fuerte y aventurera que nació en 1899 en Southampton, Inglaterra. Aprendió a tocar el piano con el método Dalcroze, hizo un grado en Historia, enseñó Educación Física y escribió obras de teatro para mujeres que vivían en zonas desfavorecidas de Southampton. En su treintena, se trasladó a Nueva Zelanda con un intercambio docente, conoció a George Lockwood, se casó con él y tuvieron dos hijos antes de los cuarenta. Fergie le enseñó a su hija Anne a leer notación musical al mismo tiempo que le enseñaba a leer palabras.

George Lockwood era un abogado al que le encantaban las montañas. En las primeras décadas del siglo xx, él y sus amigos se compraron unas cabañas en los Alpes Neozelandeses, fundaron clubs de alpinismo y escuelas de esquí. Crearon senderos por las montañas, en los que Annea y su hermano se pasaban los veranos y los inviernos acampados junto a los ríos, aprendiendo a identificar pájaros y escuchando el agua. Aquellos eran unos ríos serios, rápidos, violentos, con muchas corrientes. George enseñó a sus hijos a atravesarlos de manera segura:

1) observad las condiciones meteorológicas
2) ataos una cuerda al cuerpo, como si atravesarais un glaciar
3) sed fuertes y valientes

El hogar familiar de Christchurch estaba lleno de libros y música. Entre los discos que más se ponían estaba la música de cámara de Schubert, la obertura-fantasía *Romeo y Julieta* de Chaikovski y *Das Lied von der Erde* de Mahler cantada por Kathleen Ferrier. En las tardes cálidas de primavera y otoño que no acampaban en las montañas, los Lockwood se subían al coche en cuanto George llegaba del trabajo e iban a bañarse al océano Pacífico. Según Annea, Christchurch era un sitio sano para crecer. «Políticamente conservador», añade, pero una ciudad con mucha pasión por la música, con dos coros bastante decentes y un departamento de música en la universidad bastante activo. Su profesora de piano era una mujer diligente, Gwen Moon, y su marido Ron Moon tocaba la viola y dirigía un conjunto de cuerdas para el que animó a Lockwood a que compusiera algo. Nadie a su alrededor parecía cuestionar el hecho de que compusiera pequeñas piezas para conjuntos de cuerda a los doce años.

—Mi madre se tomó en serio mi actividad compositiva —me dice—. Así que yo también me la tomé en serio.

A principios de la década de 1960, la entusiasta, humilde y firme Annea Lockwood se mudó a Londres; en parte gracias a una beca de máster de la Royal Academy of Music, y en parte gracias a una financiación del Gobierno neozelandés bajo la condición de que regresara cuando terminara sus estudios para ser profesora en su país. Nunca lo hizo. Tras unos años en la capital británica, Lockwood decidió cortar por lo sano y devolverle al Gobierno de Nueva Zelanda lo financiado. Para reunir el dinero suficiente trabajó durante un año en un hospital psiquiátrico en el que recuerda haberse pasado la mayor parte del tiempo animando a jóvenes con problemas a escribir poesía.

Sus primeras composiciones, cuando era todavía una estudiante, dieron la talla. Estudió piano con Edgar Kendall Taylor y composición con Peter Racine Fricker, compositor de sinfonías y cuartetos de cuerda con unos contrapuntos enrevesados. Fricker orientó a Lockwood entre los mundos sonoros posmahlerianos en los que ella probó suerte cuando puso música a unos fragmentos de Safo para soprano y flauta; un concierto para violín que interpretó Frederick Grinke con la que por entonces era la Orquesta Galesa de la BBC; una serie de canciones basadas en las cartas del siglo XII entre la abadesa francesa Héloïse y su amante Peter Abelard, que fueron interpretadas por la soprano Noelle Barker en la Society for the Promotion of New Music (SPNM). Teniendo en cuenta que las componía mientras era aún estudiante, estas pequeñas piezas alcanzaron un éxito relativo, aunque su pasión por componer conciertos y ciclos de canciones estaba ya mermando.

La distancia musical y conceptual que recorrió Lockwood en los primeros años de la década de 1960 es una transición que me resulta curiosa. ¿Cómo puede una joven y aplicada estudiante subir los honorables escalones del Royal College of Music para, solo un par de años después, salir de allí componiendo unas obras que, literalmente, destrozan los mecanismos convencionales y dejan los restos a la intemperie? «Mis padres», me responde cuando le planteo la pregunta. ¡Pues claro que sí! Aquellas instrucciones para atravesar ríos en Nueva Zelanda. Ese instinto suyo para cuestionar y lanzarse a la aventura había estado siempre ahí, me dice; lo heredó de su padre, que abría senderos nuevos en las montañas, y de su madre, que daba por sentado que una niña de doce años pudiera componer su propia música.

—La verdad es que siempre me ha gustado explorar. No me atraía seguir trabajando en los estilos que estaba escuchando a mi alrededor. Ya los conocía bien. No había nada distinto en lo que quisiera indagar —me explica, se detiene en seco y se ríe, inclinando la cabeza hacia atrás—. Un momento, lo que acabo de decir, ¿no es absurdo? ¡Había mucho en lo que quería indagar! Una manera mejor de decirlo es que allí no encontré la inspiración que sí encontré en otros sonidos —rectifica. Cualquier cosa conocida, cualquier camino trillado, le resultaba cada vez menos interesante. Lo que la atraía era la naturaleza, lo salvaje.

Lockwood se adentró en las contracorrientes, descubrió que el sonido era mucho más amplio de lo que se encontraba encorsetado en la notación musical convencional. Peter Fricker se dio cuenta de que su alumna de voz suave y con una curiosidad feroz necesitaba perspectivas más amplias y la orientó hacia los cursos de verano de Darmstadt. En las aulas del bloque de hormigón que hacía las veces de centro educativo asistió a las clases de Luciano Berio, Olivier Messiaen, Pierre Boulez y Karlheinz Stockhausen. Vio cómo La

Monte Young movía muebles en una habitación para su *Poem for tables, chairs, benches, etc.* («Poema para mesas, sillas, bancos, etc.») y se hizo amiga de Franco Evangelisti, progenitor de la música aleatoria o música de azar. Hay una foto en la que aparecen Annea y Franco, ella con tacones y una falda impecable, y él con una chaqueta de cuero que le va grande y unas gafas de sol. En esa época, Darmstadt era un área de experimentación para la iconoclasia, un campo de batalla para los ideólogos. Lockwood dice que «le encantaba que hubiera aquel tira y afloja vital» en cuanto a la dirección que debería tomar la nueva música en el paisaje fracturado de la posguerra. El adusto rigor del serialismo, en el que las notas y otros factores están predeterminados, frente a la libertad deliberada de las operaciones basadas en el azar.

—Por un lado, en el serialismo estaba la sensación de que todos los parámetros podían diseñarse conscientemente y, por otro, en la música aleatoria, la apertura a parámetros que daban lugar a virajes inesperados —resume Lockwood, a quien este tira y afloja estilístico le parecía «completamente estimulante».

Lockwood no era la única mujer en Darmstadt a comienzos de los sesenta (como sabemos, Else Marie Pade estuvo allí en ese mismo periodo, perfeccionando sus técnicas electrónicas), pero parece desconcertada cuando reflexiona sobre el hecho de que fue una de las pocas en términos relativos.

—Pues ¿sabes qué, Kate? No era algo que me llamara la atención en ese momento —me dice, negando con la cabeza—. Pero por supuesto que me he ido dando cuenta de ello cada vez más. Cuando fui a Bilthoven [el estudio CEM de Países Bajos en el que estudió música electrónica con el compositor Gottfried Michael Koenig], me di cuenta de

Lockwood y Franco Evangelisti

que era la única mujer del grupo. Entonces sí que fui muy consciente de ello.

—¿Y qué sensación tuviste? —le pregunto.

—No —me responde al cabo de una larga pausa para escudriñar la pregunta—. No quiero opinar sobre eso porque no lo puedo hacer con claridad. Mis muchos años posteriores como feminista influirían en mi respuesta. Sé qué sensación tengo ahora, pero la verdad es que no me puedo acordar de cómo me sentí entonces.

Esto es un clásico de Lockwood. Este franco autoperdón. Igual que Peggy Seeger, no proyecta, se niega a retrotraer su feminismo contemporáneo. Me recuerda a mi madre canadiense, que suele negar con la cabeza ante los asombrosos casos de misoginia que aceptó como «parte del trabajo» cuando era una joven profesora en el Toronto de los años setenta. Cuando me indigno por el hecho de que soportara eso, mi madre simplemente sonríe. «Por entonces no tenía ni idea —me dice mi madre—. No sabía lo que sabes tú ahora».

—Pero sí que diré una cosa—me interrumpe Lockwood—. A medida que seguí trabajando con recursos electrónicos durante los años siguientes, de vez en cuando yo misma cuestionaba mis propias competencias y conocimientos tecnológicos. A veces era propensa a asumir que mis capacidades no eran tan avanzadas como deberían. Y aun así seguía haciendo obras, que seguían saliendo bien. Pero sí, hay un largo historial de dudas sobre lo competente que soy en términos técnicos y me parece que eso viene de la actual dominación masculina del mundo de la tecnología. Que, por lo demás, sigue siendo un mundo bastante masculino.

El feminismo de Lockwood apareció gradualmente, impulsado por lo que ella describe como «momentos de revelación aguda». Se hizo amiga de la artista radical multimedia Carolee Schneemann, que grabó una película de sí misma y de su novio, James Tenney, manteniendo relaciones sexuales con el fin de reclamar la perspectiva del deseo femenino. Conoció al pionero del videoarte, Nam June Paik, y a la *performer* y chelista Charlotte Moorman, que fue detenida en plena actuación por tocar en toples durante la *Opera Sextronique* de Paik, en la Cinematheque de Nueva York. Lockwood me hizo una observación sobre lo mucho que tuvo que trabajar Moorman, en comparación con Paik, para hacerse notar y para lograr sus objetivos creativos.

—Tuvo que luchar mucho. Para ella era absolutamente necesario el hecho de reivindicar lo que quería, y eso mismo le resultó muy fácil a Nam June.

Hay una cierta ligereza en la manera en que habla de todo esto, como si simplemente se reclinara para observar los tiempos que ha vivido. Igual que Éliane Radigue, no malgasta energías en ciertas injusticias. No pierde su tiempo con el resentimiento.

Este es otro aspecto sobre el que reflexiona Lockwood que me resulta especialmente revelador.

—Como yo era una mujer y por aquel entonces no había tantas mujeres trabajando en composición como hay ahora, tal vez de algún modo me atrajo a mí más lo de explorar, en lugar de intentar luchar contra viento y marea por una trayectoria profesional paralela a la del resto —me explica.

Lo que me cuenta me parece una clase magistral de replanteamiento: convertir los obstáculos en incentivos para hacer las cosas a su manera. No se molestó en competir, sino que eludió el mundo de los encargos orquestales, que está dominado por hombres, y fue por libre.

—¿Era esta la única manera de salir adelante? —le digo.

—Ah, bueno... —me responde con una sonrisa pícara—. Yo iba a salir adelante de todos modos.

• • •

Los *glass concerts* (conciertos de cristal) de Anna Lockwood empezaban con un apagón de media hora. Tenían lugar hacia finales del año 1968 en un refugio *hippie* llamado Middle Earth, en el barrio londinense de Covent Garden. Sumergida en una oscuridad total, vestida con falda y prendas de punto, con el pelo recogido, Lockwood se puso a destrozar cosas. Tiró mazos sobre hojas de vidrio: ¡crash! Derribó pilas enteras de cristal que se rompieron en mil pedazos. El simple sonido del cristal rompiéndose le parecía un poco rudimentario, así que hizo unos delicados móviles tintineantes y frotó arcos de violonchelo en los bordes de unas grandes láminas de vidrio armado. Colocó unas enormes láminas de cristal colgadas, que, cuando por fin se encendían las luces, brillaban y daban vueltas.

Sus *glass concerts* se convirtieron en un pequeño lugar de culto. Entre sus seguidores estaban Richard Wright de Pink Floyd, Kevin Ayers de Soft Machine y el compositor Michael Nyman. Este último, que por entonces trabajaba de crítico musical, escribió para *The New Statesman* una crítica de una *performance* de Lockwood en la que se refirió a los conciertos como «más asombrosos, raros y fascinantes» que la mayoría de la música contemporánea creada por medios electrónicos. Concluyó el artículo así: «No hace falta un estudio lleno de equipos sofisticados», que era precisamente la idea de Lockwood: no necesitaba osciladores de ondas sinusoidales ni moduladores en anillo, cámaras de reverberación ni sintetizadores modulares. Encontró en las fuentes naturales un lugar más que suficiente donde desarrollar su curiosidad sonora.

Lockwood se refería a sus obras con cristales como «anticomposiciones», porque consideraba que el proceso consistía más en descubrir, desvelar y revelar que en imponer un gran diseño. Igual que en sus *Piano Transplants*, no le atraían los artefactos ni los ejercicios de destrucción. Lo que la cautivaba era la complejidad de los sonidos.

—Los sonidos eran muy interesantes y complejos —me explica—. Y variados. Y era divertido trabajar con ellos.

Escuchó atentamente los efectos de frotar el arco y de los cristales rotos. Se fijó en una muestra representativa del sonido, trazando auditivamente líneas y ángulos como si fuera un meticuloso boceto arquitectónico.

—Pensaba que, en la mayoría de la música, un oyente no tiene tiempo para absorber todos los pequeños detalles de la estructura tímbrica antes de pasar al siguiente sonido. Y siempre estamos combinando sonidos para crear estructuras tímbricas cada vez más complejas. El detalle inherente de cada sonido tiene tendencia a quedar soterrado. Y yo pensaba: tengo que aprender a escuchar cada sonido. Necesito entrenar el oído.

Tras pulir sus métodos a altas horas de la noche en una iglesia al norte de Londres, con la ayuda del ingeniero de sonido y productor Michael Steyn, grabó su primer álbum. *The Glass World of Anna Lockwood* forma parte de un ritual de meditación, en parte laboratorio sonoro táctil, en parte danza y en parte canción abstracta sin palabras.

Durante este periodo de revelación cristalina, Lockwood vivía en Essex y estaba casada con un mítico personaje estadounidense llamado Harvey Matusow, cuya historia es bastante pintoresca. Podría decirse que vivió muchas vidas. Nació en el Bronx, fue actor comunista y luego informador del FBI. Pero, en el momento en que Lockwood lo conoció, se había retractado, huido de Estados Unidos y mudado a Inglaterra para reinventarse como emprendedor artístico de vanguardia. Luego volvería a reinventarse varias veces más: como payaso, como ejecutivo de televisión, como místico de la Era de Acuario, como mormón converso y, bajo el nombre de Job Matusow, como fabricante de campanillas mediante el uso de munición procesada y proyectiles de bombas. En 2002 se le acabó la reserva de vidas y murió en un accidente de coche, muchos años después de que él y Lockwood se separaran.

Durante ese periodo, a finales de los sesenta, Matusow vivió con Lockwood en el pueblo de Ingatestone, en Essex.

Ahora es un barrio acomodado de las afueras con fácil acceso a Londres, pero en esa época era un insólito enclave para artistas radicales: allí vivían el poeta sonoro francés Henri Chopin, Penny Rimbaud y Gee Vaucher, de la banda punk Crass. Matusow, que nunca tardaba en pasar a la acción allá por donde iba, formalizó la escena de la cultura alternativa de Ingatestone cuando organizó un festival en el pueblo, al que puso el título de Carnaval Internacional de Sonido Experimental. El festival empezó con la pieza multimedia de John Cage *HPSCHD*, para la que alquiló un clave y contrató a una ilustre lista de músicos para que lo tocaran por turnos; entre ellos estaban los pianistas vanguardistas David Tudor y John Tilbury, el compositor comunista Cornelius Cardew y su esposa, Anna Lockwood. Mientras tocaban música para clave junto a sonidos generados por ordenador, Matusow proyectó películas en unos globos enormes que flotaban al fondo.

Mientras tanto, Lockwood estaba cambiando el paisaje de Essex de una manera algo más sutil. Ingatestone es donde plantó su *Piano Garden* original, colocando tres pianos entre los laureles que había junto a la Station Road. De vez en cuando había pasajeros que volvían a casa con el tren de Londres y se animaban a darles un tiento a aquellas teclas cubiertas de tierra.

• • •

En 1970, Lockwood hizo una pieza llamada *Tiger Balm*, en la que mezclaba grabaciones de archivo de tigres apareándose con sonidos de ranas arbóreas, volcanes, terremotos, latidos de corazón, un avión, su propia voz y el ronroneo de un gato; en concreto, el gato de Carolee Schneemann, Kitch, que incluso era capaz de estornudar cuando se le indicaba. *Tiger Balm* es una hipersensual obra para ensemble, una elegía erótica con los sonidos del felino y de la mujer tan entrelazados entre sí que el tigre se convierte en una especie de avatar salvaje y magnífico.

El año 1970 fue también cuando Lockwood empezó a escribir cartas a San Diego. La destinataria era una acordeonista y compositora llamada Pauline Oliveros. Era bastante enérgica y sociable, y estaba ocupada agitando el ambiente musical de la costa oeste de Estados Unidos. Oliveros fue una de las fundadoras del San Francisco Tape Music Center y también ella estaba profundizando en la conexión entre la música y el cuerpo. Oliveros y Lockwood intercambiaron ideas y compartieron partituras. Oliveros le enviaba a Lockwood sus *Sonic Meditations* —ejercicios sobre sonido y *mindfulness*— y Lockwood organizaba grupos para representarlos en los jardines de Ingatestone. Su primer encuentro en persona fue en California en 1972 y quedó inmortalizado en una conversación radiofónica en directo, en la emisora KPFA FM de Berkeley. La entrevista es fascinante. Oliveros es el centro de atención, e incluso cuenta sus sueños. Lockwood es la más modesta y curiosa de la pareja, una oyente astuta y amable, menos asertiva pero claramente segura de sí misma. Cuando Oliveros le pregunta cuál es la música que mantiene ahora su barco a flote, Lockwood le confía lo siguiente: «Estoy muy obsesionada con los sonidos que inducen a la serenidad».

El centro de gravedad de Lockwood se estaba desplazando hacia el oeste. Cada vez se sentía más seducida por el trabajo de los artistas estadounidenses que se encontraba a su paso por Londres: David Behrman, Robert Ashley, Alvin Lucier, Carolee Schneemann, Nam June Paik, Larry Austin, que publicaba una revista de música vanguardista llamada *Source*. Recuerda las obras de estos creadores musicales afincados en Estados Unidos como «vibrantes y exploratorias», de una forma similar a lo que había vivido en Londres en los sesenta, pero que, según ella, desde finales de la década de 1970 «parecía estar estancándose». Destaca a Cornelius Cardew —carismático compositor y cofundador de la orquesta de improvisación Scratch Orchestra— como uno de los principales agentes de lo que, a su parecer, se estaba convirtiendo en un monocultivo de la nueva música inglesa.

—Su posición, las posiciones que asumió se hicieron cada vez más centrales en la escena londinense —apunta—. Y no me interesaba esta perspectiva. La escena estadounidense parecía abrirse cada vez más. Estaba plagada de oportunidades de alto y bajo nivel. Sobre todo de bajo nivel, que solían ser las más interesantes.

Su etapa en Ingatestone tocó a su fin en 1973.

—¿Te resultó doloroso alejarte del *Piano Garden*? —le pregunto.

—Bueno —reflexiona con los ojos cerrados por un momento—, tengo tendencia a seguir hacia delante sin mirar atrás.

• • •

Fue precisamente Pauline Oliveros quien presentó a Lockwood a la mujer con la que pasaría los siguientes cuarenta y seis años de su vida. Ruth Anderson: compañera compositora, creadora de música electrónica y una oyente con una sensibilidad virtuosa. Ruth Anderson: inquieta, práctica, hábil y tenaz.

Anderson nació en 1928 y creció en el seno de una familia de silvicultores de Montana. Estudió en Princeton y en París con Darius Milhaud y Nadia Boulanger. Durante su veintena, trabajó como flautista, llegando a ocupar el puesto de flauta principal en la Boston Pops Orchestra. En 1968, Anderson fue una de las tres primeras mujeres directoras de un estudio de música electrónica en Estados Unidos: estuvo al frente del nuevo estudio del Hunter College de Nueva York. En el año 1973 escribió una obra llamada *SUM (State of the Union Message)*, un *collage* ligero y satírico que dura exactamente lo mismo que el discurso sobre el estado de la Unión que pronunció Nixon. La pieza pasa rápidamente de la voz del presidente a unos fragmentos de anuncios de televisión escandalosamente condescendientes, lo que da pie a una completa farsa oscura y chiflada. Anderson reconoció que su intención era decir «tan poco y, por extensión, tanto como lo que dijo el presidente».

En el verano de 1973, Anderson se tomó un año sabático y le pidió a Oliveros que cubriera su plaza de docente en el Hunter College. Oliveros no tenía disponibilidad, así que recomendó a una tal señora Lockwood, una neozelandesa afincada en Reino Unido a quien le interesaban los sonidos dulces y profundos. Pero Lockwood se mostró recelosa. Nunca había trabajado con un equipo de tan alto voltaje como el que había en el estudio de Anderson. (De nuevo, esa tendencia a dudar de sus propias capacidades técnicas). Anderson la tranquilizó. Le dijo que su filosofía docente consistía básicamente en tocar música. Los alumnos se sentían en aquel lugar como si fuera su propia casa. Se habían llevado allí zapatillas, un sofá, una lámpara. «Les doy mucha teoría», le escribió Anderson a Lockwood, cuando esta todavía estaba en Essex, para animarla a que se mudara, y les exijo mucho —que se conozcan, que se respeten a sí mismos, que HAGAN cosas— y a veces veo que no están aún preparados para HACER nada y aun así lo hacen..., y les dejo en paz o les ayudo cuando veo que les hace falta..., y los alumnos que han estado antes conmigo empiezan a entender que esto no es una clase, sino un buen equipo y un lugar seguro para ellos. En cuanto los alumnos empiezan a conocerse entre ellos, a escuchar una gran variedad de música o también a experimentar con la acústica, a experimentarse entre ellos mismos a través del sonido, como si fueran una especie de osciladores de ondas con piel, entonces aprenden y hacen, o bien sueñan.

Lo que sigue es un ejercicio que escribió Anderson para sus estudiantes en 1973. Se llama *Sound Portrait: Hearing a Person* («Retrato sonoro: oír a una persona»).

En una habitación a oscuras, busca una posición cómoda y totalmente relajada.

Escucha una obra musical.

Piensa en alguien a quien quieras.
No pienses en la música.

Cuando desaparezca el pensamiento de esa persona, vuelve poco a poco a pensar en ella.
Deja que se acerquen otros pensamientos y luego déjalos ir.

A medida que avanza la música, deja que la imagen de la persona en que estás pensando sea el centro.
Ignora la música.

Deja que ocurra lo que sea que esté ocurriendo, pero continúa pensando en la persona, deja que la imagen de la persona habite en ti.

Encontrarás explicaciones de la persona: la música explicará a la persona.

Las ideas musicales, el contrapunto, las extensiones, contrastes, repeticiones, variaciones,
Ritmos, texturas, cualidades sonoras, todos los elementos musicales son de la persona,

a veces literalmente, a veces de forma insinuada, a veces muy exactamente,
a veces lo entiendes, a veces parece que lo entiendes, a veces bordea el lenguaje,
siempre es un lenguaje principalmente no verbal, siempre con un significado que conoces, que se aproxima a un significado que conoces.

Después hallarás una compresión de la persona que no tenías antes, y una relación personal con la música.

Conocerás también la música.

Los métodos de Anderson animaron finalmente a Lockwood. Además, tenía muchas ganas de poner cualquier excusa para ir a Estados Unidos, así que aceptó el puesto de profesora. El día en que se conocieron, Anderson llevaba una camisa azul, unos pantalones cortos de color blanco y unas zapatillas con un agujero en la puntera. A los tres días, las dos se vieron envueltas en una relación amorosa que las pilló por sorpresa.

—En un par de días ya estaba claro —dice Lockwood, sonriendo—. Más que claro. Fue muy rápido. Una especie de conexión mutua. Ambas éramos disidentes por naturaleza. Ambas veníamos de sociedades que, en términos de género, eran muy conservadoras. Ambas nos desplazamos hacia entornos radicales. Ay —suspira—, es que Ruth era absolutamente encantadora. ¿Cómo no iba yo a enamorarme de ella en el acto?

Durante aquel primer verano, con Lockwood de profesora en Nueva York y Anderson de año sabático en Hancock, New Hampshire, hablaban por teléfono todo el rato. Sin que Lockwood lo supiera, Anderson grabó las llamadas e hizo con ellas una carta de amor sonora. Llamó a la pieza *Conversations* y es un *collage* con las voces de las dos mujeres, sus palabras de amor, sus intereses en común y sus risas. Entremezcló trozos de antiguas canciones populares como «Yes Sir, That's My Baby» o «Oh, You Beautiful Doll». «Así es, conversaciones —le escribió Anderson a Lockwood— que cuando se reproducen después son como fotografías, una conciencia enmarcada, guardada, optimizada para el flujo rítmico de una persona; una composición de esa persona y una composición que hace esa persona a través del habla, ese único medio que todos compartimos y con el que cada persona se las arregla como puede».

Lockwood tenía treinta y cuatro años cuando conoció a Anderson, que tenía cuarenta y cinco. Vivieron juntas durante casi cinco décadas. Una amiga las avisó de que había una casa en venta y barata al norte de Nueva York, en el bosque, cerca de una aldea llamada Crompond. La casa tenía un patio y espacio suficiente como para que dos compositoras crearan música sin que se molestaran la una a la otra. La casa les encantó y la compraron, pero seguían teniendo ganas de montaña. Los hermanos de Ruth habían heredado las cabañas de la familia Anderson al oeste del país, así que las dos mujeres decidieron construirse la suya propia. En 1975 compraron un terreno cerca del lago Flathead, en Montana, y se pasaron allí todas las vacaciones de los siguientes catorce años, trabajando como obreras de la construcción a tiempo parcial. Talaron árboles y diseñaron un plano. Hicieron los armazones, los revestimientos, los exteriores y ensamblaron los interiores. Terminaron la casa justo a tiempo para la Navidad de 1989.

En Nueva York, componían una al lado de la otra, pero nunca juntas, respetando una regla tácita de independencia creativa. Lockwood me cuenta lo mucho que odia hablar de sus obras hasta que no están casi terminadas.

—Al hablar abiertamente de una obra se corre el riesgo de agotarla y que se disuelva bajo tus pies, ¡y desaparezcan todos los alicientes!

Esa regla de «déjame en paz» se aplica tanto a Anderson como a cualquier otra persona. En la casa de las Anderson-Lockwood, los comentarios se hacían con una delicadeza cautelosa: una de ellas pronunciaba una ligera sugerencia de modificación solo después de haber hecho los cumplidos pertinentes. A veces la cosa acababa fatal. Cuando Anderson se atrevió una vez a decirle que la repetición de la armonía en si bemol en *Red Mesa*, una obra para piano de Lockwood, tal vez «se alargaba un poquito», Lockwood estuvo varios días de mal humor.

—Hasta que no superé la afrenta no acepté que tenía que hacerle cambios a la pieza... Por supuesto, me di cuenta de que era ella quien tenía toda la razón.

No componían juntas, pero sí que enseñaban juntas. De hecho, reescribieron la guía docente de la asignatura que impartían en el Hunter College, «Introducción a la música», para que los alumnos dedicaran la primera parte de la asignatura a aprender psicoacústica y la segunda a estudiar culturas musicales de distintos orígenes étnicos. Como Hunter era una universidad de los barrios pobres de Nueva York, no les faltaban orígenes étnicos entre los que explorar. A los estudiantes se les obligaba a escribir un «diario de escucha» para que centraran su atención en los entornos de su alrededor.

—Los neoyorquinos tienen los oídos demasiado cerrados —me dice Lockwood, negando con la cabeza—. Así que les pedíamos que los abrieran.

También introdujeron una asignatura nueva, a la que pusieron el título de «Mujeres en la música».

—Ruth, que era una persona práctica, dijo que uno de los problemas de las mujeres jóvenes que salían del grado en música era qué diantres hacer con él. Cómo construirse una carrera profesional dadas las importantes barreras y el grado de dominancia masculina que había por todo el sector. Así que pensamos: vamos a traer a mujeres para demostrarles que sí se puede. Me acuerdo de cuando vino [la cantante de jazz] Betty Carter. Se sentó en la silla con las piernas separadas y dijo: «Bueno, ¿qué es lo queréis de mí?». ¡Era precisamente eso lo que necesitaban los alumnos!

En 1975, Lockwood se asoció con la artista de instalaciones Alison Knowles para crear una publicación de referencia llamada *Womens Work*: una colección de partituras divertidas e instructivas basadas en textos, que recogieron en un fanzine. Tres años más tarde hicieron una nueva edición en formato de póster desplegable. En esa primera edición se incluyeron los trabajos de veinticinco mujeres. Lockwood contribuyó con instrucciones pormenorizadas sobre cómo representar sus *Piano Transplants*. Pauline Oliveros detalló algunas estrategias sobre cómo generar subversión en un campus universitario. Mary Lucier señaló triángulos y círculos en varios paisajes. Bici Forbes, que luego se convertiría en la artista disidente de género Nye Ffarrabas, se burló con irreverencia del lenguaje de un plan de «estudios sobre la mujer»:

> ** Elocución
> - En un día nublado, grita hasta que llueva.
> - En un día de niebla, grita hasta que disperses la niebla.

• • •

Mientras tiene lugar la entrevista con Lockwood, la costa oeste de Estados Unidos está en llamas. Los incendios forestales están arrasando California, Oregón y Washington, mientras una porción significativa (aproximadamente el 20%) de la población estadounidense sigue negando la ciencia básica del cambio climático.

—¿Qué pueden hacer los artistas? ¿Qué tipo de mensaje podría atajar el negacionismo? —le pregunto, y por primera vez en nuestras muchas conversaciones, Lockwood muestra signos de cansancio.

—No lo sé —me contesta, negando con la cabeza con la vista clavada en la mesa—. No tengo una respuesta concreta para eso. Ruth decía siempre que creía en el respiro. Ese respiro era lo que podíamos ofrecer. Podíamos tranquilizar a la gente. Ayudarles a respirar profundamente y regresar a sus cuerpos. Un respiro. Creo que es lo que más me gusta. Creo que esa es mi respuesta.

La casa que compraron juntas Lockwood y Anderson en Crompond, en el estado de Nueva York, está a unos ocho kilómetros del río Hudson. En la década de 1980, ese potente río dio paso a una nueva etapa en el trabajo de Lockwood: solicitó un trabajo en el Museo del Río Hudson y el muy astuto jefe de personal, que la había calado a la perfección, le respondió: «Usted es una artista, no una administradora. ¿Por qué no nos hace una propuesta artística?».

De hecho, su fijación por los ríos había empezado muchas décadas atrás, en las acampadas que hacía durante su infancia en los Alpes Neozelandeses. También en su música, Lockwood llevaba bastante tiempo tanteando el terreno fluvial. A mediados de los sesenta puso en marcha un vasto proyecto llamado *Play the Ganges backwards one more time, Sam* («Toca el Ganges al revés otra vez, Sam»), en la que se propuso crear un archivo sonoro de todos los ríos del mundo. Les pidió a sus amigos que le echaran una mano grabando allá donde fueran. Oliveros le envió sus grabaciones desde Massachusetts y Carolee Schneemann, desde el Himalaya. Para una *performance* de los setenta en The Kitchen de Nueva York, Lockwood juntó varios colchones de gomaespuma, proyectó en una pared unas postales del siglo XIX en las que aparecían varios ríos y echó ozono (¡ozono!) en la sala, con lo que, por accidente, todos se colocaron mientras escuchaban los sonidos del agua.

El objetivo de Lockwood con su *Play the Ganges backwards* era indagar en la posible conexión entre los entornos fluviales y el bienestar mental. Igual que Éliane Radigue con sus partituras confidenciales de *Occam*, a Lockwood le encanta la espontaneidad del agua, la forma en que moldea la tierra. Igual que Radigue, ama los paralelismos creativos. Le encantan las capas de los sonidos fluviales, el hecho de que su córtex auditivo tenga que hacer un lento barrido desde las salpicaduras más obvias de las frecuencias altas hasta los ruidos sordos de las frecuencias bajas y los ritmos que, rapsódicos, baten por debajo de la superficie. Le encanta el proceso de exploración, la paciencia que requiere, la aceptación de que a medida que explora —lo que lleva tiempo—, los sonidos del río cambian constantemente. Le encanta la interacción entre los distintos sonidos, que es especialmente maravillosa cuando pequeñas series de tonos medios van y vienen, y consigue seguir la danza durante su escucha. Lo que le resulta delicioso de esos tonos es precisamente su aperiodicidad. Es una especie de flujo e imprevisibilidad que le resulta tan inherentemente natural que es consciente de que nunca podría construirlo desde cero.

Estimulada por el encargo del Museo del Río Hudson, Lockwood se puso a mapear ríos. Su revolucionario álbum *A Sound Map of the Hudson River* («Un mapa sonoro del río Hudson») recoge los sonidos del cauce del río desde las montañas Adirondack hasta el océano Atlántico, que empieza en el lago Tear of the Clouds, al norte de Nueva York, y sigue hacia Staten Island, al sur. Mezcladas en un archivo de audio aparte, escuchamos las voces de los pescadores, de los prácticos del río, de un guarda forestal de Adirondack, de un granjero cerca de la ciudad de Troy; todas ellas personas que trabajan en el río. No se abordan las cuestiones políticas del río Hudson, sus corrientes de colonialismo e industria.

—No es mi historia —dice Lockwood—. En Nueva Zelanda los ríos no tienen tanta historia como en Estados Unidos, Europa y Asia. Son cosas salvajes.

Sobre todo, lo que quiso hacer con su mapa sonoro del río Hudson era despertar un sentido de la preservación. Por aquel entonces, los neoyorquinos apenas se bañaban en el río porque estaba demasiado contaminado.

—Adoraban el Hudson, pero para la mayoría de ellos era solo una entidad visual. No habían sentido en sus propias carnes la fuerza del río. Y yo quería conseguir eso. Quería llevar el sonido del río a la gente que vive cerca de él, llevarles a que sintieran la energía del río. Su corporeidad.

Había más mapas de ríos por venir. Dos décadas después del Hudson, Lockwood recorrió el Danubio, que grabó gracias a unos hidrófonos que le pidió prestados a la compositora Maggi Payne. Siguió las corrientes del río desde su nacimiento en la Selva Negra. En Austria descubrió unos fuertes remolinos cerca de Grein, una parte muy estrecha del lecho del río. Se encaminó hacia Eslovaquia y Hungría en dirección al sur. En la ciudad de Vukovar, en Croacia, donde las fuerzas serbias cometieron una masacre, se topó con el afluente Vuka, que atravesaba el centro de la ciudad. Grabó ese sonido feroz de cerca y, en la mezcla final, mantuvo su agitada energía. En Serbia, en el pueblo de Bačko Novo Selo, el río fluía lentamente, chapoteaba contra una barca de metal que estaba varada en la orilla. Se encontró a doscientos gansos picoteando en un canal seco y se entretuvo un rato con el eco de sus graznidos entre los árboles lejanos. Finalmente, siguió las aguas hacia Rumanía y Bulgaria, hasta el gran delta del mar Negro. No grabó el río en Viena, Budapest o Belgrado: las grandes ciudades del Danubio pavimentan las orillas del río con piedras y rocas, y ella prefería grabar en lugares insospechados en los que el río suena de verdad. Se fijó en los insectos acuáticos y en los roedores que había en las orillas. Habló con la gente que se iba encontrando. Les preguntó: «¿Qué significa para usted el río? ¿Podría vivir sin él?». Y la pregunta que más hizo: «¿Qué es un río? Es decir, ¿cuál es la esencia de un río?».

A Sound Map of the Hudson River se publicó en 1989, el mismo año en que ocurrió el vertido de petróleo del *Exxon Valdez*. Lockwood dice no ser abiertamente una activista, que se empeña en evitar ser didáctica en su trabajo.

—Cada vez que lo he intentado no lo he conseguido —me dice con franqueza. A finales de los setenta quiso hacer una obra sobre la violencia que se inflige a las mujeres. Fue a un barrio de Queens, en Nueva York, en el que se registraron unas cifras particularmente altas de casos de violencia doméstica. Habló con mujeres que trabajaban con víctimas y con mujeres que sufrían malos tratos. Compuso una pieza cuyo título es *Woman Murder* («Asesinato de mujer»), sobre la que me dijo—: Era tan evidente, tan simplista que la dejé a un lado y nunca más volví a ella.

Con todo —con su asombro, su veneración, su agudo sentido de la escucha—, los mapas fluviales de Lockwood conectan el cuerpo y el medioambiente de un modo transversal y conmovedor. Su obra exige una conexión personal. Por eso cuenta como activismo, aunque no lleve tal nombre.

• • •

A principio de la década de los 2000, Pauline Oliveros y su pareja Ione fueron a Canadá para casarse. Después plantearon a Anderson y Lockwood que hicieran lo mismo. En 2005, cuando ya habían pasado trece años desde que talasen los primeros árboles en el lago Flathead de Montana, la pareja accedió a la propuesta. Cruzaron la frontera norte para casarse en Cranbrook, en la provincia canadiense de Columbia Británica.

Ruth Anderson murió en noviembre de 2019 a la edad de noventa y un años, a causa de un cáncer de pulmón. Desde entonces, Lockwood está aprendiendo a habitar ella sola los espacios que antes compartían. Me enseña la tranquila casa de Crompond. Me lleva por la puerta de atrás a un amplio porche con un par de sillas que tiene ahí bien dispuestas para que tengan lugar largas conversaciones. Cada tarde, ella y Ruth se encontraban aquí a las cinco para beberse una cerveza mientras comentaban el día y presenciaban la llegada del crepúsculo. El jardín está lleno de árboles altos. Entre las visitas habituales hay ciervos, ardillas y marmotas. («¡Es más fácil tratar con las marmotas que con los osos de Montana! —me instruye Lockwood—. En realidad no es así. Es fácil tratar con los osos: solo hay que apartarse de donde estén»). Lockwood quiere enseñarme algo especial que hay en medio del jardín. Una sillita de madera, que está encajada en lo alto de cuatro troncos enormes de un tulípero. Forma parte de la última instalación de Anderson, a la que llamó *Furnishing the Garden* («Amueblar el jardín»). Al otro lado del césped hay un par de taburetes oxidados que están siendo invadidos por unos rosales. La última música que escuchó Anderson antes de morir fue la *Cuarta sinfonía* de Mahler. En el último movimiento, una soprano —que en la grabación en cuestión era Judith Blegen— canta a una vida idílica sobre el acompañamiento de unas arpas graves, exuberantes, de cuerdas herbáceas.

Kein' Musik ist ja nicht auf Erden
Die unsrer verglichen kann werden.

(«No hay música en la Tierra
Que pueda compararse a la nuestra»)

Lockwood dice que ni siquiera fue capaz de escuchar música durante un largo periodo después de la muerte de Anderson, por no hablar de ponerse a componer. Cada sonido le parecía demasiado cercano, demasiado común a las dos. Hasta casi un año después no se sintió capaz de volver a *Conversations*, aquella carta de amor sonora que le compuso Anderson cuando se conocieron en 1973. Volvió también a Hancock, donde Anderson pasó aquel verano sabático, e hizo unas grabaciones nuevas en el pueblo y sus alrededores, y en los lagos donde se bañaban juntas. Volvió a escuchar sus voces amorosas de aquel primer verano y las dispuso para dar forma a una nueva obra, que rebosa un cariño profundo y tranquilo. La tituló *For Ruth* («Para Ruth»).

Esta es la pieza que Lockwood y Anderson compusieron juntas un par de años después de conocerse. Son solo tres líneas de texto. Esta es la partitura:

El sonido más suave

Busca el sonido más suave que puedas oír. Quédate en él.

Encuentra el sonido más suave que puedas producir con los materiales de tu estancia favorita.
Explóralo, haz un viaje auditivo dentro de él.

Ruth Anderson y Annea Lockwood, 1975-1976

• • •

Una sensación de consternación. Este es para mí el corazón de la obra de Lockwood y el motivo por el cual su enfoque me resulta un lugar de llegada esencial al final de este libro sobre nuevas formas de escucha. Sin histeria ni dogmatismo, su música nos conecta con nosotros mismos, con los demás, con la tierra. Hay porosidad en su proceso, una apertura hacia los demás, una renuncia al control compositivo en favor de, efectivamente, la conexión. Annea Lockwood confirma lo que dijo John Muir, que «cuando intentamos seleccionar una sola cosa, la encontramos atada al resto de cosas del universo».

Lockwood afirma no ser una activista, pero su música nos despierta y nos pone en alerta. Nos descoloca, nos vuelve a afianzar. En cuanto al final de un siglo cuyos excesos han arrastrado al planeta a un momento crítico y han polarizado a sus poblaciones hasta provocar su destrucción mutua, ella se expresa así:

> La importancia vital de desarrollar la comprensión de nuestra no separación del resto de fenómenos del mundo. Hacia eso me he ido desplazando durante todo este tiempo, desde que empecé a grabar el medioambiente. La necesidad de volver a estar apegados al entorno natural y de volver a un profundo grado de apego hacia nosotros mismos. Escuchar el entorno natural, mirarlo, asimilarlo, olerlo... Todo ello es revitalizador. Todo ello reaviva la comprensión.

Esta es una partitura-texto de una pieza que Lockwood compuso en 2018. Se llama *listening with the neighborhood* («escuchar con la vecindad»).

escuchar con la vecindad

a medianoche o al amanecer, en interiores o exteriores.

Escuchar conscientemente que todo lo que está a tu alrededor
son otras formas de vida que escuchan simultáneamente
y sienten junto a ti —raíces de plantas, búhos, ciempiés, cigarras—, entrelazados dentro de la red de vibraciones que animan
y rodean nuestro planeta.

Escuchar para sentir que «Soy una con todos estos fenómenos.
¿Lo puedo comprender?». Escucho para comprenderlo.
No podemos causarle daño a aquello con lo que somos uno.

Annea Lockwood, 2018

Cronología

1900 Amy Beach estrena su *Concierto para piano* con la Orquesta Sinfónica de Boston. Se estrena en Helsinki *Finlandia*, de Sibelius. Kodak lanza el modelo Brownie, una cámara barata que democratiza la fotografía.

1901 Guillermo Marconi transmite una señal de radio a través del Atlántico, de Cornualles (Reino Unido) a Newfoundland (Canadá). La Uganda Railway une Mombasa con el lago Victoria.

1902 Julián Carrillo presenta su *Sinfonía n.º 1* como obra de graduación en Leipzig. Estados Unidos anunció su victoria y el final de la guerra contra Filipinas.

1904 Nadia Boulanger empieza a impartir clases de teoría musical en su apartamento de París.

1905 Se desata un levantamiento masivo contra el zar Nicolás II en lo que se conoce como la Revolución rusa de 1905.

1906 Se crea en Daca la Liga Musulmana de Bangladés.

1907 Annie Bessant pasa a ser la presidenta de la Sociedad Teosófica Internacional de Madrás. Alfred Stieglitz toma su fotografía *The Steerage*, que documenta la segregación de clases en una travesía transatlántica. Joseph Marx acuña el término «atonalidad».

1908 Béla Bartók hace su primer viaje para hacer grabaciones de campo de melodías folclóricas. El Imperio austrohúngaro se anexiona Bosnia, lo que provoca la crisis bosnia. El actriz canadiense Florence Lawrence, apodada «la chica de la Biograph», se convierte en la primera estrella de cine.

1910 Estalla la Revolución mexicana. Butros Ghali es asesinado en Egipto. *Frankenstein* se convierte en la primera película de terror con un amplio reconocimiento.

1912 Se estrena en Berlín *Pierrot lunaire*, de Schönberg, después de cuarenta ensayos. Cae el Imperio chino.

1913 Se estrena en París *Le Sacre du printemps*, de Stravinski. Mahatma Gandhi es detenido por protestar contra la discriminación de los indios en Sudáfrica. Se inaugura en Buenos Aires la primera red de metro de Sudamérica.

1916 El Alzamiento de Pascua marca el inicio del conflicto armado en el periodo revolucionario irlandés.

1917 Los bolcheviques toman el poder en Rusia. Se estrena en París el ballet surrealista *Parade*, de Erik Satie, con puesta en escena de Jean Cocteau y con decorados y vestuario de Pablo Picasso.

1918 Las mujeres mayores de treinta años consiguen el derecho al voto en Reino Unido, aunque el sufragio universal no se alcanza hasta una década más tarde.

1922 T. S. Eliot publica *La tierra baldía* en Londres. James Joyce publica el *Ulises* en París. Ruth Crawford compone su primera obra, *Little Waltz*, en Chicago. Ezra Pound anuncia una nueva era.

1923 Columbia Records ficha a Bessie Smith. Mustafá Kemal Atatürk se convierte en el primer presidente de la República de Turquía. En México, Julián Carrillo publica su *Teoría del sonido 13*.

1924 Pablo Neruda publica *Veinte poemas de amor y una canción desesperada*.

1925 Se estrena en Berlín la ópera *Wozzeck* de Alban Berg. La película de Serguéi Eisenstein *El acorazado Potemkin* radicaliza el montaje cinematográfico en la Unión Soviética y en todo el mundo.

1926 Leopold Stokowski dirige en Nueva York el estreno de *Amériques*, de Edgard Varèse. Gertrude Ederle se convierte en la primera mujer en nadar de Francia a Inglaterra.

1928 Joseph Stalin decreta su primer Plan Quinquenal. Alexander Fleming descubre la penicilina. Se estrena en Berlín *Die Dreigroschenoper* («La ópera de los tres centavos») de Kurt Weill y Bertolt Brecht.

1929 Caída de la bolsa de valores en Wall Street, desencadenante de la Gran Depresión.

1931 Ruth Crawford compone su *String Quartet 1931* durante su estancia en Berlín como primera mujer galardonada con una beca Guggenheim para compositores.

1933 La *Sinfonía n.º 1* de Florence Price es la primera obra de una mujer afroamericana interpretada por una gran orquesta.

1934 Umm Kulthum canta para la emisión inaugural de Radio Cairo, la emisora estatal egipcia.

1936 Haile Selassie huye de Adís Abeba después de que las tropas de Benito Mussolini invadan Etiopía.

1937 Silvestre Revueltas viaja a Europa para luchar en el bando republicano durante la guerra civil española. Walter Smetak se traslada a Brasil. José Maceda se muda a París.

1938 Se descubren en Arabia Saudí unas reservas de petróleo significativas.

1940 Else Marie Pade se une a la resistencia danesa. Conlon Nancarrow se muda a México. También en México, Frida Kahlo pinta *Autorretrato con collar de espinas y colibrí*, Trotski es asesinado y Silvestre Revueltas muere a causa de una neumonía provocada por el alcohol.

1944 Halim El-Dabh compone en El Cairo *The Expression of Zaar*, la primera obra de música concreta.

1945 En Buenos Aires, Jorge Luis Borges publica su libro de relatos *El Aleph*.

1946 Filipinas se independiza de Estados Unidos. En Adís Abeba, a Emahoy Tsegué-Mariam Guèbru le deniegan el visado y tiene una revelación divina.

1947 India y el recién creado Estado de Pakistán se independizan de Reino Unido.

1948 Peggy Seeger, de niña, se pierde en unos grandes almacenes de Washington DC y la encuentra Elizabeth Cotten. Se crea el Estado de Israel y comienza la Nakba palestina.

1949 Indonesia gana soberanía al retirarse de las fuerzas armadas holandesas.

1950 Le Corbusier recibe el encargo de diseñar Chandigarh como nueva capital de los estados indios de Punyab y Haryana.

1951 La película *Rashomon* de Akira Kurosawa gana el León de Oro en el Festival de Venecia y el Óscar a la mejor película extranjera, introduciendo así el cine japonés en Occidente.

1952 Else Marie Pade y Éliane Radigue descubren las obras de música concreta de Pierre Schaeffer gracias a los programas radiofónicos de Dinamarca y Francia. El pianista David Tudor estrena la obra *4' 33"* de John Cage en Woodstock (Nueva York).

1956 Peggy Seeger actúa en Londres y conoce a Ewan MacColl; al año siguiente, Ewan le dedica a Peggy la canción «The First Time Ever I Saw Your Face» («La primera vez que vi tu cara»).

1957 Tōru Takemitsu compone su *Requiem*. Se conocen John Lennon y Paul McCartney en una fiesta que organiza una iglesia de Liverpool. La perra soviética Laika se convierte en el primer animal lanzado al espacio exterior.

1958 Nace la República Árabe Unida a partir de la unión entre Egipto y Siria, proclamada como el comienzo del panarabismo; dura tres años. La Campaña para el Desarme Nuclear (CDN) celebra su primera reunión con el filósofo Bertrand Russell como presidente. Honda lanza su moto Super Cub, que permite la movilidad a millones de personas. Julián Carrillo expone sus pianos metamorfoseadores en la Exposición Universal de Bruselas, en la que Bélgica monta un zoo humano.

1959 Ornette Coleman saca su álbum *The Shape of Jazz to Come*.

1960 Delia Derbyshire entra en la BBC y dos años después se incorpora al BBC Radiophonic Workshop. George Maciunas funda el movimiento Fluxus.

1961 Se estrena *Atmosphères* de Ligeti en el Festival Donaueschingen, en Alemania.

1962 Escala el conflicto nuclear entre Jrushchov y Kennedy y se genera la crisis de los misiles de Cuba. El Judson Dance Theatre hace sus primeras actuaciones en Nueva York.

1963 Se publica en Múnich el *Requiem* de Anna Ajmátova. Emahoy graba en Bonn su primer álbum, *Emahoy Tsegué-Mariam Guèbru spielt eigene Kompositionen*. En Filadelfia, tiene lugar la primera reunión de la Asociación para la Psicología Humanista, una escisión importante entre freudismo y conductismo.

1964 Stan Getz y Astrud Gilberto lanzan «La chica de Ipanema», de Tom Jobim.

1965 Asesinato de Malcolm X. Se funda, en el South Side de Chicago, la Association for the Advancement of Creative Musicians (AACM). Se clausura en Roma el Concilio Vaticano II.

1966 Empieza la Revolución cultural de China. Se publica la novela de Mijaíl Bulgákov *El maestro y Margarita* (en formato censurado y por entregas) en la Unión Soviética.

1967 Hélio Oiticica marca el comienzo del tropicalismo en una exposición en Río de Janeiro. La AACM monta una escuela con Roscoe Mitchell como primer decano. La República de Biafra hace una declaración de independencia unilateral, lo que provoca la guerra civil en Nigeria. En Colombia, Gabriel García Márquez publica *Cien años de soledad*. En Ciudad del Cabo (Sudáfrica) tiene lugar el primer trasplante de corazón del mundo, en el hospital de Groote Schuur.

1968 Empieza en Irlanda del Norte el conflicto norirlandés conocido como The Troubles. Annea (por entonces Anna) Lockwood pone en escena sus *glass concerts* en el Middle Earth de Londres.

1969 Mulatu Astatke vuelve a Adís Abeba con un vibráfono, teclados eléctricos y pedales wah wah. Los disturbios de Stonewall en Nueva York dan lugar al movimiento por los derechos LGTBIQ. Muamar el Gadafi proclama la República Árabe Libia.

1970 Else Marie Pade compone *Se det i øjnene* («Afróntalo») mediante el sampleo de la voz de Hitler. Éliane Radigue se muda a Nueva York y empieza a trabajar con sintetizadores. Janis Joplin muere a los veintisiete años por sobredosis de heroína.

1971 Idi Amin toma el poder en Uganda.

1973 Annea Lockwood conoce a Ruth Anderson a través de Pauline Oliveros.

1974 José Maceda representa su enorme obra *Ugnayan*, para la que utiliza treinta y siete emisoras de radio de todo Manila. En Adís Abeba, una facción marxista-leninista del ejército etíope derroca al imperio e instaura un gobierno militar.

1975 Se funda Microsoft en Albuquerque (Nuevo México).

1976 En Soweto (Johannesburgo), la policía abre fuego contra los estudiantes que se manifiestan en contra del *apartheid* y el poder de la minoría blanca. En Lagos, Fela Kuti saca el álbum *Zombie* y el Gobierno nigeriano responde con la destrucción de su comuna. En Nueva York, Steve Reich estrena *Music for 18 Musicians*.

1977 Se inaugura en Nueva York el Manhattan Plaza, con el 70% de los apartamentos reservados a los artistas. El laboratorio de música electrónica de Pierre Boulez, IRCAM, abre sus puertas en asociación con el Centro Pompidou de París. Se publica *La montaña viva* de Nan Shepherd. *Star Wars* se convierte en la película más taquillera de la historia.

1978 Pina Bausch crea la coreografía *Café Müller* para su compañía de danza contemporánea Tanztheater Wuppertal.

1979 Una revolución popular derroca a la monarquía iraní. Sale a la venta en Japón el primer *walkman* de Sony.

1980 Yuji Takahashi compone *Kwanju, May 1980* en memoria de las víctimas del dictador surcoreano Chun Doo-hwan.

1981 bell hooks publica *¿Acaso no soy yo una mujer?: Mujeres negras y feminismo*. Bob Marley muere en Miami y recibe un funeral de Estado en Jamaica. Se reconoce clínicamente el sida por primera vez.

1982 Comercialización del CD.

1983 Nacimiento de internet. El compositor quebequés Claude Vivier es asesinado en su casa de París a manos de un prostituto que conoce en un bar.

1984 George Lewis presenta *Rainbow Family* para la «orquesta virtual interactiva». Audre Lorde publica *Hermana otra (Sister Outsider)*.

1986 En Filipinas, el régimen de Marcos es derrocado en la revolución no violenta conocida como Revolución del Poder del Pueblo. Ferdinand e Imelda Marcos huyen a Hawái.

1986 Explota el reactor número cuatro de la central nuclear de Chernóbil.

1988 Galina Ustvólskaya compone su sexta y última sonata para piano.

1989 Cae el muro de Berlín. Ejecución de Nicolae Ceaușescu en Rumanía. El ejército chino abre fuego contra la manifestación de estudiantes en la plaza de Tiananmén. Se produce el desastre del *Exxon Valdez*, en el que este buque petrolero vierte 37 000 toneladas de crudo en la costa de Alaska. Pauline Oliveros acuña el término «escucha profunda» para describir una práctica consistente en una capacidad de atención auditiva radical. Annea Lockwood saca *A Sound Map of the Hudson River*.

1990 Final de la dictadura de Augusto Pinochet en Chile.

1991 Boris Yeltsin pasa a ser el primer presidente de Rusia.

1992 La Cumbre de la Tierra celebrada en Río de Janeiro reconoce la magnitud de la crisis ecológica global.

1993 Karlheinz Stockhausen termina su *Helikopter-Streichquartett* («Cuarteto de cuerdas para helicópteros»), el tercer acto de su ópera *Mittwoch aus Licht* («Miércoles desde la luz»); cada miembro del cuarteto debe volar en un helicóptero distinto.

1994 Elección de Nelson Mandela como presidente de Sudáfrica. Jeff Bezos funda Amazon en Seattle (Estados Unidos).

1995 La película *Festen* («Celebración»), de Thomas Vinterberg, introduce el «voto de castidad» y el Dogma 95 en la cultura cinematográfica, y da pie al uso de cámaras digitales compactas. Se lanza Windows 95.

1996 Asesinato de Tupac Shakur en Las Vegas (Estados Unidos). Los talibanes toman el control de Afganistán por primera vez.

1999 Hugo Chávez se hace presidente de Venezuela. Vladímir Putin, presidente de Rusia. Tania León compone su obra para orquesta *Horizons*, descrita como una criollización sonora.

2000 Éliane Radigue compone su última pieza electrónica, *L'Île re-sonante*.

Agradecimientos

A quienes desde distintas partes del mundo han compartido conmigo sus experiencias y conocimientos, me han guiado en mis investigaciones, me han reorientado cuando he llegado a callejones sin salida y me han confiado contactos y materiales de investigación de un valor incalculable: gracias.

Gracias a Alejandro Madrid y Carmina Escobar, a Pascale Criton, Roberto Kolb Neuhaus, Juan Sebastián Lach Lau, Pablo Chemor y Alexander Bruck. Gracias a Judith Tick y Barbara Smetak, a Chico Dub de Novas Frequências, Luis Alvarado de Buh Records, Marco Scarassatti, Paulo Costa Lima y &. Migracielo (Edson Migracielo). Gracias a Aki Onda, Chris Brown, LaVerne C. de la Peña y Dayang Yraola, y al Centro de Etnomusicología de la Universidad de Filipinas. Gracias a Konstantin Bagrenin, Frank Denyer, Rebecca Saunders y Andrei Bakhmin, a Ilan Volkov, Maya Dunietz, Alasdair Campbell, Peter Meanwell y Hanna M. Kebbede, y a Patrick y Mark Gilkes. Gracias a Henrik Marstal, Andrea Bak y Eva Havshøj Ohrt de Edition S. Gracias a Jacob Kirkegaard: espero que algún día podamos ir juntos a Bakken. Gracias a Leonard Jones, Taylor Ho Bynum, John Hollenbeck y Petr Kotik, a John Chantler y a Rhodri Davies.

Gracias, Peggy.

Gracias, Emahoy.

Gracias, Éliane.

Gracias, Annea.

A George Lewis: gracias de corazón por tu amable apoyo, por lo generoso que has sido con tu tiempo y por tu propio trabajo, que ha cambiado mi manera de pensar y me ha abierto los oídos.

Gracias a mi editora, Alexa von Hirschberg, por tirar de los hilos y tejer estas páginas con tanta maestría. Gracias a Dan Papps, Mo Hafeez, Joanna Harwood, Hannah Knowles, Amanda Russell y a Faber al completo por la energía, el hábil empujoncito y la predisposición para traer este libro al mundo. Gracias a Kate Hopkins por poner aquí sus ojos, los más astutos del sector.

Gracias a Patrick Walsh por mostrarme su amor por el proyecto desde el primer momento y a John Ash por llevarlo a cabo con tanto estilo.

Gracias a quienes me han convencido y tranquilizado, a quienes han leído los borradores y les han aportado sus perspectivas a lo largo de todo el proceso: a Jonathan Cross, Philip Clark, Charlotte Higgins, Lucy Scholes, Stephen Johnson, Nate Wooley, Tom Service y Francis Bickmore.

A mis brillantes productores de Radio 3 en la BBC, quienes me han apoyado, aconsejado y facilitado mi ausencia: gracias.

Gracias a Michael Rossi y Natacha De Bivar Palhares Rossi por las traducciones del portugués. Gracias a Mark Cousins por la historia del cine, a David Grinly por las fotografías y a Adam Molleson y Sam Woods por ampliar la cronología.

Gracias a John y Maggie Matthews por el lugar para escribir en los montes Cairngorms. Gracias a Sara Mohr-Pietsch, a Monica y Jackie Rushforth por el lugar para escribir en la ciudad.

Gracias a mis padres, John y Chris, por ensanchar los horizontes.

Y gracias a Aidan, siempre.

Bibliografía y otras fuentes

A no ser que se indique lo contrario, todas las citas directas atribuidas a George E. Lewis, Alejandro L. Madrid, Carmina Escobar, Juan Sebastián Lach Lau, Pascale Criton, Peggy Seeger, Paulo Costa Lima, Barbara Smetak, LaVerne C. de la Peña, Dayang Yraola, Chris Brown, Rebecca Saunders, Frank Denyer, Andrei Bakhmin, Emahoy Tsegué-Mariam Guèbru, Henrik Marstal, Andrea Bak, Leonard Jones, Taylor Ho Bynum, John Hollenbeck, Éliane Radigue, Rhodri Davies y Annea Lockwood proceden de entrevistas con la autora.

«[...] nuestra visión habitual de las cosas no es necesariamente la correcta:» Nan Shepherd, *La montaña viva* [Trad. Silvia Moreno Parrado] (Errata naturae, 2019), p. 179.

«durante un tiempo, los historiadores del experimentalismo en música se han encontrado en una encrucijada» George E. Lewis, en *A Power Stronger Than Itself* [Un poder superior a sí mismo] (Chicago y Londres: University of Chicago Press, 2008), p. xiii.

Introducción

«el privilegio custodiado por una porción cada vez más pequeña de la sociedad británica» Graham Vick, en «Enter the fat lady», *The Guardian*, 20 de octubre de 2003.

«sobre todo porque no se las menciona en los manuales de historia de la música» Charles Seeger, en Judith Tick, *Ruth Crawford Seeger: A Composer's Search for American Music* (Nueva York: Oxford University Press, 1997), p. 116.

«Sabemos que hay diferentes tipos de vidas negras» Muhal Richard Abrams, en George E. Lewis, «Lifting the Cone of Silence From Black Composers», *The New York Times*, 3 de julio de 2020.

«Ahora es el momento de explorar otras lógicas y posibilidades musicales» José Maceda en conversación con Michael Tenzer, citado en «José Maceda and the Paradoxes of Modern Composition in Southeast Asia», en *Ethnomusicology*, Vol. 47, No. 1 (Urbana-Champaign: University of Illinois Press, Winter 2003), p. 116.

«cuando intentamos seleccionar una sola cosa, la encontramos atada al resto de cosas del universo» [traducción propia] John Muir, en *My First Summer in the Sierra* (Edimburgo: Canongate, 1997, reimpresión), p. 91.

Julián Carrillo

«Pero suponiendo —y no es poco suponer— que los compositores de sinfonías» Julián Carrillo, citado en Alejandro L. Madrid, *In Search of Julián Carrillo and 'Sonido 13'* (Nueva York: Oxford University Press, 2015), p. 40.

«NO HAY ningún sinfonista que haya intentado escribir una ópera y no lo haya conseguido» Julián Carrillo, citado en Madrid, *ibid.*, p. 41.

«aprovechar ambos campos» Madrid, *ibid.*, p. 42.

«ESTAMOS A PUNTO DE PRESENCIAR EL ACONTECIMIENTO MÁS TRASCENDENTAL» Madrid, *ibid.*, p. 110.

«IMPOTENTE PARA CONTINUAR LA POLÉMICA DENTRO DE LOS CONFINES DEL ESTRICTO RIGOR CIENTÍFICO» Madrid, *ibid.*, p. 151.

actitud «bizantina» de los «¡diletantes que al cuestionar lo que no entienden ven al menos sus nombres impresos en publicaciones!» Madrid, *ibid.*, p. 151.

«DEMOSTRARA» sus teorías «con hechos y razonamientos decentes, por el bien de su reputación y de la dignidad de los músicos mexicanos» Madrid, *ibid.*, p. 146.

«Le envío algo de información sobre mí que puede adaptar a su gusto. Puede inventarse lo que considere necesario» Silvestre Revueltas, citado en Roberto Kolb Neuhaus en «Silvestre Revueltas's *Colorines* vis-à-vis US Musical Modernisms: A Dialogue of the Deaf?», en *Latin American Music Review / Revista de Música Latinoamericana*, Vol. 36, No. 2 (Austin: University of Texas Press, Fall/Winter 2015), p. 209.

«la música extranjera, cuyo morboso carácter le deprime el espíritu a nuestra gente, debe ser absolutamente eliminada» Partido Nacional Revolucionario, citado en Ilene V. O'Malley, *The Myth of the Revolution: Hero Cults and the Institutionalization of the Mexican State, 1920–1940* (Westport, CT: Greenwood Press, 1986), p. 119.

«el fruto de la verdadera tradición mexicana» Carlos Chávez, citado en Madrid, *ibid.*, p. 35.

«He terminado con Europa, Carlos» Aaron Copland, citado en Leonora Saavedra, *Carlos Chávez and His World* (Princeton: Princeton University Press, 2015), p. 102.

«muy especiado, igual que la propia comida mexicana» Aaron Copland, citado en Leonora Saavedra, *ibid.*, p. 104.

«un *collage* audaz que deconstruye tanto el nacionalismo folclorista como las reglas del modernismo teleológico, proponiendo una poética vanguardista de apertura» Roberto Kolb Neuhaus, «Silvestre Revueltas's *Colorines* vis-à-vis US Musical Modernisms: A Dialogue of the Deaf?», p. 210.

«su música más plena en su silencio sonoro» Pablo Neruda, «Oratorio menor en la muerte de Silvestre Revueltas», citado por Robert Parker en «Revueltas in San Antonio and Mobile», *Latin American Music Review / Revista de Música Latinoamericana*, Vol. 23, No. 1 (Austin: University of Texas Press, Spring/ Summer 2002), p. 127.

Ruth Crawford

«construía cuevas debajo del piano» Peggy Seeger, en *First Time Ever* (London: Faber & Faber, 2017), p. 9.

«Plegué las alas y respiré bien el amable polvo» Ruth Crawford, citado en Joseph N. Straus, *The Music of Ruth Crawford Seeger* (Cambridge: Cambridge University Press, 2003), p. 300.

«arrojar disonancias tan malas como cualquiera de ellos» Edward Moore, escrito en *Chicago Daily Tribune* (1928), citado en Judith Tick, *Ruth Crawford Seeger: a Composer's Search for American Music* (Nueva York: Oxford University Press, 1997), p. 4.

«mujer música real, con buenos modales, desenvoltura, confianza en sí misma y ropa bonita» Clara Crawford, citado en Judith Tick, *ibid.*, p. 24.

«Ahora la veo claramente» Peggy Seeger, en *First Time Ever*, *ibid.*, p. 11.

«Lo único que he intentado ha sido escribir una ópera divertida» Serguéi Prokófiev, citado por Daniel Jaffe en *Sergey Prokofiev* (Londres: Phaidon, 1998), p. 98.

«Siento mi propia expansión» Ruth Crawford a su madre, citado en Judith Tick, *ibid.*, p. 34.

«hacía cabriolas cuando el viento encontraba su hueco, primero corriendo por la acera, luego caminando de forma furtiva [...]» Ruth Crawford en su diario, citado en Judith Tick, *ibid.*, p. 58.

«¡¡¡Qué os parece el nombre!!!» Ruth Crawford, citado en Judith Tick, *ibid.*, p. 40.

«For you are the sun» fragmento del poema «Creator» de Ruth Crawford (1925), citado en Judith Tick, *ibid.*, p. 47.

«Estoy empezando a pensar que puedo hacer con mi vida lo que quiera» Ruth Crawford en su diario, citado en Judith Tick, *ibid.*, p. 99.

«Alto, aristocrático, ultrarrefinado, algo frío» Ruth Crawford, citado en Bill C. Malone, *Music from the True Vine: Mike Seeger's Life and Musical Journey* (Chapel Hill: University of North Carolina Press), p. 16.

«Cinco pies de hielo y diez pies de libros» observación de Ruth Crawford sobre Charles Seeger, citado en Matilda Gaume, *Ruth Crawford Seeger: Memoirs, Memories, Music* (Metuchen, NJ: Scarecrow Press, 1986), p. 68.

«los caballeros no son músicos» el padre de Charles Seeger, citado en Judith Tick, *Ruth Crawford Seeger: a Composer's Search for American Music*, p. 130.

«Tu integridad ha despertado mi admiración» Charles Seeger a Ruth Crawford, citado en Judith Tick, *ibid.*, p. 122.

«Acercarse a una nota mediante un deslizamiento desde abajo, y mantener la nota. [...]» Ruth Crawford, citado en el prefacio a *Three Chants*, partitura inédita.

«Simplemente, los alemanes no pueden soportar el dolor de tener que admitir que haya algo que alguien pueda entender mejor que ellos» Ruth Crawford a Charles Seeger, citado en Judith Tick, *Ruth Crawford Seeger: a Composer's Search for American Music*, p. 160.

«más devoto de Schönberg de lo que pensaba» Ruth Crawford sobre Alban Berg, citado en Matilda Gaume, *Ruth Crawford Seeger: Memoirs, Memories, Music*, p. 83.

«personita adorable, tranquila y tímida» Ruth Crawford sobre Béla Bartók, citado en Matilda Gaume, *ibid.*, p. 82.

«batalla de la carrera contra el amor y los niños» Ruth Crawford a Charles Seeger, citado en Judith Tick, *Ruth Crawford Seeger: a Composer's Search for American Music*, p. 173.

«¿Qué va a ser de mí?» Ruth Crawford, citado en Judith Tick, *ibid.*, p. 133.

«no hay ningún obstáculo para el amor que el suficiente (sentimiento de) amor no pueda superar» Charles Seeger a Ruth Crawford, citado en Judith Tick, *ibid.*, p. 169.

«Estás en el camino correcto y nosotros en el equivocado» Charles Seeger a Aunt Molly Jackson, citado en Ann M. Pescatello, *Charles Seeger: a Life in American Music* (Pittsburgh y Londres: University of Pittsburgh Press, 1992), p. 135.

«Te metías en un lío si intentabas discutir con ella» Charles Seeger, citado en Judith Tick, *Ruth Crawford Seeger: a Composer's Search for American Music*, p. 86.

«él le exigía trabajar demasiado y ella cocinaba demasiado» Virgil Thomson, citado en Judith Tick, *ibid.*, p. 86.

«mientras limpiaba la casa pensaba en los libros en los que podía haber estado trabajando» Ruth Crawford, citado en Judith Tick, *ibid.*, p. 293.

«Me resulta muy difícil lidiar con el contenido de muchas de las canciones de este libro. Seguramente, una ecofeminista avanzada no se habría comprometido para nada con este libro [...]» Peggy Seeger, en su introducción a *The Essential Ewan MacColl Songbook* (Windsor, NJ: Loomis House Press, 2009), reproducido como «Songmaker» en el sitio web Working Class Movement Library: Ewan MacColl.

«Éramos una familia compenetrada [...]» Peggy Seeger, *ibid.* p. 27.

«Una vez, al volver de la escuela, me encontré a Libba tocándola con la zurda [...]» Peggy Seeger, en *ibid.*, p. 44.

«encerrarse en una cómoda habitación y componer música para deleite propio» Charles Seeger, citado en Elizabeth Tucker y Ellen McHale (eds.), *New York State Folklife Reader: Diverse Voices* (Jackson: University Press of Mississippi, 2013), p. 205.

«cantadas como si fueran a continuar hacia el espacio [...]» Ruth Crawford, citado en Judith Tick, *ibid.*, p. 331.

«Con el equipo tan bueno que forman todos ustedes yo diría que Estados Unidos se está despertando, viviendo un cambio radical, respetando las baladas y las canciones folclóricas» Woody Guthrie, citado en Judith Tick (ed.) con Paul Beaudoin (asist. ed.), *Music in the USA: A Documentary Companion* (Nueva York: Oxford University Press, 2008), p. 522.

«Creo que, cuando escriba más música, esos elementos seguirán ahí» Ruth Crawford a Edgard Varèse, citado por Roberta Lamb en «Composing and Teaching as Dissonant Counterpoint», en Ray Allen y Ellie M. Hisama (eds.), *Ruth Crawford Seeger's Worlds: Innovation and Tradition in Twentieth-Century American Music* (Rochester: University of Rochester Press, 2007), p. 170.

«la fealdad es también algo muy bonito. Es decir, lo que mucha otra gente podría considerar feo» Ruth Crawford, citado en Judith Tick, *ibid.*, p. 326.

«¡Es más! Si vivo hasta los noventa y nueve, como hizo mi abuelo, me quedan aún cuarenta y ocho años» Ruth Crawford, citado en Jean R. Freedman, *Peggy Seeger: a Life of Music, Love, and Politics* (Urbana-Champaign: University of Illinois Press, 2017), p. 62.

«apoyado en la cama intentando escribir un poema sobre Estados Unidos» Carl Sandburg, citado en Joseph Haas y Gene Lovitz, *Carl Sandburg: A Pictorial Biography* (Nueva York: Putnam, 1967), p. 168.

Walter Smetak

«un nuevo género musical: una música pobre, una música para los mendigos, una música artesanal. Música que no se comercializa *[Eu vou criar um novo gênero de música]*» Walter Smetak, en *O enxerto do Takaká & outros textos*, editado por & Migracielo (Salvador: EDUFBA y Outrem Editorial, 2019), p. 282.

«la tierra de las imposibilidades posibles» Walter Smetak, en «O Alquimista dos Sons», entrevista con Renato de Moraes para la revista *Veja*, 5 de marzo de 1975, p. 3.

«O céu se chove, um barco furado?» Walter Smetak, en *O enxerto do Takaká & outros textos*, *ibid.*, p. 87.

«una sociedad dada a los contactos, los intercambios, las interpenetraciones, las transfusiones y el contagio» Antonio Risério, *Avant-Garde na Bahia* (São Paulo: Instituto Lina Bo e P. M. Bardi, 1995), p. 72.

Era verano. La gente llevaba ropa de muchos colores y estaba de buen humor [...]» Walter Smetak, citado en Julia Gerlach (ed.), *Smetak's Inventions: Die vermischten Welten des Erfinders, Klangkünstlers und Musikers Walter Smetak (1913–84) / The Interfused Realms of Inventor, Sound Artist, and Musician Walter Smetak (1913–84)* (Hofheim: Wolke Verlagsges. Mbh, 2019), p. 55.

«un brasileño muy brasileño, con los pies en el agua hasta las rodillas [E eu como brasileiro brasileiríssimo, com os pés n'água até os joelhos]» Walter Smetak, en *O enxerto do Takaká & outros textos*, *ibid.*, p. 134.

desordem e a liberalidade dos trópicos [el desorden y la liberalidad de los trópicos] en «O Alquimista dos Sons», *ibid.*, p. 3.

A verdade é uma só: são muitas Antônio Brasileiro, citado por Paulo Costa Lima en «Cultural Perspectives in Music Composition: the case of the composition movement in Bahia-Brazil», *Orfeu*, Vol. 5, n.º 1 (Florianópolis: Universidade Federal de Santa Catarina, 2020), p. 13.

«(1) La música representa el reflejo de la realidad social [...]» Agenda de *Música Viva*, citado por Paulo Costa Lima en «Koellreutter, Widmer, Smetak e a floração do movimento de composição na Bahia», en Antonio Risério y Gringo Cardia (eds.), *Cidade da Música da Bahia*, vol. 1 (Salvador: Prefeitura Municipal de Salvador, 2020), p. 286.

«Si dividimos la palabra en dos —explicó Smetak—, aparecen dos raíces latinas. Instruere, de instruir, y mens, de mente» Walter Smetak, en *Simbologia dos instrumentos*, citado en Julia Gerlach (ed.), *ibid.*, p. 33.

«flotando en un bloque de hielo, a la deriva desde el polo norte hacia el sur, hacia el ecuador, para llegar a la costa [...]» Walter Smetak, en *Simbologia dos instrumentos*, citado en Julia Gerlach (ed.), *ibid.*, p. 61.

O amor deve ser uma coisa suave [el amor debe ser una cosa suave] Walter Smetak, en *O enxerto do Takaká & outros textos*, *ibid.*, p. 78.

«crítico, gruñón, esquivo a veces, otras glorioso, humilde, radiante, severo e irreverente [Como amigo foi crítico, rabugento, às vezes esquivo, outras glorioso, humilde, radiante, severo e irreverente]» Ernst Widmer en 1984, citado por Paulo Costa Lima en «Koellreutter, Widmer, Smetak e a floração do movimento de composição na Bahia», *Cidade da Música da Bahia*, Vol. 1, p. 299.

«EN PRINCIPIO, ESTAMOS EN CONTRA DE TODO PRINCIPIO [*Em princípio, estamos contra todo e qualquer princípio declarado*]» Grupo de Compositores da Bahia, citado por Paulo Costa Lima, *ibid.*, p. 290.

«los fertilizantes, los nutrientes y el abono» Tom Zé, citado por Andy Beta en «The Story of Tropicália in 20 Albums», *Pitchfork*, 19 de junio de 2017.

«No tengo nada que ver con esa pureza» Gilberto Gil, citado por Maya Jaggi en «Blood on the ground», *The Guardian*, 13 de mayo de 2006.

Smetak, Smetak, e Musak e Smetak Caetano Veloso, «Épico», en el álbum *Araçá Azul* (Philips, 1973).

Smetak tak tak tak (tak tak tak tak tak) canción de Gilberto Gil «Língua do Pê», en el álbum *O sol de Oslo* (Blue Jackel, 1998).

«microtonízate, no te vuelvas a exaltar nunca con las armonías pitagóricas» de la obra de Walter Smetak «Microtonização», citado por Marco Scarassatti en *Walter Smetak: o Alquimista dos Sons* (São Paulo: Editora Perspectiva, 2009), p. 117.

«Ya no podemos extraer casi nada más de nuestro viejo sistema musical» Walter Smetak, citado en Julia Gerlach (ed.), *ibid.*, p. 75.

«Ya no podemos extraer casi nada más de nuestro viejo sistema musical» Walter Smetak, en *O enxerto do Takaká & outros textos*, *ibid.*, p. 228.

«Aqueles que sabem cantar, cantem [...]» Walter Smetak, *ibid.*, p. 228.

«Tengo que volver a casa. Tengo que trabajar. [...]» Walter Smetak a Helga Retzer, directora de música en el DAAD Artists-in-Berlin Programme, 5 de diciembre de 1982. Citado en Julia Gerlach (ed.), *ibid.*, p. 84.

«Le gustaba causar conmoción —dijo el compositor Ernst Widmer—. Le gustaba catapultar al oyente de la inercia a las nuevas reflexiones [Smetak gostava de chocar, catapultando o ouvinte da inércia para novas reflexões]» Ernst Widmer en 1984, citado por Paulo Costa Lima, *ibid.*, p. 299.

«un predominio del reinicio [a predominância do religar]» Marco Scarassatti en *Walter Smetak: o Alquimista dos Sons*, p. 82.

«construir cada idea que tienes en la cabeza, o escuchar realmente todos los sonidos» Walter Smetak a Helga Retzer, directora de música en el DAAD Artists-in-Berlin Programme, el 5 de diciembre de 1982. Citado en Julia Gerlach (ed.), *ibid.*, p. 83.

«Todo está acabado. Lo demás es silenciooooo [Está tudo acabado; O resto é silênciooooooo]» citado por Marco Scarassatti en *Walter Smetak: o Alquimista dos Sons*, p. 83.

José Maceda

«laberinto de sonidos, donde la función musical se convierte en una recreación». José Maceda, citado por Ramón Pagayon Santos en *Tunugan: Four Essays on Filipino Music* (Quezon City: University of the Philippines Press, 2005), p. 147.

«Como si no viniera de ningún sitio. Ni de Nigeria ni de Madagascar ni de Kalinga ni de la Luna» José Maceda en conversación con Chris Brown, 1992. Grabación enviada por el autor.

«Había cada vez más pianistas» José Maceda, *ibid*.

«¿Qué tiene que ver todo esto con los cocos y el arroz?» José Maceda, citado en Michael Tenzer, «José Maceda and the Paradoxes of Modern Composition in Southeast Asia» en *Ethnomusicology*, Vol. 47, n.º 1 (Urbana-Champaign: University of Illinois Press, Winter 2003), p. 94.

«Portabilidad significaba una Uher de diez kilos [un dispositivo de grabación de bobina abierta] y una máquina de escribir Remington de diez kilos» Dayang Magdalena Nirvana T. Yraola, «José Maceda Exhibit Series: a Curator's Reflection», en *Humanities Diliman: A Philippine Journal of Humanities* (Diliman: University of the Philippines Diliman, 2020), p. 102.

«una situación intensa [...] tañidos casi inaudibles y ruidos muy desordenados» José Maceda, citado en Ramón Pagayon Santos, *ibid.*, p. 135.

«Cuando se buscan nuevos horizontes musicales, la incursión en el pasado puede llevar a un descubrimiento de otros pensamientos y percepciones [...]» José Maceda, *Gongs & Bamboo: a Panorama of Philippine Music Instruments* (Quezon City, University of the Philippines Press, 1998), p. 59.

«¡era tan rígida que quería saltar del avión!» José Maceda en conversación con Chris Brown, 1992.

El bien frente al mal, el ser frente a la nada, la presencia frente a la ausencia, la verdad frente al error [...]» Jacques Derrida, citado por José Maceda, «A Concept of Time in a Music of Southeast Asia», *ibid.*, p. 46.

«Las grabaciones son mi diccionario [...]» José Maceda en conversación con Chris Brown, 1992.

«Me utilizaron —dijo Maceda—. Cambiaron la palabra: *ugnayan* significa "trabajar juntos"» José Maceda, *ibid.*

«En tanto que ideología creativa para la unidad y la comunidad [...]» citado en Ramón Pagayon Santos, «*Ugnayan*: Society and Power as Music Composition», *RECTO Lecture Series* (January, 2007), p. 7.

«la idea de que solo los grandes grupos de personas pueden reunir sonidos en una gran área es similar a la cooperación necesaria para que un gran número de personas logre un determinado propósito» José Maceda en 1974, citado en Arsenio Nicolas, «From *Atmospheres* to *Ugnayan*: the Music of José Maceda» (trabajo de investigación doctoral para el College of Music, Mahasarakham University, Tailandia, 2015), p. 6.

«énfasis del compositor en la identidad y la historia del pueblo filipino parecía bastante alineado con los valores nacionales del presidente» Cedrik Fermont y Dimitri della Faille, *Not Your World Music: Noise in South East Asia* (Berlín y Ottawa: Syrphe & Hushush, 2016), p. 100.

«rituales en pueblos donde la gente se reunía en la plaza central, en espacios megalíticos, en campos de arroz [...]» Arsenio Nicolas, en «From *Ugnayan* to *Udlot-Udlot*: the Music of José Maceda». Artículo presentado en la primera International Conference on Ethnics in Asia: Life, Power and Ethnics (Naresuan University, Pitsanulok, Tailandia, 20-21 de agosto de 2015), p. 3.

«¡Miradme!» José Maceda en una *performance* grabada de *Udlot-Udlot* en los jardines de Yerba Buena, en San Francisco en el año 2000.

«Fueron a mis armarios en busca de esqueletos, pero, gracias a Dios, lo único que encontraron fue zapatos, zapatos preciosos» Imelda Marcos a los periodistas en 2001, citado en «Homage to Imelda's Shoes», BBC News Online, 16 de febrero de 2001.

«prácticamente estaba invadiendo el ámbito exclusivo del pensamiento musical occidental [...]» Ramón Pagayon Santos, *ibid.*, p. 152.

«Tiempo sin principio sin fin [...]» Yuji Takahashi en José Maceda, texto de carátula de *José Maceda: Music for Five Pianos* (ALM Records, AlCD-54, 2000).

«era en realidad la de un vagabundo, lo que únicamente quiere decir que sus filosofías y su obra cruzan la línea imaginaria que divide las disciplinas artísticas» comentario de la comisaria Dayang Yraola para la exposición «Listen to my music» en la Universidad de Filipinas, Jorge B. Vargas Museum y Filipiniana Research Center, 2013.

«Ahora es el momento de explorar otras lógicas y posibilidades musicales» José Maceda en conversación con Michael Tenzer, citado en «José Maceda and the Paradoxes of Modern Composition in Southeast Asia», p. 116.

Galina Ustvólskaya

«Los dedos escuecen al golpear los duros cantos de las teclas [...]» Maria Cizmic, *Performing Pain: Music and Trauma in Eastern Europe* (Nueva York: Oxford University Press, 2012), p. 89.

«alcanzará la fama mundial, y será apreciada por quienes honran el elemento esencial de la música» Dmitri Shostakóvich, citado en Semyon Bokman, *Variations on the Theme Galina Ustvolskaya: The Last Composer of the Passing Era* (Bloomington, Indiana: Xlibris, 2019), p. 21.

«la espiritualidad es lo que queda de una persona si echamos el resto a un lado» Galina Ustvólskaya, en *Scream Into Space / Schreeuw in het heelal*, un documental dirigido por Josée Voormans (VPRO Holland, 2005).

«No ve ninguna escapatoria, se cae a cada paso que da. Cae una y otra vez, y pide ayuda a Dios» Galina Ustvólskaya, en *Scream Into Space / Schreeuw in het heelal*, *ibid*.

«no existe una palabra en inglés que traslade todos los matices de toska [...]» Vladímir Nabokov, en las anotaciones de su traducción de 1964 de *Eugene Onegin* (Princeton: Princeton University Press, 1991, reimpresión), p. 141.

«capacidad para sumergirse en la oscuridad y quedarse largo rato en ella» Nikolái Berdiáyev, citado por Elena Nalimova en *Demystifying Galina Ustvolskaya: Critical Examination and Performance Interpretation* (tesis doctoral para Goldsmiths College, University of London, 2012), p. 122.

«Tocábamos duetos a cuatro manos en el piso de Shostakóvich [...]» Galina Ustvólskaya, citado en Elena Nalimova, *ibid*., p. 57.

«fantasmagoría lingüística» A. S. Byatt, «A poll tax of souls», *The Guardian*, 30 de octubre de 2004.

«la conciencia musical de Shostakóvich» «Galina Ustvolskaya: Shostakovich's "musical conscience"», en *The Independent*, 27 de diciembre de 2006.

«las personas sanas y optimistas la irritaban, así como otras muestras de "normalidad" por parte de sus estudiantes, como casarse y tener hijos» Elena Nalimova en *Demystifying Galina Ustvolskaya: Critical Examination and Performance Interpretation*, p. 94.

«¡No me mires!» Valentin Silvestrov, citado por Elena Nalimova, *ibid*., p. 12.

«Los vientos de la política soplaban en torno a Galina, pero ella permaneció firme y fiel a sí misma» Maria Cizmic, citando a una estudiante de Ustvólskaya, a Andrew Morris en «The Inner Mountain: Memories of Galina Ustvolskaya», *VAN Magazine*, 2018.

Emahoy Tsegué-Mariam Guèbru

«Todo el mundo sabe cómo una madre sacrifica su amor por el bienestar y la felicidad de sus hijas» Emahoy Tsegué-Mariam Guèbru, prefacio a «Mother's Love», en *Emahoy Tsegué-Mariam Guèbru: Music for Piano*, editado por Itay Mautner (Jerusalén: Jerusalem Season of Culture, 2013), p. 20.

Else Marie Pade

«esponjas salpicando y goteando en el lavabo [...]» Else Marie Pade, «The Compositional Possibilities are Endless», reeditado por *The Wire*, junio de 2017, publicación original en la edición danesa de *Lettre Internationale*, n.º 4, junio de 2004.

«Aprendí rápidamente que algunos de los sonidos aparecían en un momento particular del día, en un orden particular, y todos los días [...]» Else Marie Pade, *ibid.*

«Estos y otros muchos personajes de cuentos se hicieron amigos míos. Lo que veían ellos, lo veía yo; lo que escuchaban ellos, lo escuchaba yo; donde fueran ellos, allí iba yo...» Else Marie Pade, *ibid.*

«Pensaba que esas canicas relucientes decían algo; o, más bien, que cantaban algo. Pero ¿el qué?» Else Marie Pade, *ibid.*

«Se despertó en mí una justa indignación que traspasó todos los límites [...]» Else Marie Pade, *ibid.*

«El día que se fue, la negra noche» Else Marie Pade, letra de «Du og jeg og stjernerne» (Tú, yo y las estrellas).

«Un *collage* sonoro de gritos y chillidos, las pisadas de las botas, el ajetreo de las cadenas, los portazos y el tintineo atroz de las llaves...» Else Marie Pade, «The Compositional Possibilities are Endless», *ibid.*

«Porque en realidad no estoy aquí. Estoy en el futuro, escribiendo música» Else Marie Pade, citado por Andrea Bak en conversación con la autora.

«¿Cómo se unen el arte y la cocina?» [Hvordan forenes kunsten med køkkenet?]» citado por Henrik Marstal en *Else Marie Pade* (Copenhague: Multivers, 2019), p. 112.

«mundo sonoro abigarrado, alegre e inconfundible» Else Marie Pade, «The Compositional Possibilities are Endless», *ibid.*

«el sonido es el vocabulario de la naturaleza» Pierre Schaeffer, en *Tratado de los objetos musicales* [trad. Araceli Cabezón de Diego] (Alianza: 1996) [Oakland: University of California Press, 2017, p. 527.]

«Llegó un camión enorme del canal, lleno de gente [...]» Else Marie Pade, citado por Henrik Marstal, *ibid.*, p. 119.

«enanos y gigantes, las flores danzantes y las hojas temblorosas de los árboles dorados y plateados» Else Marie Pade, en «When Time Took on Tonal Colouring», [trad. al inglés de Maja y Bill Arthy; trad. propia al castellano], citado en la carátula del álbum *Et Glasperlespil* (Dacapo Records, 2002).

«Se intenta producir un relámpago: se rompe papel, que provoca unos crujidos cuando se acelera. Termina por cortocircuitar el micrófono y hacer un bucle de cinta del sonido» Else Marie Pade, citado por Henrik Marstal e Ingeborg Okkels en la carátula del álbum *Face It* (Dacapo Records, 2002).

«AHORA SÍ que cantó la sirena como cantan las sirenas» Else Marie Pade, «The Compositional Possibilities are Endless», *ibid*.

«Generador de barrido modulado con modulador web [...]» mencionado en la carátula de *Else Marie Pade: Electronic Music* (Dacapo Records, 2001).

«hacer una epopeya eterna a partir del transcurrir de un único día corriente» Ali Smith sobre James Joyce en *Artful* (Londres: Hamish Hamilton, 2012), p. 37.

«abrir de par en par el mundo musical y dejar que entrase el sonido, todos los sonidos» Edgard Varèse, citado en Vivian Perlis y Libby Van Cleve, «Edgard Varèse: (1888–1965)», en *Composers' Voices from Ives to Ellington: An Oral History of American Music* (New Haven y Londres: Yale University Press, 2008), p. 95.

«avalancha de llamadas» Else Marie Pade, «The Compositional Possibilities are Endless», *ibid*.

«nauseabunda [...]» Knudåge Riisager, citado por Henrik Marstal, *ibid*., p. 86.

«A la encantadora Else Marie Pade [...]» postal navideña de Stockhausen, 1995, citado por Henrik Marstal, *ibid*., p. 95.

«Cuando mis experimentos sonoros empezaron a cohesionarse y a convertirse en composiciones [...]» Else Marie Pade, «The Compositional Possibilities are Endless», *ibid*.

«endurecimiento de las arterias» Edgard Varèse, citado en Wilfrid Mellers, *Caliban Reborn: Renewal in Twentieth-Century Music* (Nueva York: Harper & Row, 1967), p. 121.

«Parece que es la abuela de todos nosotros, los músicos de electrónica [...]» Thomas Knak, en *Politiken*, 19 de octubre de 2002, citado en «Else Marie Pade», artículo online en la web *Ja Ja Ja: a Nordic Music Affair*, 4 de noviembre de 2014.

Muhal Richard Abrams

«Era una fuente de curiosidad» Leonard Jones, en conversación con el autor.

«Nada de *licks* [...]» Muhal Richard Abrams, citado por Leonard Jones en conversación con el autor.

«Era como si hubiera encontrado a un maestro» Joseph Jarman, citado en George E. Lewis, *A Power Stronger than Itself* (Chicago y Londres: University of Chicago Press, 2008), p. 68.

«Muhal fue la inspiración» Jack DeJohnette en conversación con Nate Chinen, citado en «50 Years On, Association for Advancement of Creative Musicians Influences Jazz», *The New York Times*, 6 de marzo de 2015.

«Mientras la segregación creó el blues, la migración difundió el mensaje» Mike Rowe, *Chicago Blues: the City and the Music* (Nueva York: Hachette, 1981), p. 26.

«la mayor sección de entretenimiento del mundo» George E. Lewis, *ibid.*, p. 218.

«Forrestville era una escuela pública estándar basada en la narrativa histórica de los blancos [...]» Muhal Richard Abrams, citado en George E. Lewis, *ibid.*, p. 7.

«Estamos ante algo que es intuitivo a la par que científico [...]» Muhal Richard Abrams, citado en George E. Lewis, *ibid.*, p. 122.

«contrapuntista fracasado» Joseph Schillinger, citado en Marc Edward Hannaford, «One Line, Many Views: Perspectives on Music Theory, Composition, and Improvisation Through the Work of Muhal Richard Abrams» (trabajo de investigación doctoral, Columbia University, 2019), p. 168.

«en todos los lugares a los que acudió durante los cuatro años siguientes, Abrams tenía siempre a mano esos dos enormes tomos» George E. Lewis, *ibid.*, p. 58.

«Un enfoque positivo de la teoría de la composición musical [...]» introducción de Henry Cowell a Joseph Schillinger, *The Schillinger System of Musical Composition*, 2 Vols. (Nueva York: Carl Fischer, 1946), Vol. 1, p. ix.

«inestable polifonía de voces» George E. Lewis, *ibid.*, p. 498.

«Abrams, [Jodie] Christian, [Philip] Cohran y [Steve] McCall enviaron postales a la flor y nata de los músicos afroamericanos de Chicago [...]» George E. Lewis, *ibid.*, p. 97.

«la sabiduría convencional que considera que la improvisación en general, y los productos de la música negra en particular, carecen de estructura y son insensibles a las preocupaciones históricas o formales» George E. Lewis, *ibid.*, p. 96.

«Hay que estar a la altura de una vibración como esa» Muhal Richard Abrams, citado en George E. Lewis, *ibid.*, p. 110.

«Sí, puesto que queremos ser los dueños de nuestros propios destinos, ser nuestros propios agentes y tocar nuestra propia música» Muhal Richard Abrams, citado en Bill Quinn, «The AACM: A Promise», *DownBeat Music '68* (1968), p. 46.

«Cultivar jóvenes músicos y crear música de alto nivel artístico para el público en general [...]» estatutos de la AACM, citado en George E. Lewis, *ibid.*, p. 116.

«No excluimos a nadie. Puede que no seáis Duke Ellington, pero tenéis ideas, y ahora es el momento de ponerlas sobre la mesa. Despertaos. Este es el despertar que está a punto de producirse» Muhal Richard Abrams, citado en George E. Lewis, *ibid.*, p. 106.

«Esperamos que la definición inteligente del pasado [...]» Jeff Donaldson, citado por Lisa Gail Collins y Margo Natalie Crawford (eds.) en *New Thoughts on the Black Arts Movement* (New Brunswick, NJ: Rutgers University Press, 2006), p. 291.

«Muhal Richard Abrams, un nombre que infunde respeto» texto de presentación del álbum *Levels and Degrees of Light* (Delmark, 1968).

«Lo que hay aquí es lo que somos y lo que esperamos ser» texto de presentación de *Levels and Degrees of Light*, *ibid.*

«valle inquietante sonoro que rebosa tecnología» Marc Edward Hannaford, *ibid.*, p. 165.

«Los terratenientes se esforzaron en disciplinar los paisajes sonoros de las plantaciones insistiendo en la quietud e intentando circunscribir los sonidos de los esclavos» Mark M. Smith, *Listening to Nineteenth-Century America* (Chapel Hill: University of North Carolina Press, 2001), p. 68.

«el señor Abrams no experimentó mucho con la música electrónica, pues prefería el sonido acústico tradicional del piano» Matt Schudel, en «Muhal Richard Abrams, pianist who expanded the limits of jazz, dies at 87», *The Washington Post*, 2 de noviembre de 2017.

«la tradición en la música afroamericana es tan vasta como todo lo que hay en la naturaleza» Julius Hemphill, citado por Suzanne McElfresh en «Julius Hemphill», *Bomb Magazine*, 1 de enero de 1994.

«Básicamente somos músicos. Es la música. Aprecias tus raíces y las expresas, pero no estás limitado por ellas» Muhal Richard Abrams, citado por Jim Macnie en «Muhal Richard Abrams: Yesterday & Tomorrow» en el blog sobre música *Lament for a Straight Line*, 1 de diciembre de 2010.

«hagamos que sean nuestros propios pobres. Tiene que convertirse en el dormitorio de los actores» Alexander H. Cohen, citado en *Miracle on 42nd Street*, documental sobre el Manhattan Plaza dirigido por Alice Elliott (2017).

«educación neoyorquina muy dinámica: trabajando desde las once hasta las siete de la mañana en el Manhattan Plaza» Samuel L. Jackson, citado en *Miracle on 42nd Street*.

«la cresta de la ola de los inmigrantes recién llegados de Saint Louis, Los Ángeles y, sobre todo, Chicago» Gary Giddins en *The Village Voice*, mayo de 1977.

«lo supieron antes que los tipos de Nueva York, y eso fue lo que molestó en Nueva York» George E. Lewis, *ibid.*, p. 336.

«Los grandes compositores improvisaban mucho [...]» Muhal Richard Abrams, en conversación con Frank J. Oteri el 15 de enero de 2016, publicación online en «Muhal Richard Abrams: Think All, Focus One», *NewMusicBox*, 1 de abril de 2016.

Éliane Radigue

une femme inconnue [...] Paul Verlaine [trad. propia].

«Un lugar soleado para gente sombría» W. Somerset Maugham, citado en John Baxter, *French Riviera and its Artists: Art, Literature, Love and Life on the Côte d'Azur* (Nueva York: Museyon, 2015), p. 212.

«Los paisajes sonoros de la región de Niza eran inagotables» Éliane Radigue, en «Le temps n'a pas d'importance» [El tiempo no tiene importancia], en *Spectres: Composer l'écoute / Composing listening* (Rennes: Shelter Press, 2019), p. 50.

«Claramente, el director valoró mi anatomía por encima de mi talento potencial» Éliane Radigue, citado por Julia Eckhardt en *Intermediary Spaces / Espaces intermédiaires* (umland editions, 2019), p. 68.

«Nunca vemos a una planta moverse, pero siempre está creciendo» Éliane Radigue, en «Le temps n'a pas d'importance» [El tiempo no tiene importancia], en *Spectres: Composer l'écoute / Composing listening*, p. 49.

Annea Lockwood

«Estábamos quemando banderas estadounidenses, símbolos políticos, el *statu quo*» Annea Lockwood en «How To Prepare a Piano», *Sound Scripts: Proceedings of the Inaugural Totally Huge New Music Festival Conference 2005*, Vol. 1 (2006), p. 20.

Piano Transplants texto-partitura. Publicado con el permiso de Annea Lockwood.

«Estoy muy obsesionada con los sonidos que inducen a la serenidad» Annea Lockwood en conversación con Pauline Oliveros en el programa *Ode to Gravity* de la emisora KPFA FM, 20 de diciembre de 1972.

«tan poco y, por extensión, tanto como lo que dijo el presidente» Ruth Anderson, citado por Annea Lockwood en «Hearing A Person – Remembering Ruth Anderson (1928-2019)», *NewMusicBox*, 19 de diciembre de 2019.

«Les doy mucha teoría [...]» correspondencia entre Ruth Anderson y Annea Lockwood, publicada con el permiso de Annea Lockwood.

Sound Portrait: Hearing a Person texto-partitura. Publicado con el permiso de Annea Lockwood.

«**Elocución [...]» Bici Forbes, en *Womens Work*, Issue 1 (1975) (reimpresión de Primary Information, 2019).

Kein' Musik ist ja nicht auf Erden / Die unsrer verglichen kann werden «Das himmlische Leben» de Gustav Mahler, *Cuarta sinfonía* (Universal Edition, 1911).

Softest Sound [El sonido más suave] texto-partitura. Publicado con el permiso de Annea Lockwood.

«cuando intentamos seleccionar una sola cosa, la encontramos atada al resto de cosas del universo» John Muir, en *My First Summer in the Sierra*, *ibid.*, p. 91.

listening with the neighborhood [escuchar con la vecindad] texto-partitura. Publicado con el permiso de Annea Lockwood.

Bibliografía complementaria

Alonso-Minutti, Ana R., Eduardo Herrera y Alejandro L. Madrid (eds.), *Experimentalisms in Practice: Music Perspectives from Latin America* (Nueva York: Oxford University Press, 2018)

Cizmic, Maria, *Performing Pain: Music and Trauma in Eastern Europe* (Nueva York: Oxford University Press, 2012)

Denyer, Frank, *In the Margins of Composition* (Oxfordshire: Vision Edition, 2019)

Eckhardt, Julia y Éliane Radigue, *Intermediary Spaces / Espaces intermédiaires* (Bruselas: Umland editions, 2019)

Gerlach, Julia (ed.), *Smetak's Inventions: Die vermischten Welten des Erfinders, Klangkünstlers und Musikers Walter Smetak (1913–84) / The Interfused Realms of Inventor, Sound Artist, and Musician Walter Smetak (1913–84)* (Hofheim: Wolke Verlagsges. Mbh, 2019)

Gottschalk, Jennie, *Experimental Music since 1970* (Nueva York: Bloomsbury Publishing, 2016)

Hakobian, Levon, *Music of the Soviet Era: 1917–1991*, 2a ed. (Abingdon y Nueva York: Routledge, 2018)

Johnson, Stephen, *How Shostakovich Changed My Mind* (Kendal: Notting Hill Editions, 2018)

Lewis, George E., *A Power Stronger than Itself* (Chicago y Londres: University of Chicago Press, 2008)

Madrid, Alejandro L., *In Search of Julián Carrillo and 'Sonido 13'* (Nueva York: Oxford University Press, 2015)

Marstal, Henrik, *Else Marie Pade* (Copenhagen: Multivers, 2019)

Mautner, Itay (ed.), *Emahoy Tsegué-Mariam Guèbru: Music for Piano* (Jerusalén: Jerusalem Season of Culture, 2013)

Rutherford-Johnson, Tim, *Music After the Fall: Modern Composition and Culture since 1989* (Oakland: University of California Press, 2017)

Santos, Ramón Pagayon, *Tunugan: Four Essays on Filipino Music* (Quezon City: University of the Philippines Press, 2005)

Scarassatti, Marco, *Walter Smetak: O Alquimista dos sons* (São Paulo: Editora Perspectiva, 2009)

Seeger, Peggy, *First Time Ever* (Londres: Faber & Faber, 2017)

Smetak, Walter, *O enxerto do Takaká & outros textos*, editado por & Migracielo (São Paulo y Ondina: EDUFBA y Outrem Editorial, 2019)

Tick, Judith, *Ruth Crawford Seeger: a Composer's Search for American Music* (Nueva York: Oxford University Press, 1997)

VV. AA., *Womens Work* (Nueva York: Primary Information (reimpresión), 2019)

VV. AA., *Spectres: Composer l'écoute / Composing listening* (Rennes: Shelter Press, 2019)

Créditos de las imágenes

Página 25. Julián Carrillo, inventor de los pianos metamorfoseadores, en su casa. Joseph Scherschel, The LIFE Picture Collection/ Shutterstock.

Página 46. Silvestre Revueltas. Autoría y origen desconocidos.

Página 61. Ruth Crawford Seeger. © Peggy Seeger.

Página 75. Peggy Seeger. The Estate of David Gahr/Getty Images.

Página 97. *Walter Smetak, Tak Tak*. Colección de la familia Smetak.

Página 131. José Maceda, 19 de noviembre de 1996. © Co Broerse.

Página 140. José Maceda en París, 1938, Colección José Maceda. UP Center for Ethnomusicology, University of the Philippines Diliman, Quezon City.

Página 155. Primera página de la partitura de José Maceda *Uganayam: Música para 20 emisoras de radio*, José Maceda. UP Center for Ethnomusicology, University of the Philippines Diliman, Quezon City.

Página 169. Galina Ustvólskaya, 1956. Cortesía de la Filarmónica de San Petersburgo. Impreso previa autorización.

Página 176. Galina Ustvólskaya, década de 1940. © ustvolskaya.org

Página 199. Carátula con autógrafo de *Emahoy Tsegué-Mariam Guèbru Plays Own Earlier Compositions*. Cortesía de la autora.

Página 225. Else Marie Pade. © Lisbeth Damgaard.

Página 247. *Circles of Sevenths* (1959) Else Marie Pade. © Edition·S, Copenhagen, Denmark. Impreso previa autorización.

Página 261. El músico y compositor de jazz Muhal Richard Abrams tiene un saxofón en la mano y está frente a los músicos de la banda experimental de la AACM (Association for the Advancement of Creative Musicians) para dirigir su actuación. Chicago, Illinois, hacia 1965. Foto de Robert Abbott Sengstacke/Getty Images.

Página 299. Éliane Radigue en la portada de *Vice–Versa, Etc*. (LP). Jacques BRISSOT por cortesía de la Fondation A.R.M.A.N.

Página 329. Annea Lockwood, *Burning Piano*, 1968, the Chelsea Embankment. © Geoff Adams.

Página 343. Annea Lockwood y Franco Evangelisti en Darmstadt en 1961. Cortesía de Annea Lockwood.

Índice

En la paginación, los temas de los capítulos se indican en **negrita** y las imágenes, en *cursiva*.

A

Aarhus, Dinamarca 228, 232, 233, 235
Aarhus Stiftstidende 235
Abelard, Peter 340
Abraham Lincoln Center (Chicago) 280
Abrams, Edna 271–272
Abrams, familia 290
Abrams, Milton 271
Abrams, Muhal Richard 9, 19, 69, 107, 259, *261*, **261–297**, 382, 392–394
Abrams, Peggy 266
Abreu, Tuzé de 114
Academy of Music 212, 340
Adís Abeba, Etiopía 9, 199, 202–212, 218–221, 370, 371, 374, 375
Adorno, Theodor W. 166
AfriCOBRA, Manifesto de 281
Aguida (tía de Maceda) 139
Ahmed, Mahmoud 219
Alabama, EE. UU. 86, 271
Albéniz, Isaac 141
Alemania 13, 35–36, 80, 125, 218, 231–232, 251, 373
Alsop, Marin 290
Alston, Richard 332
Amacher, Maryanne 315
Amarillo, Texas 333
Amba Gishen 215
American Conservatory of Music (Chicago) 68
Ámsterdam, Países Bajos 180, 184
Andersen, Hans Christian 239
Andersen, Mogens 245–246
Anderson, Ruth 141, 350–358, 361–363, 375
Andrade, Oswald de 108
Aphex Twin 257
APSOME (Applications de Procédés Sonores en Musique Électroacoustique) 313
Aquino, Corazón 162
Araçá Azul 121
Aracaju, Brasil 115
Arkansas, EE. UU. 86, 269
Arkestra 270, 272
Arman (Armand Fernández) 304, 306–307, 309–312
Armenia 219
Armstrong, Louis 103
ARP 2500 283, 318–319, 321
Ashley, Robert 315, 320, 349
Asinara, isla de, Italia 210

Asociación Musical de Filipinas 140
Asociación Nacional de Compositores y Directores Estadounidenses 68
Asociación Rusa de Músicos Proletarios 176
Aspekt 249
Association for the Advancement of Creative Musicians (AACM) 267, 373
Astatke, Mulatu 219–220, 374
Atkinson, Lisle 291
Atlántida 107
Austin, Larry 349
Austin, Texas, 45, 349
Austria 196, 360
Avraamov, Arseny 28, 29
Axum, Etiopía 201–202, 209, 214
Ayers, Kevin 346

B

Bacewicz, Grażyna 141
Bach, Johann Sebastian 14, 16, 21, 51, 104, 124, 176, 189, 190, 275
Bacharach, Burt 141
Bačko Novo Selo, Serbia 360
Backstreet Boys, 239
Bagrenin, Konstantin (Kostya) 175, 179–180, 192, 379
Bajmin, Andréi 189, 190, 191
Bak, Andrea 234, 250–251, 258, 379
Bakken, *véase* Dyrehavsbakken 235–236, 238, 244, 379
Ballet Nacional de Dinamarca 254
Banevich, Serguéi 192
Barker, Noelle 340
Barker, Thurman 282
Barnes, Julian 190
Bartók, Béla 49, 78, 82–83, 295, 368
Barton Workshop, The 184
Bascourret de Gueraldi, Blanche 140
Basie, Count 286
Basilea, Suiza 207
Bath, Somerset 210
Bauer, Marion 78
BBC 14, 15, 205, 303, 340, 373, 380
Beach, Amy 78, 367
Beckett, Samuel 174
Beethoven, Ludwig van 15–17, 36, 54, 58, 141–142, 163, 212, 216, 218, 275, 305, 333
Behrman, David 349
Bélgica 35, 210, 372
Bélgica Libre 210
Belgrado, Serbia 360
Berdiáyev, Nikolái 183
Berg, Alban 82, 369
Berio, Luciano 111, 147, 241, 246, 248, 341
Berlín, Alemania 40, 65, 79–84, 94, 125, 160, 174, 368–370, 377
Biblia 202
Bielecki, Bob 331
Billier, Sylvaine 55
Birmingham 17
Bishop, Walter, Jr 291
Björk 257
Black Lives Matter (movimiento) 16
Black Power (movimiento) 278–279
Blake, Eubie 286
Blavatsky, Helena 73, 107
Blegen, Judith 362
Blue Star Band, The 231
Bonn, Alemania 160, 218, 373
Boston, Massachusetts 274, 351, 367
Boston Pops Orchestra 351
Boulanger, Lili 103
Boulanger, Nadia 141, 351, 367
Boulez, Pierre 246, 248, 268, 341, 375
Bowie, Lester 281, 290
Brahms, Johannes 16, 34, 35, 69
Brasil 9, 19, 58, 97, 99–101, 105–110, 118–121, 126, 145, 370
Brasileiro, Antônio 108
Brasilia, Brasil 99
Brasilia, Universidad de 128
Braxton, Anthony 270, 281–282
Brecht, Bertolt 80, 306, 370
Brieg, Karen 231, 233–234
Britten, Benjamin 94, 268
Broadway 289
Bronx 347
Brown, Chris 148, 160, 163, 379

Brown, Earle 275–276
Bruselas, Bélgica 52, 73, 245, 249, 372
Buchla 317–318
Budapest, Hungría 82, 360
Buenos Aires, Argentina 107, 368, 371
Bulgaria 360
Burns, Robert 205
Busoni, Ferruccio 28, 141
Byatt, A. S. 183
Bynum, Taylor Ho 269, 279, 287, 292, 379

C

C&C Lounge, Chicago 265
Cage, John 111, 248, 268, 312, 348, 372
Cahill, Thaddeus 27
CalArts, California 315
Calder, Alexander 72
California, EE. UU. , 28, 142, 148, 296, 314, 315, 319–320, 349, 357
Campos, Augusto de 103, 119
Campos Elíseos, teatro de los 103
Canadá 15, 80, 277, 361, 367
Cardew, Cornelius 268, 348, 350
Carl Sauter, fabricante de pianos 52
Carnaval Internacional de Sonido Experimental 348
Carnegie Hall, New York 244
Carolina del Norte, EE. UU. 86, 89
Carrillo, archivo 52
Carrillo, Dolores 53
Carrillo, Julián [Julián Antonio Carrillo Trujillo] 9, 22, 25, **25–60**, 100, 116, 123, 136, 163, 166, 178, 246, 293, 303, 367, 369, 372
Carrillo, Nabor 33
Carter, Betty 356
Carter, Elliott 78, 141
Carver, George Washington 272
Catalina la Grande 196
Cebú (isla de), Filipinas 137
Celibidache, Sergiu 316
CEM, estudio 342
Centro de Artes y Creatividad de Banff, Canadá 277
Centro Nacional de las Artes (Filipinas) 156
Centro Rockefeller 144
Cerdeña 210
Chaikovski, Piotr Ilich 15, 69, 182, 223, 339
Châtelet, teatro de 305
Chatham, Rhys 317–318
Chávez, Carlos 45–48, 59, 105, 378
Checoslovaquia 28
Chernóbil, Ucrania 173, 376
Chess Records 275
Chicago, Illinois 9, 45–46, 66–69, 72–73, 76, 81, 93, 106–107, 144, 261, 265–267, 269–272, 275, 278, 280–281, 283, 290, 292, 369, 373
Chopin, Frédéric 53, 69, 140–141, 145, 150, 212, 216, 264, 275, 295
Chopin, Henri 348
Christchurch, Nueva Zelanda 338, 339
Christian, Jodie 239, 256, 257, 278
Cinematheque de Nueva York 344
Círculo del Cuarto de Tono de Leningrado 28
Ciudad de México 29, 33, 38, 44–45, 50, 56, 59
Cizmic, Maria 173
Clifford, Madelyn 145–147
Club d'Essai, París 308, 311
Cobbing, Bob 333
Cocteau, Jean 306, 369
Cohen, Alexander H. 289
Cohran, Philip 278
Coleman, Ornette 285, 373
Cole, Nat King 272
Colón, Cristóbal 41
Colonia, Alemania 69, 107, 218, 220, 240, 249
Coltrane, John 219, 285
Comisión Nacional de Telecomunicaciones (Filipinas) 162
Commonwealth 210
Composers Now, festival (New York), 263
Conservatorio de Pantin, París 53

Conservatorio de París 33, 35
Conservatorio Rimski-Korsakov, San Petersburgo 176
Copenhague, Dinamarca , 234, 236, 243, 245–246, 250, 256, 258
Copland, Aaron 47–48, 141
Corán 201
Corbusier, Le 246, 371
Corner, Philip 315
Corporación Danesa de Radiodifusión (DR) 227, 240, 242, 245
Cortot, Alfred 140–141
Costa, Gal 120, 122
Costa Lima, Paulo 18, 108, 109, 117, 118, 379
Cotten, Elizabeth (Libba) 89, 371
Cotton Club, Chicago 273
Couper, Mildred 28
Covent Garden 345
Cowell, Henry 71, 76, 78, 274, 276
Crass 348
Crawford, Clara 68–69
Crawford, Clark 67
Crawford, Ruth 9, 17, 36, 49, *61*, **61–94**, *75*, 106, 146, 166, 222, 269, 310, 369, 370
Criton, Pascale 53–55, 303, 379
Crompond, Nueva York 354, 358, 362
Cuarteto Beethoven 36
Cuernavaca, México 56
Curtis, Charles 322

D

Dalcroze (método) 338
Darmstadt, cursos de verano de 13, 250, 341
Dartmouth College, New Hampshire 292
David, Larry 289
Davies, Rhodri 303, 317, 379
Davis, Miles 219
Debre Genet (monasterio), Jerusalén 201–203, 213, 221
Debussy, Claude 21, 141–142, 145
DeJohnette, Jack 266, 271
De la Peña, LaVerne C. 145, 379
Delgadillo, Luis A. 39
Denyer, Frank 184–188, 193–194, 379
Derrida, Jacques 151
Díaz, Porfirio 37
Dinamarca 9, 225, 227, 229–231, 239, 248, 250, 254–255, 257, 372
Donaldson, Jeff 281
Dostoievski, Fiódor 171, 183, 195
DownBeat (revista) 279
Drehn-Knudsen, Sven 245
Drummond, Dean 293
Dublín, Irlanda 243
Dunietz, Maya 222, 379
Dylan, Bob 14
Dyrehavsbakken, Dinamarca 235–239

E

Earth, Wind & Fire 275, 345
East Liverpool, Ohio 67
École Normale de Musique 140
Einstein, Albert 28
Ekstra Bladet 257
El Cairo, Egipto 111, 211–212, 220, 245, 371
El-Dabh, Halim 111, 245, 371
Ellington, Duke 219, 280, 285, 291, 296
El Tiempo (periódico) 36
El Universal (periódico) 27, 39, 41, 45
Encuentro Musical Oriente-Occidente, Tokyo 147
Érard (pianos) 142
Eritrea 209, 221
Escobar, Carmina 41, 59, 379
Escocia 14, 172
Eshètè, Alèmayèhu 219–220
Eshètè, Amha 219–220
Eslovaquia 360
Essex, Reino Unido 334, 347–348, 351
Estados Unidos 28, 32, 37, 45, 60, 65, 78–79, 83–84, 86, 92, 94, 105, 135–143, 207, 266, 270, 272, 284, 285, 292, 347, 349–351, 353, 357, 359, 367, 371, 377, 378

Estrada, Julio 59
Etiopía 9, 199, 201–203, 206–207, 209–210, 218, 219, 221, 370
Evangelisti, Franco 342–343, *343*
Evans, Gil 266, 293
Experimental Band 265, 267
Exposición Universal (Bruselas), 52, 372
Expo, *véase* Exposición Universal 245, 248
Exxon Valdez (vertido de petróleo) 361, 377

F

Falceto, Francis 220
Fauré, Gabriel 40
Fausel, Maja 106
Favors, Malachi 271
FBI 347
Federação, Salvador de Bahía 115, 116
Fermont, Cedrik 158
Ferrari, Luc 308
Ferreyra, Beatriz 141
Filarmónica de Janáček 295
Filipinas 19, 129, 134–136, 138, 140–142, 144–147, 149–150, 153–154, 158–159, 162, 166, 367, 371, 376, 379
Filipinas, Universidad de 144–147, 149, 159, 162, 166, 379
Finlandia 171, 367
Fleming, Walter *King* 273
Florida, EE. UU. 66–69, 72, 76
Floyd, George 15, 346
Fluxus (movimiento) 312, 373
Fokker, Adriaan 28, 53
Fokker, Margaretha 28, 53
Forbes, Bici [Nye Ffarrabas] 357
Ford Motor Company 133
Forrestville (escuela), Chicago 272
Four, The 231, 263
Francia 33, 35–36, 141, 210, 313, 321, 369, 372
Francia Libre 210
Freeman, Chico 290
Fremantle, Australia 334
Frente Moro de Liberación Nacional (MNLF) 150
Friburgo, Alemania 110
Fricker, Peter Racine 340–341
Frøslev (campo de internamiento), Dinamarca 233–234, 255, 258
Fulkerson, James 184
Fullman, Ellen 126

G

Gadafi, Muamar el 150, 374
Gales 219
Gershwin, George 77, 274
Gilberto, Astrud 118, 373
Gilberto, João 109
Gil, Gilberto 116, 120–123
Gillespie, Dizzy 296
Glass, Philip 268, 315, 347
Gluck, Christoph Willibald 272
Godard, Jean-Luc 310
Godowsky, Leopold 69
Goethe, Johann Wolfgang von 253
Gógol, Nikolái 183
Gondar, Etiopía 206
Goodman, Benny 274
Gordon, Dexter 290
Gottschalch, Ellen 248
Governors State University, Chicago 283
Grahame, Gloria 290
Greenwich Village 291
Grein, Austria 360
Grinke, Frederick 340
Grupo de Compositores da Bahía 118
Grupo de los Nueve 29, 30, 39, 41, 56
Gubaidulina, Sofia 328
Guèbru, Emahoy Tsegué-Mariam [Yewubdar Guèbru] 9, 54, **199–223**, *199*, 297, 327, 371, 373
Guèbru, Kintiba 206–207
Guèbru, Meshesha 210
Guèbru, Senedu 207–208, 210
Guggenheim 79, 82, 84, 370
Guillén, Nicolás 49
Guller, Youra 140
Guthrie, Woody 91

H

Hába, Alois 28, 53
Haber, Nadav 208
Haile Selassie (emperador) 202, 204, 206, 209–210, 218–219, 370
Hancock, New Hampshire 354, 363
Hannaford, Marc 283–284, 297
Harrison, Lou 28
Harvard, Universidad de 76
Hawái 161, 376
Héloïse (abadesa) 340
Hemphill, Julius 287, 290
Hendrix, Jimi 334
Henry, Pierre 308–313
Hermannus Contractus 182
Hesse, Alemania 13
Hesse, Herman 251–252
Himalaya 358
Hindemith, Paul 111
Hitler, Adolf 105, 249, 254, 374
Holland, Dave 294
Hollenbeck, John 277, 294, 379
Holmboe, Vagn 235, 250
Hong Kong 160
Horowitz, Vladimir 286, 291
Howlin' Wolf 272
Hudson (río) 289, 358, 359, 360
Huerta, Victoriano 37
Hungría 83, 360
Hunter College, Nueva York 351, 356
Huxley, Aldous 306

I

Independent 191
Ingatestone, Essex 347–350
IRCAM, París 284, 375
Irene (pareja de Peggy Seeger) 74, 86
Israel 202, 221, 371
Italia 28, 209, 210
Ives, Charles 28, 71
Ivitski, Andréi Viktorovich 171

J

Jackson, Aunt Molly 85, 289
Jackson, Samuel L. 85, 289
Jacksonville, Florida 67
Jacobs, Henry 248
Japón 144, 241, 376
Jarman, Joseph 266, 270
Jenkins, Leroy 281–282
Jentova, Sofia 188
Jerusalén, Israel 201–203, 205, 208, 212, 221
Jesús 216
Johnson, James P. 286, 380
Johnston, Ben 28
Jones, Hank 287
Jones, Leonard 265–266, 286–287, 290–291, 294, 297, 379
Jones, Quincy 141
Joplin, Scott 288
Joyce, James 243, 246, 369
Juan XXIII, Papa 57
Juárez, Benito 42
Jutlandia, Dinamarca 229

K

Kagel, Mauricio 248
Kayser, Leif 235
Kenchington, Sara 126
Keys, Alicia 289
King, B. B. 272–273, 275, 286
Kirkegaard, Jacob 238, 379
Kitch (gato) 348
Klein, Yves 307
Knak, Thomas 257
Knowles, Alison 356, 380
Koellreutter, Hans-Joachim 110–112, 118
Koenig, Gottfried Michael 342
Kolb Neuhaus, Roberto 48, 379
Kontorowicz, Alexander 211
Kotik, Petr 295, 379
KPFA FM 349
Kramer, Kenny 289
Kuala Lumpur, Malasia 160
Kubitschek, Juscelino 107
Kurtág, György 78

L

Lach Lau, Juan Sebastián 47, 59, 379
La Gioconda 139
Lasso, Orlando di 190
Lauridsen, Holger 242, 249
Lavista, Mario 59
Lavoie-Herz, Djane, 72–73, 81, 269
Ledbetter, Huddie William (Lead Belly) 86
Leipzig, Alemania 33, 34, 35, 367
Leningrado, *véase* San Petersburgo 28, 176–177
Lenin, Vladímir Ilich 38
Lennon, John 107, 372
Leones Negros (Etiopía) 210
Lewis, George E. 11, 13–15, 269–281, 284, 287, 290–291, 296–297, 376, 380–382, 393–395
Liga de Escritores y Artistas Revolucionarios (LEAR) 49
Ligeti, György 28, 81, 373
Liminar 41
Liszt, Franz 34, 140, 141
Lockwood, Annea 10, 54, 87–88, 102, 127, 129, 187, 197, 313, **329–365**, *329*, *343*, 374–375, 377
Lockwood, Fergie 338
Lockwood, George 338–339
Lomax, Alan 86, 90–91
Lomax, John 86, 90–91
Londres 171, 212, 219, 326, 333, 340, 347–350, 369, 372, 374
Los Ángeles, California 133, 144, 148, 290
Lucier, Alvin 318, 349
Lucier, Mary 357
Luisiana, EE. UU. 86
Lundh, Hedda 232

M

MacColl, Betsy 88
MacColl, Calum 64
MacColl, Ewan 74, 88, 372
MacColl, Jean 74
MacColl, Kitty 64
MacColl, Neill 64, 88
Maceda, Adelfo 139
Maceda, Eileen 146
Maceda, Emilio 139
Maceda, Hernando 139
Maceda, José 9, 20, 49, 54, 129, **131–167**, *131*, *140*, 173, 217, 220, 286, 297, 370, 375
Maceda, Kate 146
Maceda, Madeleine 146
Maceda, Marion 146
Maceda y Norona, Castro 139
Mâche, François-Bernard 308
Maderna, Bruno 147, 241
Madrid, Alejandro L. 35, 42, 55, 59, 139, 194, 241, 379
Maegaard, Jan 235
Magallanes, Fernando de 137
Magda, sor 207, 208
Maguindánao, Filipinas 146
Mahler, Gustav 16, 175, 188, 189, 305, 339, 362
Maison de la Radio de Niza 309
Malacañán, palacio de 161
Malasia 144, 150
Malcolm X 278, 373
Manhattan Plaza 288–290, 294, 375
Manhattan Plaza Big Band 290
Manila, Filipinas 134–135, 137, 139–141, 148, 151, 157, 159, 161, 375
Marcos, Ferdinand 135, 154, 155–158, 161–162, 376
Marcos, Imelda 135, 150, 155–158, 161–162, 376
Marie, Jean-Étienne 52–53
Marsalis, Wynton 287
Marsella, Francia 207
Marstal, Henrik 250, 255–258, 379
Martin, Agnes 318
Massachusetts, EE. UU. 358
Matusow, Harvey (Job) 347, 348
Maugham, W. Somerset 306
McCall, Steve 278, 290–291
McCartney, Paul 107, 372
McCreary, Richard 283

McIntyre, Kalaparusha Maurice 290
Meanwell, Peter 205, 379
Medhane Alem (iglesia), Adís Abeba 214
Mei Lanfang 81
Mekurya, Getatchew 219–220
melekket 214
Mendelssohn, Felix 34–35, 323
Menelik, (rey) 202
Menen (emperatriz) 206
Mercogliano, Italia 210
Messiaen, Olivier 293, 341
Metropolitan School of Music, Chicago 273
México 9, 19, 25, 27, 29, 33, 37, 38, 41–47, 49–50, 53, 56–57, 59, 121, 369, 371
Middle Earth, Londres 345, 374
Milán, Italia 241
Milarepa 320–321
Milhaud, Darius 351
Miller, Glenn 274
Mills College, California 160, 314
Mindanao, Filipinas 150
Mindoro, Filipinas 145, 147
Mingus, Charles 290, 293
Miranda, Carmen 105–106
Mistral, Frédéric 45
Mitchell, Nicole 270
Mitchell, Roscoe 266, 270, 281, 374
MIT (Massachusetts Institute of Technology) 334
MJT+ 273
Montana, EE. UU. 350, 355, 361–362
Monteverdi, Claudio 15, 190
Montparnasse 304, 321, 325–326
Montreal, Canadá 325
Montserrat, Pablo 139
Montserrat y Salamanca, Concepción 139
Moog 318
Moon, Gwen 339
Moon, Keith 334
Moon, Ron 339
Moore, David 282
Moorman, Charlotte 344
Morales, Melesio 36
Moran, Jason 263, 294
Morton, Jelly Roll 234, 286, 288, 317
Moscú, Rusia 182, 189–190
Movietone 46
Movimiento Musulmán de Independencia (Filipinas) 150
Mozart, Wolfgang Amadeus 14, 16, 143, 145, 212, 218, 246
Muir, John 20, 364
Muro del Respeto, Chicago 281
Musgrave, Thea 141
Música en la era atómica 248
Música Viva (Brasil) 110
Músorgski, Modest 21, 175
Mussolini, Benito 202, 209, 370
Mutantes, Os 120
Myers, Amina Claudine 270, 281, 290

N

Nabokov, Vladímir 182–183, 306
Nalimova, Elena 183, 192
Nápoles, Italia 209–210
Negro Ensemble Company 289
Neruda, Pablo 50, 369
Neuhaus, Max 48, 315, 379
Newborn, Phineas 286
New Statesman, *The* 346
New York Cultural Center 318
New York Times, *The* 288
Niblock, Phill 315, 321
Nice, École de 307
Nicolas, Arsenio 44, 159
Niemeyer, Oscar 107
Nixon, Richard 351
Niza, Francia 306–310, 314, 327
Nono, Luigi 147, 248
Nordvision 254
Nørgård, Per 141
Noruega 231
Nueva York 29, 37, 38, 76, 78, 84, 139, 144, 219, 245, 250, 263, 288, 290, 296, 312, 315, 317, 319, 337, 338, 344, 351, 354–356, 358, 359, 361, 369, 372–375
Nueva Zelanda 10, 150, 329, 338, 340–341, 359

Nyman, Michael 346

O

Ochoa, Guillermo 55
Ockham, Guillermo de 312
Oiticica, Hélio 119, 120, 127, 374
Okkels, Ingeborg 256
Oliver, King 286
Oliveros, Pauline 314, 349–351, 357–358, 361, 375, 377
Oppens, Ursula 295
Oram, Daphne 257
Oregón, EE. UU. 357
Orellana, Joaquín 126
Organización de Unidad Afroamericana 278
Orquesta de Filadelfia 244
Orquesta Filarmónica de Brooklyn 293
Orquesta Galesa de la BBC 340
Orquesta Internacional de Farrouphila 105
Orquesta Sinfónica de Brasil 106, 110
Orquesta Sinfónica de Chicago 68
Orquesta Sinfónica de Detroit 293
Orquesta Sinfónica de la UFBA 110, 115
Orquesta Sinfónica Escocesa de la BBC 303
Oteri, Frank J. 294
Oxford, Universidad de 16, 63, 87, 94, 184

P

Pabasa 139
Pabellón del Congo Belga 246
Pabellón Philips 246
Pade, Henning 234, 250, 252
Pade, Mikkel 234
Pade, Morton 234
Pade [nombre de nacimiento: Haffner Jensen; pseudónimo: «Christian Sand»], Else Marie, 35, 175, **225–259**, 225, 297, 307, 319, 342
Paik, Nam June 344, 349
Países Bajos 28, 172, 342
Palestine, Charlemagne 315
Pantin, Conservatorio de 53, 54
París, Francia 28, 33, 35, 53, 84, 103, 109, 111, 140, 143, 239–240, 284, 304, 306, 308–312, 318, 319, 320, 326, 350, 367–370, 375, 376
Parker, Charlie 286
Pärt, Arvo 181, 328
Partch, Harry 28
Partido Nacional Revolucionario (México) 46
Pascal, Claude 307
Patterson, Nueva York 76, 79
Pavlovsk, Rusia 195, 196, 238
Payne, Maggi 314, 360
Petrogrado, *véase* San Petersburgo 175–176
Philharmonie de París 326
Piazzolla, Astor 107, 141
Picasso, Pablo 306, 369
Pila, Filipinas 139
Pink Floyd 346
Planxty 14
Ponchielli, Amilcare 139
Porto Alegre, Brasil 105–106
Poulenc, Francis 45
Povlsen, Orla Bundgård 254
Praga, Checoslovaquia 29
Pravda 177
Premio de Roma 103
Presto Disc 86
Price, Florence 15, 78, 269, 370
Princeton, New Jersey 350
Procope, Russell 291
Prokófiev, Serguéi 69, 71, 145, 178
Puebla, México 56
Pushkin, Aleksandr 171
Pushkin, Rusia 195

Q

Queens 361

R

Rabelais, François 321
Radigue, Éliane 10, 28, 54, 123, 257, 283, 297, **299–328**, *299*, 345, 358–359, 372, 374, 378
Radio France 308
Radio Oriente Medio 245
Radio Veritas (Filipinas) 161
Rainer, Yvonne 312
Rajmáninov, Serguéi 69, 185, 189, 264, 286, 294
Ramírez, Roger «Ram» 291
Ravel, Maurice 141, 145, 305, 316
Real Academia Danesa de Música 234, 248
Reich, Steve 315, 375
Revueltas, Carmen 45–46
Revueltas, Consuelo 45
Revueltas, Fermín 45
Revueltas, José 45
Revueltas, Jule 45–46
Revueltas, Rosaura 45
Revueltas, Silvestre 44–46, *46*, 48–50, 59, 100, 121, 370, 371
Rhythmicon 274
Richter, Sviatoslav 286
Riisager, Knudåge 248
Riley, Terry 315
Rimbaud, Penny 348
Rimski-Korsakov, Georgy 28
Rimski-Korsakov, Nikolai 28
Rinpoche, Kunga 320
Río de Janeiro, Brasil 99, 104, 106–107, 109, 111, 119, 374, 377
Risério, Antonio 108
Rivera, Diego 38, 47
Roberts, Luckey 286
Roger, Madame (profesora de piano) 291, 305
Roma, Italia 103, 209, 373
Roosevelt, Franklin D. 84, 85
Rova 293
Rowe, Mike 271
Royal Academy of Music, London 212, 340
Royal College of Music, London 341
Rubinstein, Arthur 69
Ruggles, Carl 71, 93
Ruggles, Charlotte 93
Rumanía 360, 377
Rusia 183–185, 190, 194, 241, 368, 377, 378
Rzewski, Frederic 295

S

Saariaho, Kaija 81
Saba, reina de 201
Safo 340
Saint Louis, Missouri (EE. UU.) 290
Salvador de Bahía, Brasil 18, 99, 107–108, 110, 120, 126
Salvador de Bahía, Universidad Federal de (UFBA) 18, 99, 107–108, 110, 120, 126
Salzburgo, Austria 104
Sandburg, Carl 72, 93
San Diego, California 296, 349
San Francisco, California 145, 160, 248, 349
San Francisco Tape Music Center 349
San Juanico, puente de (Filipinas) 156
San Luis Potosí, México 33, 52
San Petersburgo, Rusia 9, 29, 107, 169, 171, 175–176, 180, 183, 185, 195, 196
Santos, Ramón Pagayon 108, 147, 163
São Paulo, Brasil 106, 109, 110
Satie, Erik 21, 45, 368
Sauer, Emil von 140
Saunders, Rebecca 174, 188, 194, 196, 379
Scarassatti, Marco 113, 116, 126, 127, 379
Schack, Erik 245
Schaeffer, Pierre 35, 111, 143, 236, 240, 245, 248, 268, 308–311, 372
Schillinger House School of Music, Boston 274
Schillinger, Joseph Moiseyevich 274–276, 281
Schmitz, E. Robert 142, 143

Schneemann, Carolee , 344, 348–349, 358
Schola Cantorum, París 53
Schönberg, Arnold 28, 80, 82, 104, 252, 268, 368
Schubert, Franz 106, 212, 339
Schumann, Robert 189
Schwarzkopf, Elisabeth 241
Scratch Orchestra 350
Scriabin, Alexander 70, 73, 264, 269
Seeger, Barbara 64
Seeger, Charles, jnr 76
Seeger, Charles Louis 17, 18, 64, 66, 76–80, 82, 83–87, 89–91
Seeger, Constance 76, 79
Seeger, John 76
Seeger, Mike 64, 85, 89
Seeger, Peggy 63–68, 73–75, 76–80, 83, 85, 87–92, 311, 337, 343, 371–372
Seeger, Penny 64
Seeger, Pete 64, 76, 79, 86, 91, 94
Seeger, Ruth Crawford, *véase* Crawford, Ruth
Segunda Guerra Mundial 13, 82, 112, 138, 142, 196, 227, 255, 306
Segundo Congreso Internacional de Escritores para la Defensa de la Cultura 49
Seinfeld 289
Semana de la Música de Vanguardia, Río de Janeiro 111
Serbia 360
Serrano, Paul 273
Sgt. Pepper's Lonely Hearts Club Band 120
Shepherd, Nan 11, 127, 152, 375
Shostakóvich, Dmitri 21, 177–178, 188–191, 197
Silvestrov, Valentin 194
Simbang Gabi 139
Skandalkonzert 104
Slonismki, Nicolas 44
Smetak, Anton 104
Smetak, Barbara 104, 106, 115–116
Smetak, Frederica 104
Smetak, Julieta 115
Smetak, Leone 104
Smetak, Walter 9, 18, 22, 58, 73, 95, **97–129**, *97*, 145, 166, 187, 193, 297, 305, 327, 370, 379
Smith, Ali 243
Smith, Hale 264
Smith, Mark M. 284–285
Smith, Wadada Leo 270
Smith, Willie *The Lion* 286
Sociedad de Naciones 209–210
Sociedade Brasileira de Eubiose 106
Society for the Promotion of New Music (SPNM) 340
Soft Machine 346
Somalia 209, 221
Source (revista) 350
Southampton 338
Souza, Henrique José de 107
Spiegel, Laurie 315, 317–318
Sputnik 246
Stalin, Joseph 176, 370
Steen, Peter 254
Stepney, Charles 275
Stevenson, Robert Louis 229
Steyn, Michael 347
Stock, Frederick 68, 269
Stockhausen, Karlheinz 35, 107, 241, 246, 248–250, 253, 268, 341, 377
Stokowski, Leopold 38, 244, 369
Strauss, Richard 34, 69, 212
Stravinski, Ígor 16, 21, 45, 103, 175, 188, 236, 241, 368
Studio di Fonologia Musicale, Milán 241
Subotnick, Morton 317
Suiza 103, 207, 212, 220, 251, 306
Sun Ra [Herman Poole Blount; Le Sony'r Ra] 272
Sviridov, Georgy 190
Sweet Basil, Greenwich Village 291

T

Takahashi, Aki 164
Takahashi, Yuji 165, 376
Takemitsu, Tōru 107, 248, 372
Tashkent, Uzbekistán 176
Tatum, Art 286

Taylor, Edgar Kendall 340
Taylor, Penelope 283
Tel Aviv, Israel 222
Tennessee, EE. UU. 271, 290
Tenney, James 28, 312, 344
Tennyson, Alfred, Lord 31
Theatro Municipal 111
The Kitchen, Nueva York 315, 358
Theremin, León 274
Thomson, Virgil 87, 142
Threadgill, Henry 270–271, 290, 291
Tilbury, John 348
Toeplitz, Kasper T. 321–322
Tokio 107, 139, 147, 160
Toronto, Canadá 343
Trauermusik 258
Trío Schubert 106
Trípoli, Libia 150
Trotski, León 38, 371
Truffaut, François 310
Trujillo, Antonia 33
Tsiang, H. T. 90
Tudor, David 111, 312, 348, 372
Tyson, Neil deGrasse 274
Tzadik (sello discográfico) 164

U

Underworld 257
Unión Soviética, *véase* URSS 197, 246, 369, 374
URSS 38
Ustvólskaya, Galina 9, 20–22, 107, 167, **169–198**, *169*, *176*, 238, 245, 264, 285, 302, 305, 327, 376
Ustvólskaya, Tatyana 175

V

Van Gogh, Vincent 180, 192
Varèse, Edgard 77, 93, 143, 244, 246, 252, 369
Vargas, Getúlio 105, 107
Vaucher, Gee 348
Vaughan Williams, Ralph 94
Veloso, Caetano 120–123
Venecia, Italia 15, 317, 372
Verdi, Giuseppe 17
Verlaine, Paul 45, 301
Vermont, EE. UU. 80, 89
Vespucio, Américo 272
Vick, Graham 17
Viena, Austria 15, 29, 82, 104, 109, 140, 360
Village Voice 290
Villa-Lobos, Heitor 104–105
Vitaphone 46
Vivaldi, Antonio 15
Volkov, Ilan 222, 379
Vuka (río) 360
Vukovar, Croacia 360

W

Wagner, Richard 34–35, 232
Wall Street 84, 370
Wandsworth, Londres 333
Washington, Dinah 272
Washington Post 285
Washington State, estadio 334
Waters, Muddy 272, 275
Watschenkonzert, *véase* Skandalkonzert 104
WDR 249
Weill, Kurt 80, 370
Weimar 80
Whitman, Walt 72
Widmer, Ernst 109, 116, 118, 126
Williams, Tennessee 94, 290
Wilson, Olly 264
Wilson, Woodrow 138
Woolf, Virginia 228
Workman, Reggie 291
Wright, Frank Lloyd 265
Wright, Richard 346
Wyschnegradsky, Ivan 28, 53

X

Xenakis, Iannis 143, 246, 248

Y

Yakarta, Indonesia 160

Yared (sacerdote) 214
Yelemtu, Kessaye 206
Yerba Buena, jardines de (San Francisco) 160
Yibuti 207
Young, La Monte 318, 342
Yraola, Dayang 144, 146, 158, 162, 165, 379
Ysaÿe, Eugène 35

Z

Zé, Tom 120
Zimmer, Albert 35
Zúrich 103